工業高校の挑戦
― 高校教育再生への道 ―

斉藤　武雄
田中　喜美　編著
依田　有弘

学文社

執筆者（五十音順）

天 野 武 弘（愛知県立豊橋工業高等学校）
石 田 正 治（愛知県立豊橋工業高等学校）
石 幡　　 信（岩手県立岩谷堂農林高等学校）
伊 藤 一 雄（高野山大学）
大 橋 公 雄（前 愛知県立豊田工業高等学校）
荻 野 和 俊（京都市立伏見工業高等学校）
尾 高　　 進（工学院大学）
門 田 和 雄（東京工業大学附属科学技術高等学校）
金　　 永 鍾（金沢工業大学）
木 下　　 龍（日本学術振興会特別研究員）
黄　　 学 哲（中華人民共和国・吉林省通化市教育学院）
小 嶋 晃 一（東京都立小金井工業高等学校）
児 島 高 徳（愛知県立刈谷工業高等学校）
斉 藤 武 雄（大学教職課程兼任講師）
坂 口 謙 一（東京学芸大学）
佐々木 英 一（追手門学院大学）
佐々木　　享（名古屋大学名誉教授）
佐 藤 晶 夫（長野県飯田工業高等学校）
佐 藤 浩 章（愛媛大学）
佐 藤 史 人（和歌山大学）
瀬 川 和 義（前 鳥取県立鳥取西工業高等学校）
高 橋 伊佐夫（岐阜大学・非）
田 中 喜 美（東京学芸大学）
中 島 良 樹（大阪府立茨木工業高等学校）
永 田 萬 享（福岡教育大学）
中 村 信 也（職業能力開発総合大学校東京校）
夏 目 達 也（名古屋大学）
長谷川 雅 康（鹿児島大学）
幡 野 憲 正（前 東京都立向島工業高等学校）
林　　 萬太郎（大阪府立今宮工業高等学校）
平 舘 善 明（帯広畜産大学）
藤 本　　 功（元 長野県岡谷工業高等学校）
堀 内 達 夫（大阪市立大学）
丸 山 剛 史（宇都宮大学）
三 浦 基 弘（東京都立田無工業高等学校）
三 田 純 義（小山工業高等専門学校）
山 崎 昌 甫（前 名古屋学院大学）
横 尾 恒 隆（横浜国立大学）
横 山　　 滋（神奈川県立向の岡工業高等学校）
吉 田 喜 一（産業技術高等専門学校）
吉 田 信 夫（前 大阪府立今宮工業高等学校）
吉 留 久 晴（鹿児島国際大学）
依 田 有 弘（千葉大学）

□□□□□ まえがき □□□□□

　工業高校の縮小・再編が全国で急激に進行している．東京都では27校あった工業高校が18校に縮小再編され，大阪府では従来の工業高校を全廃し，うち9校を工科高校に名称変更して「くくり募集」とし，3校を多部制単位制高校にする改革を始めた．これらの改革は，経済のグローバル化と日本企業の多国籍化を推進力とする，政府の「構造改革」の一環である「教育改革」として推し進められている．

　はたして高校工業教育は必要がなくなったのだろうか．国民の高校教育への期待の深部にあるものを改めて問い直したい．

　朝日新聞社が実施した教育問題の全国世論調査結果（2002年7月23日朝刊に掲載）が興味深いデータを示して注目された．

　「あなたに，中学生の子どもがいるとしたら，どんな高校へ行かせたいか」の質問に対して，「専門的な知識や技術が身に付く高校」（34％）がトップで，「自由でゆとりのある高校」（26％），「しつけやマナーに熱心な高校」（18％）と続き，「大学受験に熱心な高校」は6％ときわめて少数であった．「専門的な知識や技術」の内容は定かではないが，「専門的な知識や技術が身に付く高校」をめざしてきた工業高校へつながる期待も読みとれる．国民のニーズは，大学受験に有利な高校であると断定し，大学進学重点校や中高一貫校への改革を急ぐ一方で，大学受験に不利な工業高校の縮小・再編を企図している行政の姿勢が問われる結果ともいえる．産業構造・就業構造の激変等，「先行き不透明な社会」を反映して，有名大学から大企業へという一元的な価値観の揺らぎや，青年期にふさわしい力を育てる高校教育とは何かの模索の動きも読みとれる．私たちはこの期待に応えたい．

　現在，高校卒業者の約2割が就職し，1割は無業者である．大量のフリーター，ニートの問題が政府の「白書」でも特集され，社会的な問題になっている．これらの青年に対して，職業的に自立する力を育てることは急務であ

る．生存権につながる専門的職業教育を公的に保障することは憲法に保障された権利である．

今日の日本で，公的職業教育機関として，施設的にも人的にも量的にみても工業高校に勝るものはない．高校後の公的職業教育機関もほとんど整備されていない．したがって，一定程度完結した専門的職業教育を施す工業高校を充実・発展させていくことがきわめて重要である．

そもそも高等学校は，学校教育法第41条に示されるように，「中学校の教育の基礎の上に，高等普通教育及び専門教育を施す」ことをめざして発足した．憲法・教育基本法のいう民主的な社会をつくりだす主人公を育てるために，18歳の青年にふさわしく人間的・職業的に自立できることをめざしたものである．人間生活の基本であり，社会の土台である労働と職業に関する教育は，子どもから大人へと成長する上で不可欠な教育であり，すべての高校生に保障されるべきである．

今日の発達した科学・技術の社会を，持続発展可能な社会として創造していく主人公には，専門家の助けを借りながら科学・技術・労働の諸課題に立ち向かうことができる素養を育てる教育が必要である．ユネスコの「技術・職業教育に関する条約」（1989年）など，国際的にも確認されたこの原則に沿った教育改革が世界で求められている．

私たちは，1995年8月に『すべての子ども・青年に技術教育を——小・中・高を一貫した技術教育課程試案——』（『技術教育研究・別冊1』）を発表し，すべての子ども・青年に必要な，普通教育としての技術教育の内容について具体的な提案を行い，各界から多くの関心が寄せられた．これを土台にして，1999年5月に『技術科の授業を創る——学力への挑戦——』（学文社）を出版し，具体的な授業づくりの詳しい提案を行ってきた．

これらと対をなす取り組みとして，高校工業教育の意義と役割を明確にし，拡充・発展をめざした提言づくりを進めた．高校工業教育が青年の職業的自立と発達を保障するという正当な地位に復権するという筋道が，多くの困難

や課題に直面している高校教育そのものを，青年期の自立と発達を保障するものに再生していく道につながるというロマンと期待を抱きながら，1998年7月に『高校工業教育の復権——高校教育再生への道』（『技術教育研究・別冊2』）にまとめた．高校・大学の教員によるチームワークで，豊富な教育実践をもとにしてつくり上げた提言は，類書がないこともあり，高校・大学の教員はもちろん，大学の教科書としても学生の支持を受けることができた．

今回は，その後の実践と研究の成果を積み重ね，あわせて技術教育研究会に関わる多数の研究者の協力を得て，高校工業教育に関する基本的な事項を網羅した事典に相当する部分を追加した．

本書は3部構成とした．第Ⅰ部は理論編で，青年期の職業的自立と発達に欠かせない高校工業教育の危機的現状とその原因，そして展望を，高校工業教育関係者だけでなく一般読者にも理解していただけるようにまとめた．第Ⅱ部は実践編で，今日の高校工業教育の諸課題に具体的に立ち向かう視点と方法を探る素材集とした．「実践はこうあるべきだ」「こう進めるべきだ」調ではなく，あくまで高校工業教育の味と香りが漂う具体的な実践記録を中心に，工業高校とその教師であることの魅力を発見してもらえるように努力した．第Ⅲ部は各界の専門研究者による高校工業教育に関する本邦初のミニ事典である．コンパクトにまとめられているが，最新の研究成果を基にして書かれており，中等教育段階における世界と日本の工業教育の全体像がつかめるものにした．

本書の編集は，技術教育研究会の常任委員会のワーキンググループによる．（尾高進，岡田孝一郎，門田和雄，木下龍，小嶋晃一，小林志希男，斉藤武雄，田中喜美，幡野憲正，平舘善明，丸山剛史，依田有弘の12名）

2005年3月

編者を代表して　斉藤武雄

□□□□□ 目　　次 □□□□□

まえがき…………………………………………………………………… i

第Ⅰ部　高校工業教育の基本問題

　第1章　危機に立つ高校工業教育………………田中　喜美…… 2
　　1．縮小の上にまた縮小の高校工業教育………………………… 2
　　2．専門性の弱体化が進む高校工業教育………………………… 4
　第2章　高校工業教育の危機の原因………………田中　喜美…… 7
　　1．高校教育像をめぐる問題：棚上げされた戦後教育改革……… 7
　　2．新自由主義をめぐる問題：工業高校に対するその歴史的，社会的，財政的役割………………………………………………… 11
　　3．高校工業教育論をめぐる問題：そのレトリック……………… 16
　第3章　高校工業教育の創造………………………田中　喜美…… 22
　　1．第41条の実現を図る教育実践づくりが基本 ………………… 22
　　2．制度改革への構えと展望……………………………………… 23
　　3．工業教育の「不安定さ」に意義を見出す……………………… 24

第Ⅱ部　工業高校における教育実践

第1篇　工業教育実践をどうつくってきたか
　第1章　高校工業教育実践づくりの視点……………斉藤　武雄…… 28
　　1．技術・労働の教育に潜んでいる偉大な教育力を見直す……… 29
　　2．職業高校への期待は相変わらず「高い専門性」……………… 31
　　3．学習指導要領改定で進む工業教育としての専門性の希薄化
　　　………………………………………………………………… 32

4．教育課程づくりは常に学校の教育活動全体像を視野に……… 33
　　5．高校工業教育の教育課程づくりの視点……………………… 34
　　6．工業高校からの大学進学を保障させる……………………… 34
　　7．地域に根ざし，地域の期待に応える工業教育の創造を……… 35
　　8．労働観・職業観を育てる……………………………………… 36
　第2章　学ぶ喜びをつくる………………………………………… 39
　　1．工業高校での楽しい教材づくり…………児島　高徳…… 39
　　2．工業高校は座学だっておもしろい………佐藤　晶夫…… 47
　　3．苦役化した学習観をひっくり返す………斉藤　武雄…… 52
　第3章　物への働きかけと物からの働きかけ…………………… 62
　　1．機械科での実験・実習……………………吉田　信夫…… 62
　　2．電気科での実験・実習……………………荻野　和俊…… 74
　第4章　技術的問題に挑む：課題研究………門田　和雄…… 84
　第5章　工業労働の現実世界にふれる…………………………… 93
　　1．インターンシップへのとりくみの視点……林　萬太郎…… 93
　　2．学校から「働くこと」を考える…………石幡　信…… 99
　第6章　地域と結び地域に学ぶ……………………………………108
　　1．中小事業者と連携した「人財」づくり………横山　滋……108
　　2．地域の技術史，産業遺産を教材に………天野　武弘……118

第2篇　工業高校の学校づくりをどう進めてきたか
　第1章　日刊学級通信548号の軌跡…………斉藤　武雄……128
　第2章　自主的なクラブ活動を育む…………吉田　喜一……138
　第3章　困難を抱えた子どもの発達を支援する…………………148
　　1．定時制工業高校の4年間……………………大橋　公雄……148
　　2．定時制の教育実践に学ぶ…………………幡野　憲正……158
　第4章　進路を切り開く………………………伊藤　一雄……163

第3篇　高校工業教育の教師として生きる

第1章　高校工業教育の教師の歩み……………………………………… 168
1. 実験・実習の教育力に確信をもち仲間とともに
   ……………………………………中島　良樹…… 168
2. 子どもとの対話と自主研修を糧に…………高橋伊佐夫…… 172
3. 専門教育を充実させる取り組みのなかで……瀬川　和義…… 175

第2章　未来の工業科教師を育てる……………………………………… 180
1. 東京学芸大学での工業科教員養成……………坂口　謙一…… 180
2. 高校工業科の教師をめざすみなさんへ………尾高　進…… 183

第3章　教育条件の改善にとりくむ……………………林　萬太郎…… 188

第4章　高校工業教育の教師として地域で生きる
　　　　　……………………………………………藤本　功…… 193

第4篇　卒業生は工業高校をどうみているか

第1章　工業に従事する卒業者は工業教育の内容をどう評価しているか
　　　　　……………長谷川雅康・佐藤　史人・三田　純義…… 201

第2章　高校工業教育の専門性は生きている………永田　萬享…… 211

第Ⅲ部　工業高校ミニ事典

第1章　世界の中等工業教育……………………………………………… 216
1. ドイツ……………………………………………吉留　久晴…… 216
2. フランス…………………………………………堀内　達夫…… 221
3. アメリカ…………………………………………横尾　恒隆…… 226
4. 韓国………………………………………………金　永鍾…… 230
5. 中国………………………………………………黄　学哲…… 237
6. ロシア……………………………………………長谷川雅康…… 243

第2章　技術・職業教育のグローバル・スタンダード………………… 249

1．ユネスコの技術・職業教育……………………尾高　　進……249
　　2．ILO の技術・職業教育 　………………………山崎　昌甫……252
　第3章　中等工業教育史………………………………佐々木　享…259
　　1．戦前日本の中等工業教育……………………………………259
　　2．新制高校の教育課程…………………………………………262
　第4章　高校工業教育の教育課程……………………………………270
　　1．工業高校の教育課程……………………………門田　和雄……270
　　2．機械科の教育課程編成…………………………小嶋　晃一……275
　　3．電気科の教育課程編成…………………………荻野　和俊……278
　　4．土木科の教育課程編成…………………………三浦　基弘……281
　第5章　高校工業教育の再編…………………………………………284
　　1．高校工業教育の新動向…………………………林　萬太郎……284
　　2．高校でのデュアルシステム……………………佐々木英一……287
　第6章　工業高校の周辺………………………………………………293
　　1．高等専門学校……………………………………吉田　喜一……293
　　2．企業内教育………………………………………永田　萬享……294
　　3．専門学校…………………………………………平舘　善明……298
　　4．職業能力開発促進法による職業能力開発施設
　　　　　　　　　　　　　　　　　　　　……………中村　信也……300
　　5．博物館と工業教育………………………………石田　正治……302
　　6．キャリア教育……………………………………夏目　達也……304
　　7．工業高校と中等後教育との接続関係…………佐藤　浩章……308
　　8．工業科教員養成…………………………………丸山　剛史……311
　　9．公的職業資格・技能検定………………………依田　有弘……313

あとがき……………………………………………………………………317
索引…………………………………………………………………………321

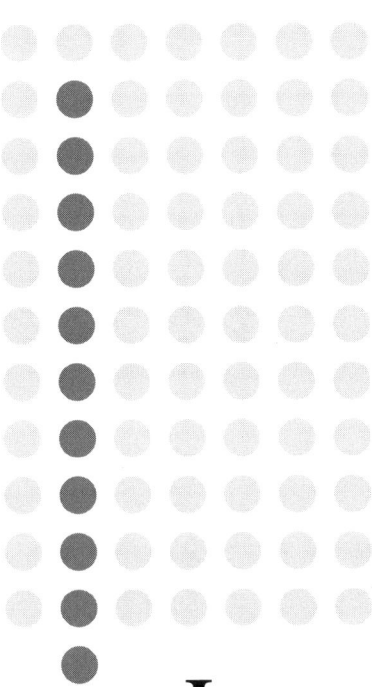

第Ⅰ部
高校工業教育の基本問題

第1章　危機に立つ高校工業教育

田中　喜美

1．縮小の上にまた縮小の高校工業教育

　わが国の高校工業教育は，かつては，柔軟で可動性に富む基幹的な工業労働力を創出することを誇ってきた．工業高校の卒業生は，技手や技術者の地位に続く約束された未来を見通すことができた．そして，工業高校は，第二次大戦以後の日本における公的工業教育制度の最大部分であり続けてきた．

　しかし現在，日本の工業高校は，多くの困難に直面している．それらのうち最も深刻な問題のひとつは，量的なものである．工業高校生の人数も割合も減少し続けている（表1参照）．工業に関する学科に在籍する高校生は，1965年度の624,105人から2003年度の329,991人まで減り，47％削減された．現在の工業高校生は，すでに，ピーク時のほぼ半分にまで減ったことになる．

　工業高校のこうした縮小は，一面では少子化による高校生全体の縮小によるものである．高校生数のピークは，1989年度の5,637,947人であるけれども，これを過ぎた1990年度から2003年度までの高校生全体に占める工業高校生の割合は8.8％前後で推移しており，減ってはいない．この期間，工業高校生数は全高校生数とほぼ同じ割合で減少していることになる．

　しかし，そこに含まれる問題を見過ごしてはならない．高校生数がピークに達した1989年度に，工業高校は，生徒数の割合において，戦後の全期間を通じて最低の比率（8.7％）にまで，すでに下げられており，ここを起点に，高校生数の減少に合わせて，同様な割合で削減されてきたからである．

　1970年度から1989年度までの20年間で，高校生全体では4,222,840人から5,637,947人へと1,415,107人，33.5％増加した．これに対して工業高校生は，565,508人から489,316人へと76,192人，13.5％減少した．高校生全体で

表1　工業科の在籍生徒数の動向と同卒業者の専門的技術的職業従事者の割合

年度	A：全在籍生徒数 (1)	B：工業科生徒数 (2)	B／A	専・技従事 (3)
1952	2,317,929	205,026	8.8	—
1953	2,502,727 △	224,053 △	9.0 △	—
1954	2,525,808 △	230,292 △	9.1 △	—
1955	2,571,615 △	237,328 △	9.2 △	高 25.3
1956	2,684,767 △	247,136 △	9.2 □	21.3 ▼
1957	2,881,750 △	262,810 △	9.1 ▼	20.6 ▼
1958	3,042,677 △	281,737 △	9.3 △	17.0 ▼
1959	3,201,547 △	305,687 △	9.5 △	20.0 △
1960	3,225,945 △	323,520 △	10.0 △	22.9 △
1961	3,106,703 ▼	339,305 △	10.9 △	15.2 ▼
1962	3,270,384 △	381,693 △	11.7 △	16.5 △
1963	3,885,932 △	474,817 △	12.2 △	15.4 ▼
1964	4,625,174 △	565,270 △	12.2 □	14.2 ▼
1965	5,065,657 △	高 624,105 △	12.3 △	8.8 ▼
1966	4,987,337 ▼	617,771 ▼	12.4 △	5.8 ▼
1967	4,769,584 ▼	597,721 ▼	12.5 △	4.0 ▼
1968	4,511,669 ▼	575,637 ▼	12.8 △	3.4 ▼
1969	4,327,950 ▼	567,197 ▼	13.1 △	4.2 △
1970	4,222,840 ▼	565,508 ▼	高 13.4 △	4.5 △
1971	4,178,327 ▼	556,880 ▼	13.3 ▼	5.5 △
1972	4,154,647 ▼	541,412 ▼	13.0 ▼	4.6 ▼
1973	4,193,902 △	こ 531,482 ▼	12.7 ▼	4.2 ▼
1974	4,263,805 △	の 521,331 ▼	12.2 ▼	4.3 △
1975	4,327,089 △	10 508,818 ▼	11.8 ▼	6.0 △
1976	4,380,301 △	年 494,682 ▼	11.3 ▼	6.4 △
1977	4,375,522 ▼	間 479,340 ▼	11.0 ▼	6.9 △
1978	4,409,277 △	の 473,650 ▼	10.7 ▼	6.9 □
1979	4,479,343 △	問 470,921 ▼	10.5 ▼	4.7 ▼
1980	4,616,339 △	題 474,515 △	10.3 ▼	5.3 △
1981	4,677,169 △	大 471,106 ▼	10.1 ▼	5.3 □
1982	4,594,812 ▼	460,165 ▼	10.0 ▼	6.1 △
1983	4,710,197 △	462,223 △	9.8 ▼	7.0 △
1984	4,885,913 △	465,979 △	9.5 ▼	5.9 ▼
1985	5,171,787 △	478,416 △	9.3 ▼	5.6 ▼
1986	5,253,230 △	478,854 △	9.1 ▼	6.8 △
1987	5,368,583 △	480,860 △	9.0 ▼	6.8 □
1988	5,526,845 △	485,371 △	8.8 ▼	7.5 △
1989	高 5,637,947 △	489,316 △	底 8.7 ▼	8.3 △
1990	5,616,844 ▼	486,132 ▼	底 8.7 □	10.4 △
1991	5,448,374 ▼	472,804 ▼	底 8.7 □	11.5 △
1992	5,211,627 ▼	454,358 ▼	底 8.7 □	12.5 △
1993	5,003,314 ▼	438,081 ▼	8.8 △	10.1 ▼
1994	4,855,202 ▼	425,680 ▼	8.8 □	9.6 ▼
1995	4,717,191 ▼	414,946 ▼	8.8 □	9.1 ▼
1996	4,539,694 ▼	402,620 ▼	8.9 △	5.9 ▼
1997	4,363,614 ▼	387,571 ▼	8.9 □	5.5 ▼
1998	4,250,518 ▼	375,326 ▼	8.8 ▼	5.5 □
1999	4,203,750 ▼	368,388 ▼	8.8 □	4.3 ▼
2000	4,157,269 ▼	364,000 ▼	8.8 □	4.1 ▼
2001	4,053,627 ▼	355,193 ▼	8.8 □	3.7 ▼
2002	3,921,141 ▼	343,883 ▼	8.8 □	3.4 ▼
2003	3,801,646 ▼	329,991 ▼	底 8.7 ▼	底 2.9 ▼

△：前年度より増加　　□：前年度と同じ　　▼：前年度より減少
(1) 本科の全日制と定時制課程に在籍する生徒（人）．
(2) 本科の全日制と定時制の工業学科に在籍する生徒（人）．
(3) 工業学科卒業生のうち，専門的技術的職業従事者の比率（％）．
資料：各年度の『学校基本調査報告書』（文部科学省）による．

は1970～80年代の増加のストックをもって90年代の少子化を迎えたのに対して，工業高校は1970～80年代の負のストックを背負って90年代の少子化を迎えた．少子化による生徒数削減の意味は，両者では異なる．

とりわけ多くの工業高校では，こうした削減の上にまた削減の結果，1小学科⁽²⁾は，1学年1学級というところが急速に広がり，これ以上の入学定員の削減は，学級減では対応しきれず，学科の統合や改廃等，学校組織自体の再編に至らざるを得ないというところにまで追い詰められている．

2．専門性の弱体化が進む高校工業教育

工業高校が直面するいまひとつの深刻な問題は，質的なものである．それは，高校工業教育の教育課程に関わる．近年の高校工業教育の教育課程は，工業教育が専門教育（specialized education）として本来もつべき性質——本書ではこれを専門性（specialty）とよぶ．工業技術ないし工学のある領域ないし領域群に関する高度な認識と技能の保障を意味する——を希薄化させ，弱体化させている．高校工業教育の修了時での専門的技術的職業従事者の割合が，2003年度には，2.9％にまで下がっている事実が，これを裏付けているとみられる（表1参照）．

この経緯をふり返ってみよう．1978年8月に告示された『高等学校学習指導要領』が，高校工業教育の教育課程史における転換点であった．それは，①工業の教育目標から「中堅の技術者」の養成と「工業技術の科学的根拠の理解」を削除，②工業の専門科目の最低履修単位数を35単位から30単位に削減，③「工業基礎」と「工業数理」の原則履修科目を導入する等を行った．

1986年の臨時教育審議会第二次答申[3]は，工業を含む今後の高校職業教育は「その深化を図るもの」と「普通教育との統合を図ることがふさわしいもの」との二極に分解する方針を提示した．

しかし，1989年3月に改定された『高等学校学習指導要領』は，1978年改定の内容を一層強化するかたちで，前者の選択肢を視野の外に置き，工業

教育を後者の方向に牽引した．それは，当時「工業学科の専門性の破壊をもくろむ改定[(4)]」と批判された．だが，工業学科の教育課程は，この改定により劇的に変化した．

　1970年代の工業学科の場合，卒業までに生徒に修得させる単位数が全体で111単位程度，そのうち工業の専門科目が49～51単位であった．これが，1978年改定により，1980年代では，全体が96単位程度で，うち工業の専門科目は42～43単位に削減され，さらに，1990年代には，1989年改定により，全体91単位程度，うち工業の専門科目は36～37単位となった．コンピュータに象徴されるごとく，工業技術が飛躍的に発展し，専門教育として履修すべき内容が増えたとみられる20世紀の第4四半期に，工業高校における工業の専門科目の修得単位は，逆に，30%も削減されたことになる．

　さらに，上述のように，1978年改定は，工業科目の単位数の削減に加えて，原則履修科目を2科目導入した．これらは，機械，電子，建築，工業化学等といった小学科の専門にかかわりなく，工業学科に在籍する全生徒に必修として課され，1980年代にこれら2科目に充てられた単位数は平均7単位であった．そして，1989年改定は，原則履修科目として，さらに「情報技術基礎」と「課題研究」の2科目を追加した．1990年代，工業高校のほとんどの小学科は，躊躇しながら，これら原則履修4科目に11～12単位を充てた[(5)]．

　これは，専門科目の修得単位数の削減と合わせて考えると，過去20年間に，工業高校のそれぞれの小学科に固有の専門科目のための単位数の点では，50%以上削減されたことになる．そして，この変化は，工業高校に深刻な問題をもたらした．工業高校の教育課程は，伝統的に，工業のかかる小学科を基本に編成されており，それゆえ，各小学科の専門性に関わる単位数の大幅な削減は，必然的に，高校工業教育の専門性の破壊に繋がるからである．

　それにもかかわらず，1999年3月告示の改定『高等学校学習指導要領』は，不合理にも，工業の専門科目の最低履修単位数を25単位にまで削減し

た．

〈注〉
（1）工業高校とは，高等学校設置基準第6条に規定された「専門教育を主とする学科」のひとつである「工業に関する学科」を設置している高校をいう．
（2）「工業に関する学科」に含まれる機械科，造船科，電気科，電子科，情報技術科，工業化学科，土木科，建築科等をいう．
（3）1984～87年に総理府に置かれた教育改革のための内閣総理大臣の諮問機関．第一から第四次の答申をまとめた．これらの答申を具体化する「教育改革推進大綱」が1987年10月に閣議決定されている．
（4）教育課程検討委員会『すべての高校生に学ぶ喜びを：改定学習指導要領批判と私たちの課題（高校編）』日教組，1989年，pp.161～170
（5）工業教科内容調査研究会（長谷川雅康代表）『工業教科（工業基礎，実習，課題研究）内容に関する調査報告』鹿児島大学，1997年

第2章　高校工業教育の危機の原因

田中　喜美

1．高校教育像をめぐる問題：棚上げされた戦後教育改革

　高校工業教育は，高校教育として行われる工業教育である．前章でみた高校工業教育の危機の原因を解く鍵のひとつは，「高校教育とは何か？」という高校教育像をめぐる問題があり，学校教育法第41条は，その焦点に位置づく．[1]

　学校教育法第41条は，「高等学校は，中学校における教育の基礎の上に，心身の発達に応じて，高等普通教育及び専門教育を施すことを目的とする」と，高校教育の目的を規定している．

　この規定で，第1に，「高等普通教育及び専門教育を施す」が問題になる．

　1899年以来，日本の中等段階の諸学校は，中学校，高等女学校，実業学校等に種別化され，しかも，上級学校への進学等の点で差別的であった．この差別を解消する方向での戦前の到達点とみられる1943年の中等学校令は，中学校や高等女学校ばかりでなく実業学校も「中等学校」として括り，形式上は一元化した．しかし，同令は，中等学校は「高等普通教育又ハ実業教育ヲ施ス」とし，高等普通教育と実業教育を「又ハ」で結びつけることによって，実質的には，差別的種別化を，従前のまま温存した．

　これに対して，戦後教育改革の一環として1947年に制定された学校教育法は，2つの教育を「又ハ」ではなく「及び」で結びつけ，すべての新制高校で高等普通教育と専門教育を併せ施すべきことを規定することによって，かつての中等段階の諸学校間にあった差別的な種別化を廃棄することを企図した．それは，わが国の中等学校史上，画期的なものであった．[2]

　文教当局者による学校教育法の解説書でも，当時は，この条文の解釈に関し，「これは法文の示すように高等普通教育と専門教育は必ず両者を併せ施

さなければならないものであって，一方のみを施す高等学校は認められないのである」と，強制規定として明言していた．

　第2に，同条の「中学校の教育の基礎の上に」が問題になる．また，これに関連して，中学校の目的規定には「小学校における教育の基礎の上に」という同趣旨の条文があるのに対して，大学の目的規定には，これに該当する部分がないことも視野に入れておく必要がある．

　世界教育史的にみれば，少なくとも12世紀以来数百年にわたって中等教育とは大学教育を受けるための古典語や数学等の準備教育機関での教育を意味した．まず大学ができ，次にそのための準備教育機関ができるというように，上から下へと構築されていった学校体系は下構型学校体系とよばれるけれども，中等教育機関は，伝統的には，この下構型学校体系の一環であった．そのため，伝統的な中等教育観は，①専ら大学への準備が考えられ，②特に直接的な職業への関心の欠如，の2点によって特徴づけられた．

　他方，時代は下って19世紀に入ると，庶民のための基礎教育に公共の注目が向けられるようになり，伝統的な下構型学校体系とは異なる庶民教育の機関が発達し，次第に年限を延長していくというように，下から上へと構築された上構型学校体系が整えられていく．こうして，ひとつの国のなかに下構型と上構型の学校が併存し，とりわけいわゆる青年期にあたる中等段階の学校が差別的に分岐され種別化されて存在した．年齢的には中等学校の生徒と同じなのに，上構型の学校教育を修了しても大学への進路は閉ざされていた．

　そのため20世紀に入ると，これらを統一して一元的な中等教育制度をつくり，上構型として下から上へとはしご段を上がるように，最終的には大学にまで至ることのできる学校階梯の構築が，世界の各国で課題とされた．1918年には，アメリカ合衆国がこうした学校階梯を原則的に確認し，日本も世界に先駆けて，この学校制度をいち早く法定した．戦後教育改革の成果として学校教育法が定める6-3-3制の学校体系である．すなわち，同法での中学校は「小学校における教育の基礎の上に」，高等学校は「中学校にお

ける教育の基礎の上に」とは，下から上に学校教育を構築していこうとするものであり，上構型学校体系の一環である新たな中等教育の機関としての高等学校のあり方を規定したものである．それは，数百年間にわたり下構型学校体系の一環であった伝統的な中等教育のあり方，いいかえれば，①専ら大学への準備であり，②直接的な職業への関心の欠如の2点によって特徴づけられる旧い中等教育観の転換を企図していた．そのため高等学校は，「大学進学の準備教育ではなく，人間形成の完成教育を行う」[8]べく「高等普通教育と専門教育は必ず両者を併せ施さなければならない」とされた．

　こうした見方に立てば，学校教育法第41条に規定された高等学校のあり方は，長い間，中等教育を束縛してきた旧い伝統の足かせを解いて，新しい中等学校の創造をめざしたものである．それは，世界の教育の歩みやその営みの苦難から得た貴重な成果を結晶させたものといえ，世界教育史的意義をもつ．その中等教育観の新しさは，今でも色あせないばかりか，その意義をますます鮮明にしている．現在，世界の国々で，まさにこの新しい中等教育の創造が粘り強く取り組まれている．

　そして，以上のように，わが国の中等教育制度史および世界教育史を視野に入れ，学校教育法第41条に照らして現状をみるとき，工業高校を含むいわゆる職業高校[9]こそが，普通教育と専門教育とを併せ施しているという点では，新しい中等教育の創造という課題に応えた高等学校の本来の姿を実現しているといえる．他方，少なくない普通高校は，専ら大学進学の準備が考えられ直接的な職業への関心の欠如という点で，克服されるべき旧い中等教育観に支えられた高等学校の姿であると評価することができる．

　だが今日，一般の人々がもつ通念では，職業高校と普通高校とをこのようには評価しない．逆に，普通高校の方が高等学校の基本であるかのようにみえる．ここにこそ，現在の高校工業教育の危機の原因のひとつがひそんでいる．

　すなわち，1955年以降[10]，教育行政当局が，上記のような戦後教育改革の理念の実現を棚上げし，日本の学校教育と社会のなかに意図的につくりだし，

1970年代末に完成したとみられる受験教育体制が，高校工業教育に危機をもたらした．受験教育体制とは，上級学校進学競争を一般化・常態化させる体制にほかならない．したがって，この体制が支配的な状況においては，上構型学校体系の環として，大学進学の準備教育ではなく，青年期にふさわしい人間形成のあり方をまっとうに考え，中学校における教育の基礎の上に，普通教育と併せて専門教育としての工業教育を行おうとする工業高校は，いわば傍系の存在としてしか位置づけられないのは必然である．

　さらにいえば，近年，工業高校の「改革」と称して，当該都道府県の工業高校のうちの数校を「理工系大学進学型工業高校」として改編したり，ある工業高校の教育課程の一部に大学進学準備コースを設置する等，工業高校を受験教育体制に合わせてシフトさせる動きがみられる．

　確かに，一方で，大学進学競争が一般化・常態化している日本の学校教育の現状があり，他方で，工業高校の困難さの度合いが一層深刻化しているなかで，工業高校関係者が，「ともかく何かをやり，工業高校を活性化させなければ……」等の心情をもつ客観的根拠はある．しかし，工業高校を受験教育体制に合わせてシフトする対応は，理論的には，屋上屋を架す誤りといわざるをえず，実践的にも，展望が開けるとは考えられない．

　学校教育法第41条，すなわち，高等学校の教育は，上構型学校体系の環として，中学校教育の基礎の上に行われなければならないとする等の原則を指針とするとき，工業高校の教育は，目の前にいる子どもたちが，小・中学校で培ってきたその子どもたちの状態を，それがどんなに否定的なかたちであれ，その状態から展開されなければならないことを意味する．

　工業高校の直接の困難は，そこで学ぶ高校生が小・中学校で獲得すべき学力とその土台を獲得してこなかったところにあることは明らかである．同時に，小・中学校の教育に問題を転嫁しても，困難は何ら解消されないこともまた，明らかである．私たちは，目の前にいる子どもたちに，「この工業高校にきてよかった」と心から思えるような教育実践を創っていくことこそが，

工業高校の危機を克服できる唯一の道であるし，またそれが，上構型学校体系としての新たな中等学校である高等学校を創るという世界教育史的課題に迫っていく本道であると考える．

2．新自由主義をめぐる問題：工業高校に対するその歴史的，社会的，財政的役割

　1980年代に入ると，高校工業教育にさらなる困難をもたらす要因が頭をもたげ始める．いわゆる新自由主義に基づく教育政策をめぐる問題である．

　オイルショック不況とインフレの同時進行，すなわち，スタグフレーションのもと，1982年に成立した中曽根政権は，臨時行政調査会を組織し，その答申を軸に臨調行革の諸政策を実行した．これは，その後の日本の政治・経済の基本的な進路を規定していく．

　答申は，「1970年代に直面した課題の解決に当たり，政府が大きな役割を果たすことが要求された結果として，行財政の肥大化と巨額の赤字財政の発生という大きな問題が残った．……この傾向を放置すれば，日本の社会経済が深刻な『先進国病』に悩むことは必至である．こうして，肥大化し硬直化した財政の再建が，緊急の課題として浮かび上がってきた」[12]と提起した．

　この答申の政策が，再編すべき標的として，福祉国家に焦点を合わせており，その主要な関心が，重い負債を抱えた「財政の再建」にあったことは明らかである．当時日本は，福祉国家への道を歩み始めたばかりであり，その社会状況の現実は，真の福祉国家からは程遠いものであったけれども，この臨調行革は，それさえも「深刻な『先進国病』」に陥る恐れありとした．その後，この路線は，曲折を経つつ，日本企業の多国籍化と経済のグローバル化を背景として，1990年代に入ると，橋本政権による「構造改革」および小泉政権による第二段階の急進的「構造改革」へと引き継がれていく．

　こうした一連の政策を支えたのが，新自由主義といわれる政治思想であり，経済思想としては市場原理主義であった．それらは，①公的規制による私的

部門の管理から私的部門への十分な自由の保障へ，②福祉国家の諸制度から市場メカニズムへ，③平等と公正から効率と効果へ，と政策の力点を移すことを意図し，その基調には，一貫して，財政問題があった．

教育政策は，この新自由主義の影響を直接被ることになる．中曽根政権は，臨時行政調査会に続いて，前述の臨時教育審議会を設置し，「平等から個性・自由の尊重へ」というスローガンのもと，教育政策に新自由主義を導入することを図った．同時に，この時点では，文部省（当時）による公教育の保守的・官僚的統制が公式に廃棄されたわけではなかった．だが，バブル経済の崩壊に続く1990年代不況を経て，新自由主義＝市場原理主義は，日本の政治や経済の領分とともに，公教育の領分でも前面に躍り出た．それは，教育の市場化・民営化を重要な内容とし，公教育コストの縮減を図ろうとしている．

そして，かかる新自由主義は，相互に関連した3つの次元，すなわち，歴史的，社会的，財政的次元において，高校工業教育に困難をもたらしている．

第1は，新自由主義がもつ歴史的次元の問題である．

ここでまず確認されるべきは，元来，新自由主義の名称は，19世紀後半から第一次大戦後にかけ，18世紀の自由放任を主張する古典的自由主義を旧自由主義として退け，国家干渉下での自由主義を構想する政治思想に用いられた用語であったことである．それは，アメリカ合衆国でのT. ルーズベルトやW. ウイルソン，イギリスでのT. H. グリーン，フランスでのE. デュルケーム，ドイツでのG. ケルシェンシュタイナー等に代表される思潮であった．[13]

この新自由主義が対抗する相手は，興隆途上にある社会主義勢力であった．新自由主義は，社会主義と対抗しつつ自由主義を擁護するために，国家は，失業や貧困等の社会問題に適切に対応し，教育や福祉に積極的な役割を果たし，公共部門の拡大や産業統制によって社会の安定に努めるべきとした．この意味で，新自由主義は福祉国家の礎石を据える役割を担った．[14]

そして，こうした文脈において，この新自由主義は，公教育としての工業教育の制度化を促進させたことを見過ごしてはならない．合衆国で，1917年に大統領 W. ウイルソンがスミス・ヒューズ職業教育法[15]に署名したこと，あるいは，ドイツでは G. ケルシェンシュタイナーが手工や職業教育の振興に尽力したこと等々を想起すればよい．[16]

　ところが，スタグフレーションが先進資本主義諸国を襲い，深刻な財政危機の「先進国病」に悩んでいた 1970 年代から，現代資本主義の危機克服への処方箋として登場し脚光を浴びている今日の新自由主義＝市場原理主義は，皮肉にも，19 世紀後半からのいわば旧・新自由主義を逆転させ，旧・新自由主義がその礎石を据えた福祉国家を制限・解体させる歴史的任務を担った．そして，合衆国ではレーガン，イギリスではサッチャー，日本では中曽根・橋本・小泉の各政権の政治思想として，現実にも，この任務を果たしてきた．

　それゆえ，今日の新自由主義＝市場原理主義は，福祉国家の制限・解体の一環として，工業教育を含む公教育としての職業教育を縮小再編する歴史的役割を担い果たすことは必然である．1990 年代以降の工業高校の危機の深まりは，それ以前の受験教育体制の要因に加えて，ここに由来する．今日の新自由主義＝市場原理主義の諸政策が支配的な状況においては，公教育としての工業教育，そして，そこでの最大部分に位置づく高校工業教育が，その意義にふさわしく発展することを期待するのはむずかしい．

　第 2 は，新自由主義がもつ社会的次元の問題である．

　新自由主義＝市場原理主義は，当該社会の構成員全員に自由を平等に与えれば，各構成員への社会の富や便益の配分は市場メカニズムが決定するので，それが公正であるとする．この論理に基づき，自由と自己責任のもとでの市場競争を万能とみる競争志向の社会では，「努力した者が報われる社会」こそが，活力のある健全な社会であるとし，競争で人間を追い立て競い合わせる．

　しかし，人間は，身分や門地等の社会的差異や経済的差異ばかりでなく，能力や素質等の自然的差異をもち，これらにおいて，個人は本質的にそれぞ

れ異なる．したがって，能力等の自然的差異によって社会的・経済的不平等を合理化することは公正とはいえず，自然的差異が社会的・経済的不平等に繋がらないようにする原理と制度が必要になる．だが，それは，自由な市場メカニズムを何らかの形で規制することなしには構想することができない．そこで，新自由主義＝市場原理主義は，この側面を捨象する．

　そのため，新自由主義＝市場原理主義に基づく「努力した者が報われる社会」にあっては，結果としては，構成員の格差が広がり，ごく限られた勝者と大部分の敗者ができ，少数の勝者が多数の敗者のすべてを奪ってしまう「一人勝ち社会」になっていくことは必至である．いいかえれば，そこでの「努力した者が報われる社会」は，大部分の構成員にとって「努力しても報われない社会」にほかならない．それにもかかわらずこの社会では，「より努力した者が，社会で報われるのは，当然であり公正である」として，勝者すなわち強者の論理によって，敗者すなわち弱者の論理は凌駕され封じ込められる．

　ところで，競争志向の資本主義の現実の文脈においては，一人ひとりの労働者は弱者である．併せて，2003年の労働組合の組織率が20％を割って19.6％にまで低下したことに象徴されるわが国の近年の労働運動の衰退傾向は，団結と連帯に基づく労働者の本来もっている力を見通し難くしている．

　他方，今日の子どもたちは，激しい受験競争を体験しつつ生活し育っている．その成否を決めるものは，外から強いられ勉めてやらなければならない「勉強」への努力とその結果としての暗記を含む受験学力であった．そのため，子どもたちは，この受験学力と努力の効用に対する素直な信頼をもち，「努力したら報われる社会」こそ，健全な社会である，とする新自由主義＝市場原理主義のエートスに親和性をもち，それを自然に受け入れている．

　したがって，新自由主義＝市場原理主義の諸政策が支配的な状況にあっては，こうした子どもたちにとって，さらには，親たちでさえ，その実体に迫ることなくその前に，労働者は弱者＝敗者としかみることができず，忌避す

べき対象としか映らなくなることは必然である．そして，こうしたなかでは，工業分野の自立した労働者を育てることを目的とする工業教育に，意欲と能力のある若者が積極的に進もうとすることを期待することは困難である．その結果，子どもたちから，そして親たちからも選択されない高校工業教育は，市場メカニズムの論理によって，淘汰される危機に直面することになる．

第3は，新自由主義のもつ財政的次元の問題である．

新自由主義は，既述のように巨額な負債を伴う肥大化した財政の「再建」を基調とし，加えて，1990年代に入ると，企業の多国籍化・経済のグローバル化の拡大深化の過程ならびに長期不況のなかで直面した国内の「高コスト構造」を是正することを眼目とした．

そして，学校教育に関しては，「公教育のスリム化」が課題とされた．学校の「スリム化」を提唱して話題となった経済同友会の「合校」論（1995年）をひきとる形で，第15期中央教育審議会は，1996年の答申において「公教育のスリム化」を公式に謳い，さらに2000年に入ると，「21世紀日本の構想」懇談会（河合隼雄座長）が義務教育の週3日制を提案するに至った．[19]

「公教育のスリム化」論のねらいには，いくつかの側面が認められる．それは一面では，公教育コストの縮減を図ると共に，もう一面では，教育の市場化・民営化を内容としていた．さらにもう一面では，公教育費を配分する重点を高等教育に移行させる意図もあった．

さらにこれらの背後には，教育のあり方として，経済のグローバル化時代の競争において勝者になりえる者の確保と養成に重点をおき，それ以外のいわば普通の人材に費やす公教育費は，この点で効率性が低く，できるだけ縮減するという論理が垣間見られる．

新自由主義＝市場原理主義の諸政策が支配的な状況においては，高校工業教育は，この論理を基準に俎上にのせられる．高校工業教育は，中等学校での普通教育と比べると，多額の財政支出が費やされており，また，必要でもある．しかし，その財政支出に見合う経済的成果を上げえていることを実証

することは容易ではない．しかも，一般国民は，工業を含む職業教育よりも普通教育を優先する傾向が認められる．新自由主義を掲げる政策立案者や行政官が，公教育コストを縮減する標的として，高校工業教育にねらいを定めるのを予想することに難くはない．

　さて，近年，各都道府県等によって，工業教育を含む高校職業教育の改革案が矢継ぎ早に公表されている．しかし，以上のように，新自由主義＝市場原理主義の諸政策が支配的な状況においては，歴史的，社会的，財政的にみて，高校工業教育がまっとうに位置づく可能性はまずない．新自由主義＝市場原理主義を制限する，ないし，組み替えていくことを視野に入れないで構想する工業高校の制度改革プランは，リアリティをもちえず，現実の真の姿とあるべき方向性を覆い隠すイデオロギーとしての役割を果たすことになろう．いいかえれば，新自由主義＝市場原理主義を前提にしたところでの工業高校の制度改革は，私たちが取り組むべき課題の焦点をぼかし，展望を切り開く急所に一点突破的に注がれるべきエネルギーを分散させる危険性の方が大きい．それは，上でみてきたような逆風が荒れ狂う現状にあっては，工業高校に自滅の道をたどらせることにならざるをえないと考える．

3．高校工業教育論をめぐる問題：そのレトリック

　理科教育及び産業教育審議会は，1998年7月に「今後の専門高校における教育の在り方について（答申）」を公表した．同審議会は，そのなかで，高校での今後の職業教育のあり方に関して，以下の論理を展開した．

　すなわち，「これまで，専門高校における教育は職業生活において必要とされる専門的知識や技術・技能を身に付けた職業人を育成するための教育，完成教育としての職業教育という側面が強調されてきた」．

　「しかし，近年の科学技術の進展等に伴い，産業界において必要とされる専門的知識や技術・技能は高度化するとともに，従来の産業分類を超えた複合的な産業が発展してきている．……これまでの卒業後すぐに特定の分野の

産業に従事することを前提にした教育課程では社会のニーズや生徒の希望に十分に対応できなくなってきている」．

そこで，「高度な専門的知識や技術に柔軟に対応しうる資質や能力のある人材の育成は，高等学校教育のみにおいて完成されるものではなく，卒業後においても大学等の教育機関や職場等において継続して教育を受けるなど，生涯にわたる専門能力の向上を通して実現されるものである．

したがって，専門高校においては，これを前提にして専門性の基礎・基本に重点を置き，教育内容の厳選を図る必要がある」．

つまり，答申は，今後の高校職業教育について，「完成教育として」「卒業後すぐに特定分野の産業に従事することを前提にした教育課程」から「生涯学習の視点を踏まえ」「将来のスペシャリストとして必要とされる専門性の基礎・基本に重点」を移すべきであり，それゆえ，職業教育の専門科目の内容を「厳選」すべきとした．

そして，この「厳選」すなわち「スリム化」方針はすぐに具体化され，前章で言及したように，1999年3月に告示，2003年度から完全実施された改定『高等学校学習指導要領』で，専門科目の最低履修単位数は，30単位から25単位にまで削減された．その影響は深刻に受け止められるべきであろう．

なぜなら，ここで展開された高校職業教育の論理は，少なくとも工業教育に関する限り，二重の意味で，誤りを含んでいるからである．

第1は，高校工業教育が「完成教育としての職業教育」であったことはなく，それは常に，「職場等において継続する教育を受ける」ことを「前提にして専門性の基礎・基本に重点を置」いたものであり続けてきたからである．

日本の工業教育の全体構造は，一貫して企業内教育を中心に編制されてきた．高校工業教育も，それを前提に基礎・基本に重点を置いたものであった．

1992年発行のアメリカ教育学会編『教育学研究事典』（第6版）は，世界の職業教育制度を5類型に分類，その第5類型を「企業内教育型＝日本的システム」と規定し，次のように解説している．

「日本は，企業を基礎にした訓練の点で，他の国々の職業教育制度と区別される．日本的システムの定型的構造は，正規の学校での職業教育課程を含む広い範囲から成り立っている．……日本的システムの中心は大企業による職業訓練にある．正規の中等学校は良質で非常に競争的であるが，数学と科学以外に若干のものを提供するだけである．労働への準備の点で，日本的システムを他の国々と区別する特徴は，労働者の生涯にわたる現職教育の優れた制度にこそある．そこでは，労働者にとって，すぐに役立つある特定の必要性といったものを超えた教育課程が提供され，洗練され，規律のある，柔軟で，可動性のある労働力を創りだしている．この意味で，中等学校での養成教育としての控えめな（modest）職業教育の内容は，大企業が関与する生涯職業訓練に適合している」．[22]

すなわち，日本の高校工業教育は，遅くとも，1980年代にはすでに，「完成教育として」「卒業後すぐに特定分野の産業に従事することを前提にした教育課程」といったものではなく，「生涯学習の視点を踏まえ」「専門性の基礎・基本」を主眼とする教育になっており，職業教育の専門科目の内容は「厳選」＝「スリム化」され，「控えめな」ものになっていた．

したがって，1998年時点で，今後の高校職業教育のあり方として提案された上記の論理は，工業教育に関する限り，事実に即したものとはいえず，高校工業教育の希薄化，ないし希薄化を超えた形骸化を，積極的に進めようとする根拠のないレトリックであるといわざるをえない．

しかも，現実社会の動向は，答申とは逆の動きをしている．企業の多国籍化と経済のグローバル化は，国内の「高コスト構造」の是正を求め，大企業であっても，企業内での生涯職業訓練を維持することを困難にした．ましてや，中小企業においてはである．その結果，以前のように，企業内において若年労働者を長期的見通しで訓練し育てる機能は確実に後退しているとみられる．[23]

この側面を踏まえるならば，今後の高校工業教育は，客観的には，「厳選」

=「スリム化」ではなく，深化・充実こそが求められている．そして，この点は，次の問題とも関わってくる．

　第2は，高校卒業後も，継続した教育により，生涯にわたる専門能力の向上を図ることは，確かに重要な課題である．しかし，その受け皿の整備，すなわち，生涯にわたる専門能力の向上を図るべく，継続した教育を受けることができるような，高校後の職業教育制度の整備はきわめて遅れている．

　これは，一面では，終身雇用と年功序列を柱にしたこれまでの日本型雇用においては，企業が，未熟練労働者である新卒の若者を生活保障と職業訓練の両面にわたって抱え込み，職業訓練は，企業内訓練を中心とし，それを社会化し公的制度として整備してこなかったことによる．

　他面では，教育政策において，高校後の職業教育は，いわゆる専門学校，すなわち，専修学校専門課程を中心に構想されてきたために，その大部分が民間に委ねられ，公的制度として整備されてこなかったことによる．専修学校の内実は，質的に玉石混交であり，また，工業教育の分野間での偏在が甚だしい．内容的には，コンピュータ・ソフト関連が圧倒的部分を占め，高コストにならざるをえない機械や電気・電子などといった工業高校での代表的分野の教育はごく限られている．それゆえ，現時点で判断すれば，わが国の高校後の工業教育を専門学校に委ねることができる状態にはない．

　ただし，見方をかえると，上でみた答申の論理は，今日まで公的工業教育の最大部分である高校工業育を縮小しつつ形骸化させ，その中心を民間主導の部門に移行させようとするものである．その意味で，答申の内容は，新自由主義＝市場原理主義からみれば整合的であって，けっして誤りではない．

　しかし，国民勤労諸階層の立場からみれば，一方で，日本型雇用が動揺し解体しつつあるなかで，企業内教育が縮小され，他方で，高校後の工業教育の制度的整備が十全になされていない現状では，今日でも最大部門である高校工業教育への期待には客観的根拠があり，それが膨らむことはあっても，無くなることはない．

〈注〉
（1）学校教育法は，2007年に改定され，旧法の第41条は，現行法では第50条とされ，条文も一部変更されている．しかし，ここで論じた範囲においては，現行法においても，旧法の主旨は維持されていると解釈でき，旧法の方が論旨は明瞭なので，本書での叙述は，当面の間，変更しないことにした．なお，現行法第50条は以下のとおり．「高等学校は，中学校における教育の基礎の上に，心身の発達及び進路に応じて，高度な普通教育及び専門教育を施すことを目的とする．」
（2）佐々木享『高校教育論』大月書店，1976年，同『高校教育の展開』大月書店，1979年
（3）内藤誉三郎『學校教育法解説』ひかり出版社，1947年
（4）学校教育法第35条は「中学校は，小学校における教育の基礎の上に，心身の発達に応じて，中等普通教育を施すことを目的とする」と規定している．ちなみに同法第17条は「小学校は，心身の発達に応じて，初等普通教育を施すことを目的とする」と規定している．
（5）学校教育法第52条は「大学は，学術の中心として，広く知識を授けるとともに，深く専門の学芸を教授研究し，知的，道徳的及び応用的能力を展開させることを目的とする」と規定している．
（6）デュルケーム著，小関藤一郎訳『フランス教育思想史』普遍社，1966年
（7）U.S. Bureau of Education, Bulletin, 1918, No. 35, *Cardinal Principles of Secondary Education,* Washington D.C., GPO, 1918. 市村尚久『アメリカ六・三制の成立過程』早稲田大学出版部，1987年
（8）教育課程審議会「第一次中間報告」1953年4月
（9）職業教育の活性化方策に関する調査研究会議『スペシャリストへの道』（1996年3月）以来，職業高校を専門高校とよぶようになった．
（10）1955年改定『高等学校学習指導要領』は，高等学校普通科に当時「類型」とよんだコース制を導入，高校普通科における大学進学準備教育を容認した．これは，「大学予科的な性格を持ち高等普通教育のみを施してきた特権的な高等学校を排除する」（内藤誉三郎，前掲書，p.73）としてきた文部省の高校教育政策の転換であり，旧い中等教育観を復活させるものであった．
（11）1979年から大学入学者選抜試験として実施されたいわゆる共通一次テストをもって受験教育体制が完成したとみられる．中西新太郎「受験競争から教育競争へ」『日本の時代史28』吉川弘文館，2004年，pp.195～223．受験教育体制の形成過程については，技術教育研究会編『高校工業教育の復権』技術教育研究別冊Ⅱ，1998年，共通一次テストについては日本教育学会入試制度検討委員会編『大学入試制度の教育学的研究』東京大学出版会，1983年を参照．
（12）臨時行政調査会『臨調最終提言：臨時行政調査会第4次・第5次答申』行政

管理研究センター，1983年，pp. 18〜19
(13) 堀尾輝久『現代教育の思想と構造』岩波書店，1971年，pp. 64〜66
(14) 二宮厚美『現代資本主義と新自由主義の暴走』新日本出版社，1999年，p. 20
(15) スミス・ヒューズ職業教育法は，職業教育を公教育として位置づけ，職業教育と職業教育の教員養成に対して，公費，しかも州の予算とともに連邦の予算も充て，公費で営む職業教育制度を合衆国に確立したとされる．
(16) 田中喜美「技術・職業教育を支える社会思想を豊かに」技術教育研究会会報『技術と教育』第356号，2003年，pp. 2〜10
(17) このための示唆にとむ研究として，ロールズの『正義論』(J. Rawles, *A Theory of Justice,* Boston, Harvard U. P., 1971)，ジョン・ロールズ著，エリン・ケリー編，田中成明ほか訳『公正としての正義 再説』岩波書店，2004年，アマルティア・セン著，池本幸生ほか訳『不平等の再検討──潜在能力と自由──』岩波書店，1999年等がある．
(18) 城山三郎・内橋克人『人間復興の経済を目指して』朝日文庫，2004年
(19)「21世紀日本の構想」懇談会編，河合隼雄監修『日本のフロンティアは日本の中にある──自立と協治で築く新世紀──』講談社，2000年
(20) 新自由主義＝市場原理主義は，一部の強者には住みよいが，大多数の弱者には住みにくい社会を到来させることになり，それほど強固な基盤の上に成り立っているわけではない．これを組み替える具体的な選択肢も提案されている．それらは，新たな福祉国家を構想している点で共通している．二宮厚美，前掲書，佐和隆光『日本の「構造改革」』岩波新書，2003年，佐々木力『科学技術と現代政治』ちくま新書，2000年，H. Tsukada, *Economic Globalization and the Citizens' Welfare State: Sweden, U. K., Japan, U. S. A.,* UK, Ashgate Publishing Co., 2002. 等
(21) 文部省職業教育課編『産業教育』No.581，1998年9月臨時増刊号，pp. 46〜120に同答申の全文が掲載されている．なお2000年1月の中央省庁再編に伴い，戦前の実業教育局を継いだ職業教育課が廃止されたことの重大さを見過ごすべきではない．この措置により『産業教育』は廃刊になった．
(22) AERA, *Encyclopedia of Educational Research,* 6th edition, NY, New York, Macmillan Publishing Co., 1992, p. 1514.
(23) 近年のこうした動向については，木村保茂・永田萬享『転換期の人材育成システム』学文社，2005年を参照．

第3章　高校工業教育の創造

田中　喜美

1．第41条の実現を図る教育実践づくりが基本

　第1章では，高校工業教育の現在における困難な状況を取り上げ，第2章では，その困難の原因を検討してきた．その結果，今日における高校工業教育の危機的な状況は，高校工業教育という学校制度や工業教育実践のあり方それ自体に主要な原因があるわけではなく，そのほとんどは，高校工業教育の外部からもちこまれたものであることがわかる．それゆえ，高校工業教育を担う教師や関係者は，困難な事態に必要以上に焦りたじろぐ必要はない．そして，今，重要なのは，教師集団の同僚性を大事にしながら，普段の授業の改善に地道に取り組み，子どもたちが，自らの学びに，自らの専門に，そして，自らの高校に誇りをもてるようにすることであると考えられる．

　繰り返しになるが，高校工業教育を復権させるためには，工業高校の制度を，ないしは，制度だけをいじってみても，展望が開かれるとは考えられない．主要には財政上の理由から，高校工業教育を縮小再編しようとする圧力は，目下のところいまだに強いので，それに抗するには，私たちのもつエネルギーを集中させ，工業教育実践による子どもたちの安心に充ちた元気な姿によって，跳ね返すしかない．

　その際，高校教育は，中学校の教育の基礎の上に，心身の発達に応じて，普通教育と専門教育とを併せ施すことを目的にしているとする学校教育法第41条は，高校教育実践の指針として，ますます，その輝きを増している．

　子どもたちの状態が，たとえどんなに否定的であっても，その状態から出発し，常に，目の前の子どもの発達課題は何か，と問い，それにふさわしい普通教育のあり方，そして，工業教育のあり方を探り，働きかけあいながら，その結果を同僚の教師団でみ合う．そして，「この工業高校にきてよかっ

た」と，子どもたちが心から思えるような教育の営みを紡ぎ合っていく．

本書第Ⅱ部の教育実践は，高校工業教育には，こうした青年期の発達を促す大きな可能性が秘められていることを私たちに語ってくれている．ここに確信をもとう．

2．制度改革への構えと展望

上で述べたことが，私たちの取り組みの基本になる．このことを前提に，制度改革に対していかなる姿勢で臨むべきかをめぐり，2点を指摘したい．

第1は，高校工業教育の制度改革は，新自由主義＝市場原理主義を制限し組み替える視野をもち，その一環に位置づけて構想しない限り，現実には，意味をもたないばかりか，かえって，自滅の道に踏み込ませることになりかねない，という点である．この点は，第2章で，すでに指摘した．

第2は，改革のポイントは，第1章の分析に基づけば，教育課程にあるという点である．現代の技術発展と労働の世界の変化における主たる側面を，教育的価値の点からみて的確に反映させることを基準に，現行の教育課程を点検し，必要な改善を加えていくことが求められている．

現代は，かつての産業革命における道具から機械への飛躍に匹敵する新たな技術の発展段階に入りつつあるといわれる．そこでの技術的基礎は，もはや機械ではなく，FMS（柔軟生産システム）やCIM（コンピュータ統括生産）に代表されるコンピュータ制御オートメーションにある．しかも，それらが，コンピュータ・ネットワークによって，地球規模で結合されている．

同時に，道具から機械への飛躍において，機械は道具を駆逐するのではなく，自らの要素としてそれを再現したように，コンピュータ制御オートメーションは機械を駆逐するのではなく，それを自らの要素として再現している．

したがって，こうした技術発展を反映させた教育課程を編成するには，コンピュータ制御やネットワークに関する知識や作業ばかりでなく，従来の機械，さらには，道具に関する知識や作業をも位置づける必要がある．それは，

当然，子どもたちが学ぶべき教育内容が増えることを意味する．そこで，これが3年間の教育課程で実現可能か，が問われることになる．

1980年代半ば，原正敏は，かかる現代の技術発展の性格を見通し，「修業年限の延長は不可避だ」として，工業高校4年制論を展開した⁽²⁾．理科教育及び産業教育審議会の答申（1985年1月）や臨時教育審議会の第二次答申（1986年4月）も，高校での専門教育の深化のため，高校の修業年限を3年以上にすることを可能にする措置を検討する必要があると提起していた．

原のこの議論を，現在の状況をふまえ，また，専攻科，公共職業訓練機関，専門学校等の動向もにらみながら，柔軟な頭をもって，発展的に検討していくべきではないかと考える．

3．工業教育の「不安定さ」に意義を見出す

衣食住の確保など，生活を営むためには，人間は，物質的財貨を生産することが必要であり，工業教育は，この意味で，私たちの生活と社会の維持発展にとって欠くことのできないものであることは，大方の同意がえられよう．

ではなぜ，工業教育は，現在，これほどまでに軽視されるのか．

それは，工業教育が，現代社会と公教育での「ひとつの鬼子」[3]としての矛盾した社会的性格をもっているからだと考えられる．工業教育は，現代社会が維持発展するためには不可欠なものとして産み落とし育て頼らねばならない嫡子（あとつぎ）である．しかし，現実における学校教育と教養とは，何よりも人々が労働から脱出するためのパイプ役を果たしている．だから，労働のための教育である工業教育は，この面からじゃまもの扱いされる．工業教育は，願われて誕生し頼られるべき嫡子なのに，生まれると嫌われる鬼子としての扱いを受ける矛盾した，しかも，なくてはならない存在である．

同時に，工業教育を公教育にまっとうに位置づけるためには，思想史上，近代の市民革命がその例外とした労働者の立場から公教育のあり方を問い直すことを不可避とする．そのため，公教育における工業教育の具体相は，当

該社会の民主主義的性格と不可分の関係にある．工業教育は，それが営まれる社会および公教育における民主主義の度合いを示す．

したがって，工業教育は，現代社会にあっては，安定的に位置づくことはまずなく，むしろ，社会的な不安定さこそ，その本性とみるべきである．そして，この不安定さは，誰の何のための公教育かという，ある社会や国家の教育全体のあり方に深く関わる根本問題としての不安定さであり，また，それが営まれる社会の民主主義のあり方と深く関わる根本問題としての不安定さである．その意義は，きわめて広くて深い．

工業教育の教師は，工業教育の不安定さに「不安」を感じるのではなく，その不安定さに広く深い意義をみてとることが大切である．また，不安定さは，見方をかえれば，動的だということであって，そこには，ダイナミックなおもしろさが必ずある．工業教育の動的性格に意義とおもしろさをみてとれること，これは工業教育の教師の特権である．誇りと確信をもって，工業教育の教師として，21世紀を，青年たちとともに生きよう[4]．

〈注〉
（1） 中村静治『生産様式の理論』青木書店，1985年，中峯照悦『労働の機械化論』渓水社，1994年，松石勝彦『コンピュータ制御生産と巨大独占企業』青木書店，1998年，北村洋基『情報資本主義論』大月書店，2003年
（2） 原正敏『現代の技術・職業教育』大月書店，1987年
（3） 中内敏夫『教育学第一歩』岩波書店，1988年，p.94
（4） 田中喜美「技術・職業教育の教師として21世紀を生きる」『技術教育研究』第56号，2000年，pp.30〜42

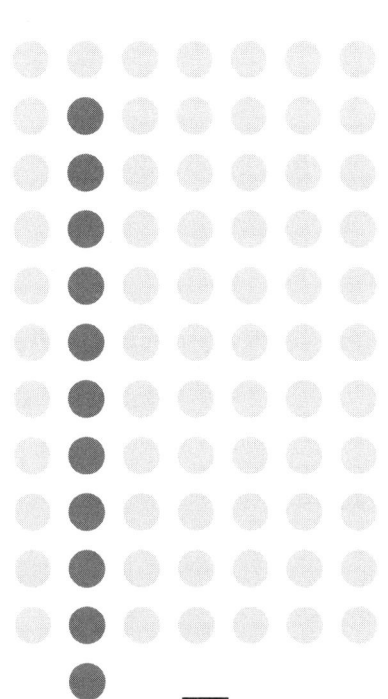

第Ⅱ部
工業高校における教育実践

第1篇
工業教育実践をどうつくってきたか

第1章　高校工業教育実践づくりの視点

斉藤　武雄

　第Ⅰ部で明らかにしたように，高校工業教育の困難さの主たる原因は，高校工業教育の制度にあるのではない．偏差値による輪切り選別や学歴偏重の風潮等に主たる原因があることは，普通科の困難校の例をみるまでもない．困難さの克服は，特色ある「専門高校」への転換等の制度「改革」だけで事足りるわけがない．目の前にいる生徒を大切に，入学のいきさつはどうであれ，技術・職業教育を通して，「この学校に来て良かった」という実感を持たせる教育実践を創り出していくことこそが，高校工業教育改革への本道である．

　第Ⅱ部ではこうした視点から，豊富な教育実践記録を中心に，今日の高校工業教育の諸課題に具体的に立ち向かう視点と方法を探るヒントをみつけるための素材集とした．「実践はこうあるべきだ」「こう進めるべきだ」調ではなく，高校工業教育の味と香りが漂うような実践記録のなかから，工業高校のおもしろさ，工業高校の教師として生きる楽しさを発見してもらいたい．

　本論に入る前に，高校工業教育実践の全体に関わる何点かについて，基本

的な視点に触れておく．

1．技術・労働の教育に潜んでいる偉大な教育力を見直す

　今日の工業高校の多くが抱えている困難の核は学習が苦役と化していることであり，これと真正面から立ち向かわない限り工業教育の展望を切り開くことはできない．どんな高校改革もこのことを抜きにしたら「仏作って魂入れず」である．高校生活の大半を占める授業が旧態依然のものであったなら，高校生にとってこんなにつまらないことはない．苦役化の原因のひとつは，学歴偏重社会の元で，受験学力こそが価値を生み出すという一元的な価値観である．受験学力という一元的な物差しで計ったならば，初めから学習結果が予測できてしまうことからくる，学習意欲の喪失である．これは，程度の差こそあれ今日の日本の高校生に共通したものであり，これをいかに打破するかは高校教育に共通な課題といえよう．

　この課題に対して専門教科はきわめて有利な側面をもっている．高校で初めて出会う専門教科は，中学までで学んできた英，数，国等，生徒たちにとってはいわば受験学力という垢にまみれた普通教科に比べると，一定の新鮮さと，スタートラインが同じで競争が可能な「民主的」な教科として受けとめられ，一元的な価値観による学習観変革の突破口になりうる可能性が高いことである．

　苦役化した学習観の転換との関わりで技術・労働の教育を分析すると，そこには次のような教育力が内在することが実践的に明らかになっている．

　①きわめて能動的で目的意識的であるということである．教室の授業では教師の描いたプランによる講義を一方的に「受ける」という形になりがちである．ところが実習においては，自分自身があらかじめ描いた目標とそこに至る手だてにしたがって積極的に対象物に働きかけなければならない．常に目標に到達すべく細心の注意と努力が強いられる．自分の持っている諸能力（知力，体力，感性など）をフルに使って労働するという行為は，手と体と

頭のすべてを鍛えることになる．

　②こうして獲得した技術的能力のなかに自分自身でも気がつかなかった能力や発達を確認することができ，より高い技術的能力を獲得したいという学習への新たな意欲が増すことである．一般の授業で，学習のでき具合を教師によるテストという物差しで判定され，序列化されるのとはまったく違う．

　③共同のものとして学習が行われるということである．ここでは仲間たちといかに力を合わせるかが重要な鍵となる．教室での授業ではホンネをさらけ出してぶつかるという場面はなかなか作り出せないが，ここではそんなことは許されない．

　共同という観点は，指導している教師に対してもいえる．教室の授業ではどうしても教師が圧倒的に優位であり，教える者と学ぶ者の関係が縦の関係になりやすい．しかしモノづくりの技術的能力獲得の場面では，ひょっとしてベテランの教師だってうまくいかないという場面もあり，最後まで結果がわからないという緊張感を共有できる．よりましな技術を獲得するという目標に向かって力をあわせて学習しているという横並びの連帯感が生まれる．こうした過程をへて技術が獲得できた時の教師への信頼感は熟練した「親方」をみる尊敬の眼差しに変化するはずだ．

　④獲得しようとする学力の中身の問題である．社会的有用性・商品価値をもった作品を自分自身でつくれる技術的能力が獲得できたというこことは，職業的能力を獲得したという自信となる．自分たちが学んでいる技術の延長に今日の生活のすべての基盤があるという実感は，「受験学力がないダメな俺」から脱却するだけではなく，「この国をつくっているのは俺たちだ」という主権者意識らしきものも芽生えさせてくれる．

　⑤技術的能力の獲得のなかで自分づくりの方法を発見することである．今日の子どもたちは自分をコントロールできない．学習においても自分本位のわがまま性を克服できない．学習とは自分を変えることにほかならない．今ある自分を批判的に対象化し，自分を変革していく課題を自分に課すという

ことが学習にとっては不可欠である．モノ，自然，状況と対決し，自分を変えなければ相手を変革できないという緊張感をもってモノの創造に向かうなかで自分を磨くことができる．対象の性格や法則性，癖等を理解し，それに合うような技を自分のなかにつくり出すことによって対象を支配し，思うがままに働きかけ変革し自分の作品をつくり出していくことができる．技術・労働の教育は自分づくりの方法を発見する可能性をいっぱい含んでおり，自分づくりの方法を発見したとき人間は飛躍的に成長する．工業高校の3年間で信じられないような成長を遂げる生徒が生まれてくる秘密の鍵はここにあるといえる．

　技術・労働の教育に内在するこれらの教育力は，この教科固有のものであるが，教科指導の専売特許ではない．したがって，これらの観点に注目して実践を組み立てるならば，すべての教科で彼らの苦役化した学習観を変革することが可能であろう．

2．職業高校への期待は相変わらず「高い専門性」

　職業高校への期待を2つの調査結果から確認しておく．

　『都立高校に関する都民意識調査』(2001年　東京都教育委員会)の「職業高校の教育に期待するもの」では，当然のことながら，「実社会ですぐに役立つ技術の習得」(34.2%)，「専門的な知識をもつスペシャリストの育成」(29.6%)がきわめて高い．一方，「大学などへ進学を希望する生徒の指導」はわずか4.7%ときわめて少なく，「普通高校と同じ科目を選べる総合学科への転換」も16.6%しかない．

　企業の高校教育への要望調査（文部科学省『高校生の就職問題に関する検討会議報告書』2001年2月）でも，専門高校に対しては「専門的知識・技能」の習得が普通科の5.6%に対して43.8%と高く，「意欲・態度，勤労観・職業観」「責任感，忍耐強く取り組む態度」の育成への期待も高い．これらはまともな技術・職業教育を通してこそ培われるものである．ちなみに，この調

査では「職業現場での就業体験」への期待は6.6%ときわめて低く，この数字からは「日本版デュアルシステム」等が期待されているとは到底読みとれない．

3．学習指導要領改定で進む工業教育としての専門性の希薄化

2003年4月から新たな高校教育課程が始まった．前提とされる高等学校学習指導要領（1999年3月告示）の特徴と問題点を指摘しておく．

①「総合的な学習の時間」と普通教科「情報」が新設された．

②すべての学科に共通履修させる単位数の削減（専門学科は35単位から31単位へ）と選択制の導入（保健体育以外はすべて選択制）と科目の細分化・断片化，卒業に必要な単位数の大幅削減（80単位から74単位へ）．高校教育としての共通性を根本から解体させる怖れがある．

③工業教育にとって大きな問題は，専門教科の必修単位が30単位から25単位へ大幅に削減されるなど，専門性の希薄化をもたらすものになったことである．各科目とも「専門的に深入りしないこと」が執拗にくり返し強調されている．一方では「基礎的な」が強調されてはいるものの，何が「基礎」なのか不明確なままである．また，「計測」無しの「制御」学習など，系統性のない専門科目の統合・再編・名称変更が目立つ．

④科学的な知識・技術・思考力よりも「意欲・関心・態度」の獲得をという「新学力観」に貫かれている．「問題解決能力を伸ばし」が消え，「意欲的な態度を育てる」のみに，「合理的な工作法および生産方法を企画し」が消え，「科学的根拠に基づいて理解させ」や「基礎となる理論との関連のもとに理解させ」も消え，「実験・実習に配当される授業時間を十分に確保する」を強調した記述となっている．

⑤原則履修科目が「工業技術基礎」と「課題研究」のみになった．「工業数理」がはずれたが，これは専門性の希薄化と専門科目の学習の系統性を崩すなどの問題点が指摘されてきただけに評価できる．

⑥工学の体系に基づいた，従来の標準的な小学科の例示が廃止されたが，これは多様化の拡大の恐れもある．

⑦工業，商業，農業などと並んだ専門教科として「福祉」と「情報」が新設された．

⑧今回の改定は高校段階での専門教育の深化を放棄したものとなっており，高校後の工業教育の保障の筋道を追求する必要が一層増大した．もとより，高校後の工業教育については国民の期待も高く，社会的な需要も増大している．高等専門学校，職業訓練施設，専修学校との関わりで課題と展望を明らかにする必要がある．

⑨「就業体験」（インターンシップ）の導入が強調された．ねらいと問題点を明確にし，実施にあたっては先行実践に学ぶ必要がある．

4．教育課程づくりは常に学校の教育活動全体像を視野に

以上のように大きな問題をはらんだ学習指導要領改定に伴う教育課程改定作業であるために，全国各地からの報告によると，従来の教育課程づくりの枠組みを超えて，くくり募集（総合技術科，総合技術高校），類型（コース）制，大幅な選択制，総合学科への転換……なども検討されたようだ．狭義の教育課程編成を超えたところに「活路」を見出そうとしている．青年期の教育にとって高校工業教育の果たすべき役割とは何か，工業高校はどんな力を伸ばす学校なのかという根幹が問われており，そこまで踏み込んだ検討が求められているということだろう．したがって，高校工業教育の意義と役割の検討を継続し，常に教育課程の見直しをする必要がある．学習指導要領の改定の如何にかかわらず，教育課程は常に洗い直していく必要がある．個々の教科の立場からだけではなく，「私たちの学校にふさわしい教育課程づくり」という視点」でトータルに学校や学科全体を見渡した教育課程を進めるという視点を基本に据えるということが大切である．

各学校が行う教育活動の全体計画である教育課程づくりは，目の前にいる

子ども・青年の現実から出発し，彼らの発達課題・獲得目標を明らかにし，そのためにはどんな教育活動（教科指導と教科外指導）が必要かという流れとなる．その際に，取り組む教職員集団の実態や学校の教育条件の分析も必要である．

また教育課程づくりに当たっては，「子どもの権利条約」の視点から生徒・保護者の参加も大切にしたい．

5．高校工業教育の教育課程づくりの視点

高校工業教育の教育課程づくりの出発点は，工高卒の青年像・技術者像とそこに求められる力を，彼らが生きていく社会の動向をみすえながら明らかにすることであろう

①自らの個性や能力・適性を早期から値踏みし，そこから自覚される役割意識に応じてその時々の社会や生産に順応することをめざす力ではなく，民主的な社会とその社会の生産技術を創造・発展させる力を育てることをめざしたい．

②今日の生産技術の実際と今後の発展をみすえたとき，工高卒の技術者が担わなければならない仕事と求められる力とを簡潔に表現すると，「生産技術の全体像（システム）を見通すことができて，それを構成する具体的な現場を担える力」であるといえる．

③技術のめまぐるしい発展に対応できるように，短期間に陳腐化しない基礎的で発展性のある力を育てなければならない．工高卒は既存のマニュアルにしたがって正確に労働できるが，発展できない，といわれる弱点を克服する必要がある．

6．工業高校からの大学進学を保障させる

工業高校が，入学当初から大学等への進学を目的にした生徒を対象に，受験体制にシフトしていくことは国民のニーズにも背き，高校工業教育そのも

のの崩壊につながりかねない．

　しかし，工業教育を学ぶなかで，さらに大学などへ進学して学びたいという意欲が育った生徒のために，工業高校からの「特別選抜入学制度」の拡充や，入学後，工業高校卒業生に配慮したカリキュラムや補習などの方策も要求していく必要がある．学習目的と意欲の旺盛な工業高校生の入学は，大学教育の活性化につながっているとの調査結果もある．

7．地域に根ざし，地域の期待に応える工業教育の創造を

　青年は働くことを通して学び，成長する．各地の工業高校は，地域の産業，技術，経済の振興のための働き手を育成してきた．その信頼と期待の上に就職先も確保されてきた．地場産業や，地域の商工業者との交流を深め，その期待に応えうる専門性の高い工業高校に発展させ，地域の文化振興の拠点にしていくことが求められている．

　「地域」の関わりを抜きにしたら高校工業教育の展望を切り開くことができない．「進路指導をがんばっても，地域の産業の再生なくしては高校生の就職は進まない．就職難は高校生の進路意識の涵養が問題ではない」……という当たり前な現実に高校現場はたじろいでいる．職業高校の再編・縮小は「地域」の産業構造の変化を主要な理由としている．工業高校の激減は地域の製造業の衰退を加速してしまい，それがさらなる工業高校の激減につながる．

　今日，子ども・青年達に学ぶことと働くことへの確信を育むことが学校教育の第一義的な課題である．そのためにも，地域の現実から学ばせる必要がある．生活の単位である地域を人間らしいものに変えていく課題が見えたとき，学びへの意欲は自ずと高まる．とりわけ，人間の生活の中心である労働と密接な関係にある技術・職業教育の意義や目的への確信が広がるはずだ．地域の課題に応えることができなければ，技術・職業教育としての価値そのものが問われることになる．工業高校の創成期の時代は，地域の工業技術の

センター的な役割を果たしてきたという，地域づくりに関わった輝かしい歴史がある．「地域」を人間らしい労働と生活の場所に取り戻すという課題と関わって，技術・職業教育発展の展望を開くという視点を大切にしたい．

8．労働観・職業観を育てる

　人間の生活の中核である労働・職業への正しい認識を育てることは容易ではない．自然を変革し使用価値を生み出す生産労働は３Ｋとして蔑視され，「労働が価値を生み出すのではなく，受験学力・学歴が価値を生み出す」「生産よりも情報・財テクこそが価値がある」という認識が広がっている．これらの原因の第１は，企業の利潤追求最優先のこの国の生産をめぐる有り様であろう．海外の安価な労働力や市場を求めて生産の拠点を海外に移す産業の空洞化，森林の乱伐，公害の輸出など地球規模の環境破壊の進行，生産利潤より財テク利潤が上回る企業の出現……が生産や労働への懐疑を生み出している．思想信条による差別の横行，「カローシ」が国際語になってしまった長時間過密労働，リストラという名目の大量の解雇など，「憲法は企業の門前でたたずむ」といわれるこの国の企業社会の現実は労働への忌避や就職へのモラトリアムとなって現れている．また技術の急激な発展のなかで，労働がブラックボックス化されてしまい，何のために何をどのようにしているのかという，自分の労働への確信が持てない状況も広がっていることも見過ごせない．

　こうした現実のもとで，自然を変革して人間に有用な財貨を生み出してきた労働が，人間そのものをつくりあげてきたという労働のすばらしさを体で丸ごとつかまえさせ，それに今日の日本の労働の現実を対置して問題点をえぐり，本来の労働に変えていく意欲と力を育てることをめざしてさまざまな実践がとりくまれてきた．これらの実践に学び，改めて実践の構図を明確にして目的意識的にとりくみたい．

　①授業を通して本来の労働のすばらしさをつかまえさせる．

技術・労働の歴史学習が強力な武器のひとつになるだろう．人間らしい技術・労働を求めて人類はどのように闘ってきたのか，人間にとって技術・労働とは本来何であったのかを学ぶ授業づくりである．実習の授業もこの視点で組織したい．教師がこの視点を持ってさえいれば，実習のなかで生徒たちは労働が本来持っているすばらしさを見事につかんでくることはまちがいない．労働こそが価値を生み出すこと，労働は人と人とが共同して取り組まなければ成り立たず，一定の規律と管理が必要なこと，労働のなかで自分自身を見つめられ成長を確かめられることなどを発見していき，「実習報告書」のなかに書き込んでくるはずだ．体で丸ごとつかんだ労働本来の姿はボディブローのように労働観の変革にきいてくる．彼らが実習のなかから実際につかんだ言葉を整理して，繰り返していねいに語りかけたい．

②現実の社会の労働の実際を直視させる．

彼らは，マスコミなどの情報や身近な大人の労働などからうすうすは今日の労働の現実をわかっているつもりでいる．しかし，実際の労働について自分の目でじっくりとみるということはほとんど行われていない．現実の労働をはっきりと見据えることは，きわめてショッキングで，労働観が激しく揺さぶられ，労働への懐疑や忌避が生まれる危険もある．しかし，ここが出発点であり，このことを抜きにして本物の労働観は確立できない．以下を取り組みたい．

- 実際の生産労働を体験する就業体験・インターンシップ（第Ⅱ部第1篇第5章を参照）や工場見学．

- 身近な親や兄弟などの仕事に学ぶ聞き取り調査．身近な大人から学ぶ機会をつくりさえすれば，労働の現実がどんなに厳しくとも，必ず労働の喜びや生きがいが語られるはずであり，実際の進路選択へのアドバイスも聞かれるに違いない．身近な大人を，やがては働くことになる労働者の先輩として見つめ直すことができ，信頼感が高まることは請合いである．聞きとったことは文集などにして共通な財産にしたい．世の中にはたくさんの職業があり，

その労働によって社会が成り立っていることをわかっただけでも彼らは圧倒される．

・卒業生の仕事の「履歴」を洗う．中学から高校，仕事に至る長いスパンで洗うことで，先輩たちがどのような筋道で労働観・職業観を育ててきたのかがつかめる可能性が生まれる．また，生徒たちにとっては先輩の「履歴」であるだけに一定の見通しがたつ．教師はどうしても入学から卒業までのきわめて短いスパンでしか発達をみないという狭さが克服できず，実践の質を狭めてしまっていないだろうか．労働の主人公を育てる工業高校の中身を豊かにするためにも取り組みたい．

③「いつでもどこでも労働の教育を」の視点を．

今日の労働の現実を分析し，本来の人間らしい労働を取り戻すための教育は，技術教育だけでやり切れるものではなく，学校教育すべてを，将来の労働の主人公を育てるという観点で進めることが大切である．「いつでもどこでも労働の教育を」というスローガンを掲げたい．

第2章　学ぶ喜びをつくる

1．工業高校での楽しい教材づくり

　　　　　　　　　　　　　　　　　　　　　　　　　　　　　児島　高徳

工業高校で受け持った授業

　工業高校機械科教員になって21年目，教員生活の折り返し地点に立っている．この21年間に私の受け持った授業を通して，工業高校での受け持ち授業について説明したい．大まかにいって，愛知県では機械科は各校2クラス編成で，授業時間数は工業科目と普通科目で総単位数の半分ずつというのが一般的である．その工業科目のなかで教室で行う座学が半分以上の単位数を占める．

　私が受け持ったことのある座学の科目は，自動車工学・計測制御・機械設計・原動機・工業数理・電子機械・情報技術基礎・電気基礎・電子回路・機械工作・材料技術基礎の11科目である．受け持ったことのない科目には電子機械応用・工業英語・工業管理技術などがある．週持ち時間は平均18時間位で，そのうち座学が2科目，6～8時間位，残りの時間を実習・課題研究・工業基礎の実習指導と機械製図が占める．実習も受け持つショップが旋盤・溶接・制御・計測などと変わる．

　21年間で座学11科目を年2科目位ずつ受け持ったので，単純に平均すると同じ科目を約4回おこなっているようになるが，ひとつの科目であっても，3年間でするものや1年間で終わるものがあるので，実際には同じ科目の担当回数はこれより少ない．その上に機械科は学年で2クラスしかないので同じ授業を2回しか行わないし，時には持ち時間の関係から2人で受け持つときもあって1回のときもある．このため工業高校の座学科目では，長く勤務してもあるひとつの単元の授業を何度も繰り返し行うことが少ないのである．クラス担任などで学年を持ち上がると，同じ授業は早くても3年後にやっと

行うことになる．このことが数学などの普通教科と大きく違う点である．普通教科では同じ授業を何クラスもで繰り返し，同じ単元を何年も続けて行えるので，熟練した授業や深い教材研究の取り組みを展開することができるのではないかと思われるが，工業科では教員の担当科目固定化も弊害があり，上に述べた事情から授業の技能への熟練化がうまく行えない現状があると思われる．

私の授業展開

私が授業をつくる上で影響を受けたのは，愛知物理サークルの投げ込み教材，仮説実験授業の選択肢，遠山啓の水道方式，公文式のプリント等である．これらの考え方を参考にして，授業を展開している．

（1）物理サークルの投げ込み教材

新任の頃は，教科書に書いていることを要約して黒板にわかりやすく板書することや練習問題のプリントをつくるだけで精一杯であり，それが座学であると思っていた．教室に実験や実物を持ち込むことなど考えもつかなかった．しかし15年ほど前，組合の一泊教研の夜，2人の物理の先生が廊下で何やら楽しそうに話し合いながら教材を紹介しているのに出会った．それはアクリル管による圧縮着火だった．ディーゼル機関の原理がこんな簡単に再現でき，教室でみせることができるなんて，びっくりで衝撃的なことであり，これが愛知物理サークルとのはじめての出会いだった．私も教室に実験や実物を持ち込むようにし，実験・実物教材作りに励むようになった（参考，愛知・岐阜物理サークル編著『いきいき物理わくわく実験　改訂版1』日本評論社）．

（2）仮説授業実験から選択クイズ

そのころ，ある社会科の先生が「この本はおもしろいよ」と月刊誌『たのしい授業』（仮説社）を紹介してくれた．仮説実験授業をはじめて知ったのであるが，はじめは意味もわからずに流し読みをしていただけである．今は会員にもなっている．

仮説実験授業における，設問・選択肢への挙手・その選択をした理由（仮

説）の発表と討論・実験で検証という独特の授業展開と考え方を参考にして，設問と選択肢を作り，どの選択肢を選ぶか挙手させ，理由を討論させている．高校になると生徒の発言が少ないので，選択肢に昔の「おもしろゼミナール」のクイズ番組みたいに文章を付けて，手を挙げやすく，討論しやすいようにしている．

> 下図のように 100 gf のおもりをおいたとき，はかりの目盛はどこをさすでしょうか？
> 中心
> 重り
> はかりA　　　　　　　　はかりB
> （1）モーメントよりAの方が重たくなる
> （2）ひょっとしたらA＝Bかもしれない
> （3）おもりがBに近いのでBが重たくなる

（3）水道方式から要因図的授業展開

　授業で実験などをしても，興味は示してくれるがテストができないことがある．生徒のテストができる・できないは私の授業の教材に関係があるのではなく，数学的計算能力に問題があることが大きな要因であると思い始めた．工業での授業では，単位変換・式の移項・三角関数などの数学的計算ができないとテストができないのである．興味ある授業をしても問題が解けないというお粗末な現状がそこにあった．そこで，式の移項や三角関数などの基本的数学をいかに授業のなかで解りやすく理解させるかが大きな問題となる．

　そのために数学サークルに参加したり，数学の本を読んだりしていたが，遠山啓『数学入門　上・下』（岩波新書）を読み，水道方式に目が止まった．そのなかで式の移項を天秤法として理解しやすく紹介している．A＝の式にするためには左のAを含む式からBがなければよいのでBを掛けて，同じ重さにするためには右にもBを掛けることになる．このように天秤の図を描けば視覚的に式の移項が理解しやすくなる．

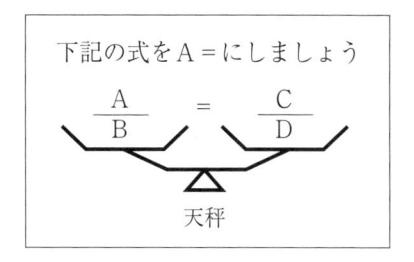

> 下記の式をA＝にしましょう
> $\dfrac{A}{B} = \dfrac{C}{D}$
> 天秤

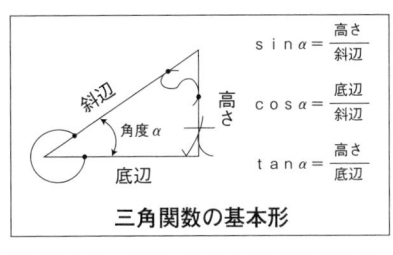

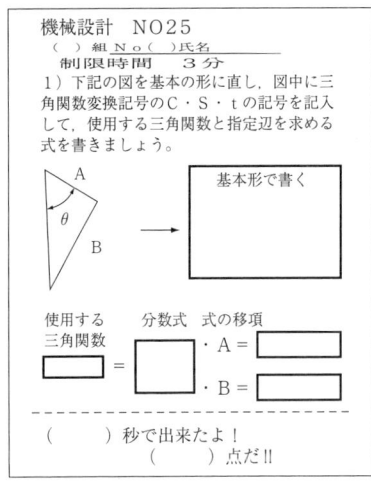

また，三角関数は左図のように覚え方を伝えれば生徒は理解したと考えていたが，指定角を変えたり三角形を傾けたりすると基本の形に直すことができない生徒がいる．そこで，いろいろな向きの三角形を基本の形になおすプリントをつくる．

テストではいくら公式を覚えても，求める辺に式の移項ができなければ応用の問題はできない．なぜできないのかを分析してみると，どのような問題の流れをつくるかなどの授業展開が組み立てられる．なぜできないのか，原因を突き止める要因図的なものを使って，授業展開やプリントの流れや配置を考慮している．

（4）公文式からタイムドリル

授業の内容を定着させたいと思い，手に取った本が公文式の本であった．公文公さんがどうしてこの方式をつくり上げたか，時間を測る理由，100点をとれる問題など，ドリルとしては最高の考え方であった．それを参考に，3分を目安とし早い人は1分位ですべてができるような問題で，90％以上の人が100点になるようなドリルプリントをつくっている．できた人は手を挙げて，そのときの時間をプリントに記入するというやり方をする．この一連の作業の利点は短い集中でよい，問題が解ける，早くできることはよく理解している目安になるなどである．

教材づくりを趣味に

1時間の授業のために，後はいつ使用するかわからない座学の教材を考え

てつくることは，それにかかる時間を考えると現実的にはなかなか難しいものである．しかし何でもいいので物をもって行くと，あの物理サークルの「アクリルパイプで圧縮着火」の実験をはじめて見て，興味と衝撃で目をキラキラとさせて見入っていた自分と同じ目をしている生徒が，教室にひとり，ふたりといるのを感じることができるのである．教師として，本当に心がホッとする瞬間だ．この気持ちは，教科書を要約した板書と熱心につくった練習問題のプリントで，どんどん授業を進めていた自分の授業では感じることのできなかったものである．「先生！ それおもしろいね」とか「先生の授業はわかりやすいよ」と生徒に声をかけてもらうともう最高．この最高の気持ちをもう一度体験したい．これが教材づくりのエネルギーになっている．

　教材をつくるためにはいろんな研究会に手弁当で顔を出したり会員になったりとお金と時間がかかる．私は教材づくりを趣味にしている．趣味ならば損得を考えることなく，自分の楽しみのために教材をつくることができるし，つくった教材をたとえ授業で使わなかったとしても気にならない．新しい教材を教室で紹介したときの生徒のキラキラとしているあの目を思い浮かべながら，教材を考えたりつくったりしている自分が楽しいのである．それはお金などに換えることのできない心の楽しみである．このごろはインターネットが発達してホームページをつくることにより，それらを発表する場を得ることができる時代である．趣味の発表としては最高の時代が来たと思う．私の教材が多くの人の教材に，多くの人の教材が私の教材にと発展していく時代になった．私も「教材の部屋」というホームページ (http://www.babu.jp/~kojima/) をつくっている．そのなかにアップした趣味の教材を一部紹介したい．

（1）情報関係

「誕生月と誕生石当てカード」は2進数を楽しく学ぶものである．〈あるを1〉〈ないを0〉に置き換え，みせる順番で2進数をつくることにより数字を導き出し，その数字から記号を当てるカードである．言葉という記号も1

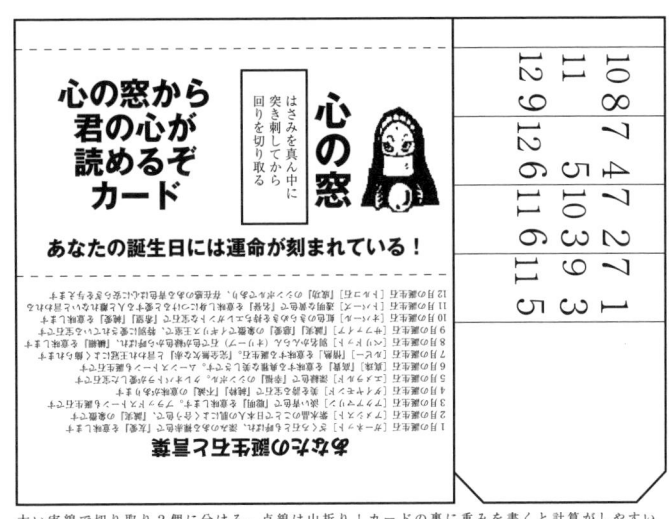

と0で表すことができ，これがコンピュータが言葉を表す原理であることを示す．応用として，数字だけではなく絵の「干支当てカード」，「テレパシーで君の心は読めるぞカード」，「3進数カード」などをつくっている．「はがきで暗号」ははがきに印刷されているカスタムバーコードを解読したり，それを使用して言葉の暗号を解いたりするものである．「暗号で遊ぼう」はアスキーコードを教えるときに遊ぶ．

（2）電気関係

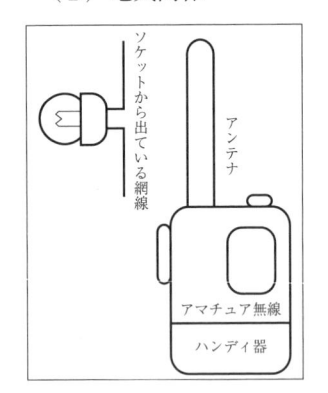

「アマチュアハンディ無線機で豆電球の点灯」は，微電流で点灯する電気浮きに使用されている電球をみつけることができたので，ソケットからの線をアンテナにして，豆電球が電波だけで光るという教材をつくることができた．

「LEDで携帯電話の電波探知機」は，携帯電話のアンテナにコイルを巻いて電波を捕ら

え，LEDとショットキーダイオードを使用して，LEDを点滅させるものである．

これらは電波の検波や電波がエネルギーをもっていることなどの授業で展開できる．

「方位磁針で3相交流モータの原理」は，乾電池を使用して3つの接点を持つロータリースイッチで擬似的な3相電流をつくり，それを，コイル3個を方位磁針上に直接巻いてスター結線をしたものに送り，方位磁針を回転させる装置である．

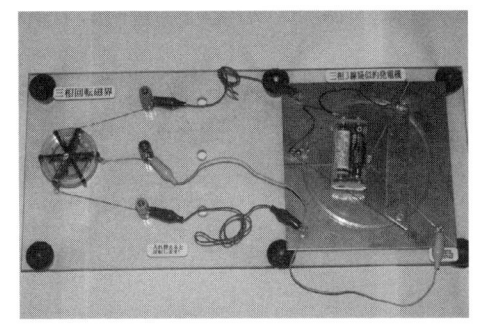

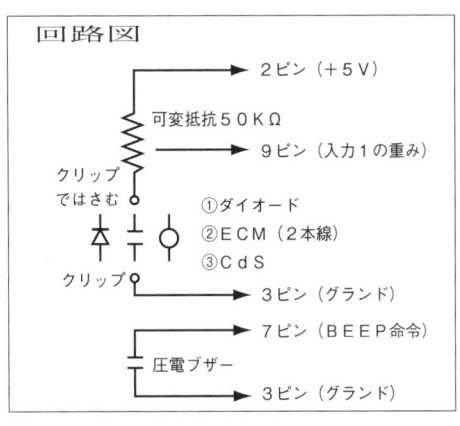

ポケコンを使用するセンサー回路は，シャープ製ポケコンPC-801の11ピン側の簡易ポートを使用して簡単なセンサー回路を製作したものである．cdsによる光センサー，ダイオードを使った温度センサーやECMマイクによる音センサーにより，プログラムでそれらを探知するとビープ音が鳴るような回路である．情報のなかで紹介した．

（3）機械関係

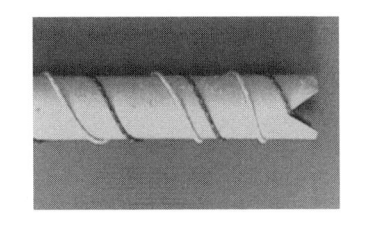

「紙の筒でネジの授業」は紙の筒に1本のひもを螺旋状に巻いて，ピッチやリード角，リードについて説明する．またひも2本を巻いて2条ネジを表現して，ピッチと

リードの違いなどを説明する．

　エンジンの原理として，ガソリンエンジンの原理は空き缶でアルコール爆発，ディーゼルエンジンはアクリル管で圧縮着火，ロケットエンジンはペットボトルでアルコール爆発などをみせた．

　「バットで偶力」は，2人にバットのもつところと打つところをそれぞれもってもらい逆向きに回転させる競争をしてもらう．太さの違いによる偶力モーメントの大きさの差を実感してもらう．バットを教室にもって行くだけで大受けとなる．

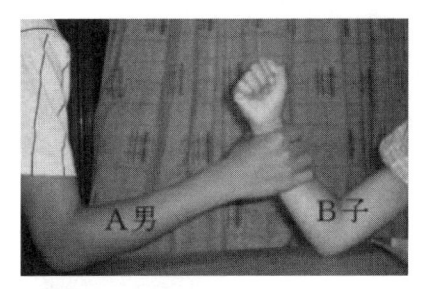

　「腕相撲でモーメント」は簡単にできる実験である．腕を組むときに片方は手首を持って腕相撲をする．さて，あなたはどちらが勝つと思いますか？

　「何でも真空弁と風船ポンプ」は，大気圧の実験で有名なマグデブルグの半球の再現で，100円ショップで売っていた風船ポンプと金属ボールでマグデブルグの半球が製作できた．ポンプでなかの空気を抜き取ることにより，大気圧の力のすごさを体験できる．

（4）工作や遊び

　「式の移項で誕生月当て」は，誕生月を2倍して3を足し，それを5倍して6を引くという計算の答えを聞くことにより，その人の誕生月を当てるものである．これは，なぜそれが当たるのかを式の移項によって導き出すのが目的である．

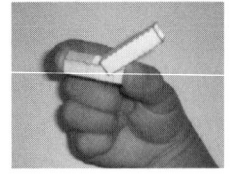

　「塩ビパイプでケイナの製作」や「はがきでウグイス笛」などの音の出るものも面白い．

「遠心力で皿回し」は，皿やどんな板でも形がいびつな物でもいいのだが，裏の重心の位置にペットボトルのフタなどを両面テープで止めると，それで皿回しができる．重心について知ることができる．

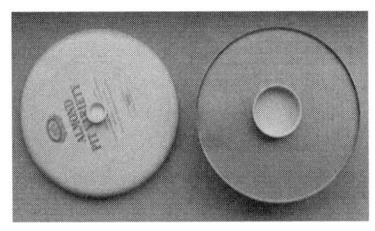

こんな工作物も趣味だからこそアップできる．

おわりに

いろんな教材をつくってきたが，そのエネルギーは生徒のあのキラキラとした目である．また，技術教育研究会に参加することは勿論のこと，物理サークルや数学サークルと自主的な研究会に参加することが，自分のバックボーンを広げることを可能にした．それが支えになっていると思う．みなさんも教材づくりを趣味として，生徒のキラキラとした目を思い浮かべながら教材をつくりませんか？　私の教材がその入り口になれば幸いである．

2．工業高校は座学だっておもしろい

　　　　　　　　　　　　　　　　　　　　　　　　　　　　　　　佐藤　晶夫

工業数理基礎，設計，原動機という科目は生徒にとっては「数式と計算」である．定時制の生徒はきわめて多様であり学力差も激しく大きい（「進学校」中退から，「九九は不確か，アルファベットはわからない」まで）．定時制のクラスで数式と計算中心の授業を展開するには大きな困難を伴う．

本稿は，このような極端な学力差のある集団に対する授業実践である．数式・計算は最小限にとどめ，簡単な実験を取り入れることによって，これらの科目が楽しく身近なものになるように考えた，などというと堅苦しいが，生徒と一緒に楽しんでいる．時には失敗することもあるが，気にしない気にしない．

機械科ということもあって，簡単な実験装置を作る材料（ネタ）はそここ

こに転がっている．実験（というより遊び）は楽しい授業の第一歩だと思う．

ノギスをつくろう（工業数理基礎）

　工業数理基礎は何をやって良いかわからない科目で，電卓検定の練習してお終いという例が多いのではと思う．私はこの科目を「単位と測定の科目」と勝手に位置づけている．とりわけ，工業科では絶対必要である「長さ」については集中的に扱い，測定ではノギスの用法と原理を理解するため資料①を実際につくっている．生徒が作ったモノは生徒の製作技能の問題もあってバーニヤの読みと，0～1間の目盛の読みとがうまく一致しない．で，模範作品をみせて，「ここは本当は1mmだから目盛り線は引けない，7が一致していると……ほら，ちゃんと0.7mmでしょう」．

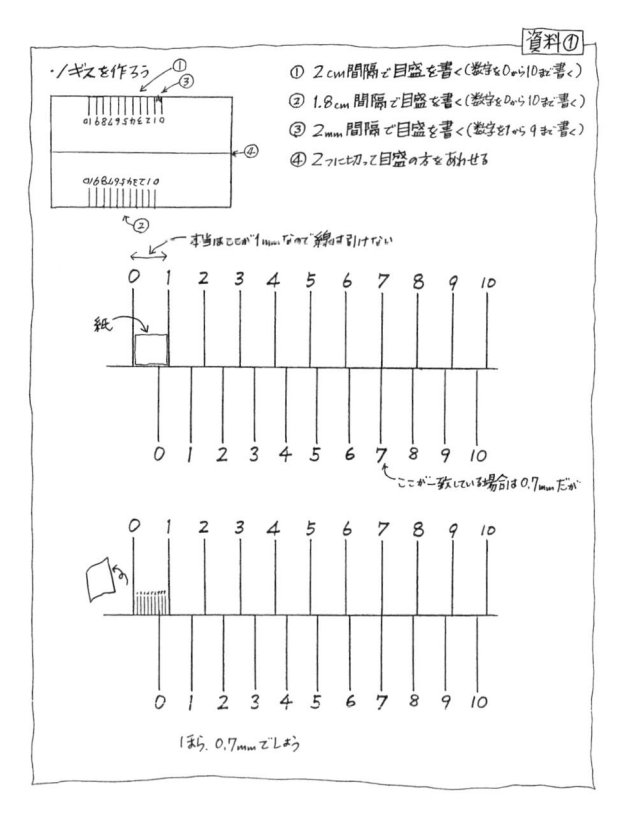

正規分布ってなんだ？（工業数理基礎）

測定には誤差が付き物．偶然誤差は正規分布する．「セイキブンプってなんだ？」

本当は実際にモノを測定して誤差を求め……という方法が良い（資料②）．「息抜き」も兼ねられるので……．以前，全日制のクラス（40人）でやったときはガチャガチャ大騒ぎになったが，最後にきれいな正規分布ができ「お～，すげえ」．

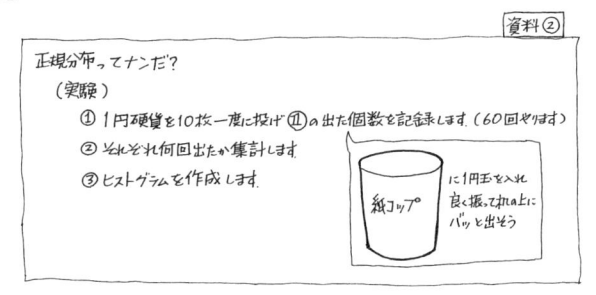

> 資料②
> 正規分布ってナンだ？
> （実験）
> ① 1円硬貨を10枚一度に投げ⑪の出た個数を記録します．（60回やります）
> ② それぞれ何回出たか集計します．
> ③ ヒストグラムを作成します．
>
> 紙コップに1円玉を入れ良く振って机の上にバッと出そう

大気圧を実感する（原動機）

原動機の前半は流体の基礎を学ぶ．大気圧を実感する空き缶つぶしの実験を行う（資料③）．空き缶は私財をなげうってビールの空き缶を利用する．1リットルアルミ缶が迫力があってオススメ．この実験では口の密閉に工夫が必要だが，このようにすれば完璧．空き缶を逆さまにして水の中に入れると一瞬おいて，グシャ！

（設計の後半にある「薄肉円筒容器の強度」にも応用できる）．

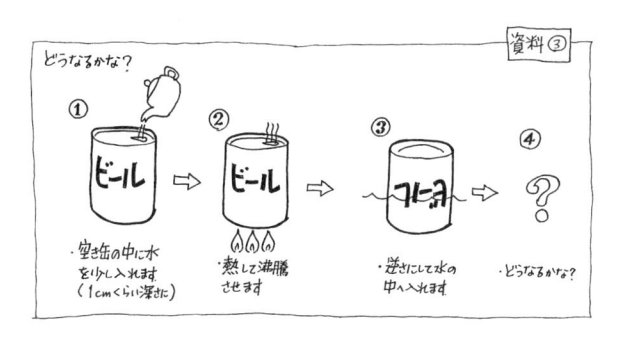

> 資料③
> どうなるかな？
> ① ビール　・空き缶の中に水を少し入れます（1cmくらい深さ）
> ② ビール　・熱して沸騰させます
> ③ ビール　・逆さにして水の中へ入れます
> ④ ？　・どうなるかな？

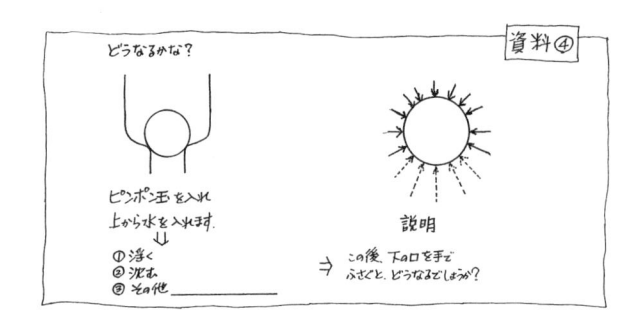

浮力（原動機）

まず，生徒諸君に予想してもらう（資料④）．
「ピンポンなんだから浮くに決まってんだろう」「え〜，そうかなあ？」などと大騒ぎ．

水深が深いほど圧力が大きくなり，この圧力差が浮力の原因である事の説明に使う．説明も図を使って「ここの力がないから，下向きの力の方が大きいんだよね」という具合．

アルキメデスの原理（原動機）浮沈子

「さあ，今日は超能力をみせるのだ」などというと生徒は「ナニいってんだ？」というような顔をするが，気にしない（資料⑤）．「さあ，やるぞ！」といいつつペットボトルを強く握ると，あら不思議，浮沈子が沈みます．「やらせろ」などという生徒もでてくる．驚かせたところでアルキメデスの原理の説明（浮沈子の中の空気が圧縮される→体積が小さくなる→浮力が小さくなる→浮沈子が沈む）．

落下を聞く（設計）

簡単な落下の実験（資料⑥）．一瞬で終わる．コンコンコンと等間隔で音がする．

摩擦係数を実感する（設計）

まず，いくつかの文鎮の重量を測定する（資料⑦）．ひとつ文鎮を引き出しに載せ，動き出す直前のバネばかりの値を読む．次は2つ載せ，3つ載せ

資料⑤

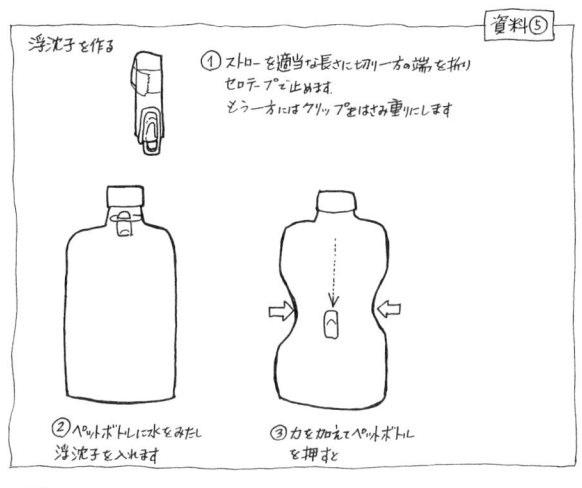

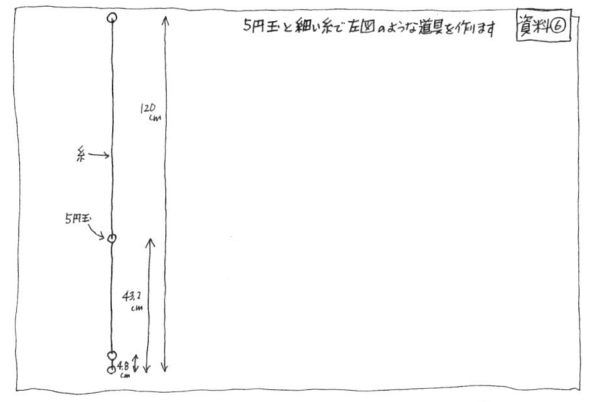

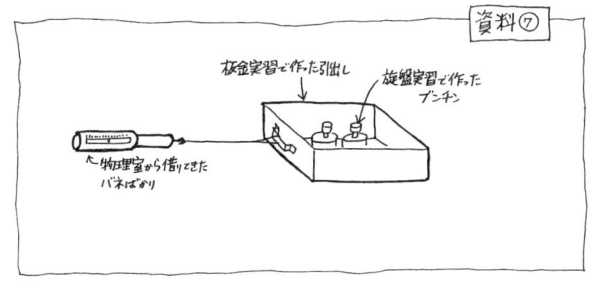

浮沈子を作る

① ストローを適当な長さに切り一方の端を折りセロテープで止めます。もう一方にはクリップをはさみ重りにします。

② ペットボトルに水をみたし浮沈子を入れます

③ 力を加えてペットボトルを押すと

資料⑥

5円玉と細い糸で左図のような道具を作ります

120cm
糸
5円玉
48.2cm
4.8cm

資料⑦

板金実習で作った引出し
旋盤実習で作ったブンチン
物理室から借りてきたバネばかり

……．グラフにするときれいな直線ができる．デッカイ段ボール箱を使って人間をおもりに使うともっとうける．

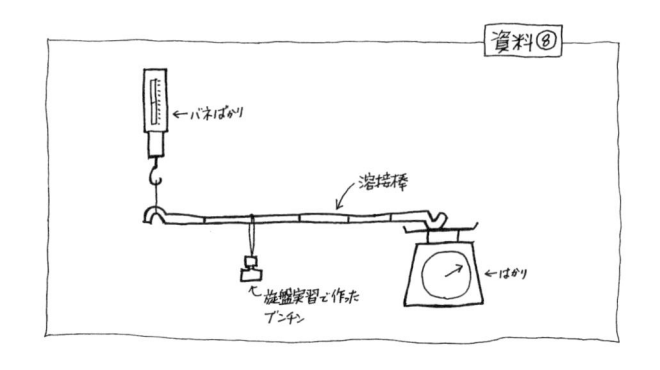

[資料⑧ 図: バネばかり、溶接棒、塩ビ実習で作ったブンチン、ばかり]

モーメントや梁の反力は実験で（設計）

高価な実験装置もあるが教育予算が削減される今日この頃，身近なもので工夫しよう（資料⑧）．このへんになるとかなり計算が入ってくるが，実験値と計算値がほとんど一致すると生徒は喜ぶ．教員も素直に喜ぼう．

3．苦役化した学習観をひっくり返す

　　　　　　　　　　　　　　　　　　　　　　　　　　　　斉藤　武雄

1時間にひとつのおもしろ実験

（1）楽しい授業をめざして

2年生の1学期の学級通信に，「校長先生がぼくの授業を観察」と題して，上級生の授業風景のスケッチを紹介した．

▼2時間目に，校長先生が，ぼくの授業の『観察』にみえた．この1ヵ月間ほどをかけて全教員の授業を『観察』してきた．3年B組の「原動機」という2時間続きの授業で，当日は「パスカルの原理」と「圧力の測定」がテーマであった．ぼくの授業は，毎時間，生徒にもできるだけ参加してもらって，「おもしろ実験」を軸に展開している．この日も100キロ近い体重のM君（野球部のドカベン）をS君がストローで吹いて持ち上げたり，その息の強さを，手づくりの圧力計で測定するというものであった．▼水道橋駅を降りると目の前に東京ドームがある．この種のドームは内外の気

圧差で屋根を持ち上げているので「エアドーム」とよばれている．屋根の広さは32,000平方メートル（約1万坪，ちなみに本校の敷地面積は？）で重さは何と406トン，気圧差と同じであるというから驚く．わずかな力で大きな力を産み出す原理を考えたのは，今から350年ほど前のパスカルである．この「パスカルの原理」は今日，油圧機械としてたくさん使われている．たとえば自動車のフットブレーキもそのひとつ．▼ストローの息の強さで100キロのM君を持ち上げることに挑戦した．授業では，大きなゴミ袋をセロテープで留めて密閉した袋をつくり教卓に載せ，その上に板を乗せM君を座らせ，S君が袋の端に穴を開けてストローを差し込んで，数分間強く吹いて袋を膨らませ，M君を見事に持ち上げることに成功した．続いて，この息の強さを，透明な5メートルほどの長さのビニールホースをU字型にして半分ほど水を入れ，黒板に貼り付けて，一方の端から水を強く吹いて水を押し下げ，左右の水柱の高さの差で計る（U字管マノメータという圧力計の原理）ということに挑戦した．水柱10メートルが1気圧であるので，3/1000気圧なら3cmの差が出れば東京ドームを持ち上げることができるはずである．吹いてみたい希望者が多く5人だけに絞るのが大変だった．先ほどのM君が1位で，何と水柱差は2.5メートルを超えてしまい装置から水が吹き出した．何と東京ドームの圧力差の250/3＝83倍も強いことを確認した．

機械科の『原動機』の授業（座学で流体力学と流体機械，熱力学と熱機関などを学ぶ）で，「1時間にひとつのおもしろ実験」と銘打って以下のような実験を楽しんでいる．

★「おもしろ実験＝流体力学編」
1．水の山盛り・1円玉浮かべ＝表面張力
2．水と醤油の入ったコップの2段重ね＝流体の密度を目でみる
3．紙風船の穴の秘密＝空気の動粘性の体感
4．ティッシュペーパーとコップで大気圧を眼でみる・小瓶のふたを外し

て逆さまにしても水はこぼれない＝表面張力と大気圧

5. 新聞紙による空気の体固め＝大気圧の体感
6. ストローとビニール袋で人間を持ち上げる＝パスカルの原理（東京ドームの仕組みを確かめる）
7. 手づくり圧力計で人間の息の強さを測る＝Ｕ字管マノメータの原理
8. どちらが浮きあがるか？＝ジャンボジェット機の浮かぶ原理＝ベルヌーイの定理（8〜18）
9. 近づく風船
10. ストローで霧吹きをつくる＝キャブレターの原理
11. ペットボトルの水はどこまで吹き出すか？＝トルチェリーの定理と落体の運動
12. 吹いても落ちないピンポン玉
13. 息の力で空中にボールを浮かべる玩具の原理は？
14. ３枚羽根ブーメランをつくって飛ばす
15. 数理科学を駆使した新型ブーメランをつくって飛ばす（型紙あり）
16. アルミの空き缶を輪切りにして飛ばす＝円形翼機の原理（愛知・児島先生から）
17. 中野工業高校生の発想をもとに筆者が考案した紙製フライングリング
18. ブーメラン紙飛行機をつくり宙返り飛行を楽しむ（都立航空高専・吉田先生から）
19. ストローとゼムクリップでつくる浮沈子
20. 大型吸盤でマグデブルグの半球を体感

「総合的な学習の時間」が始まり，地域の中学校から工業高校の「出前授業」の注文が増え，このなかからいくつかを選んで出前もする．中高生だけでなく，最近では非常勤講師をしている大学の「工業科教育法」の授業でも，「授業づくりの第１は『楽しい授業』」というのを学生たちに体で学習してほしいと願って楽しんでいる．

これらの実験は特別な材料や装置を必要としないばかりか，身近にある材料で簡単につくれる物ばかりである．だからこそ，科学のフィルターを通すと予想外な結果が出てきて楽しいのかもしれない．生徒はもちろん教師の側がわくわくドキドキで毎回楽しんでいて，「こんなに遊んでいて給料までもらっていて良いのだろうか」と話したりもする．「人事考課」のために校長が「授業観察」にやってくるが，生徒と一緒になって「予想を立てて」楽しんでいるようで，「評価」まで気が回ったのだろうか．実験がうまく展開して生徒たちに受けた後，教室を去るときの気分は最高．

（2）課題

　しかし，単純に喜んでばかりはいられない．次のような課題も突きつけられている．

　①教師が演じて示すことだけを続けていると，生徒たちはいつしか慣れっこになってしまって，あたかもテレビでも見ているような受身の姿勢になってしまう．

　したがって，どんなにささやかでも，生徒たちに主体的に参加してもらう工夫が大切．

　②実験で現れる現象はさまざまな要素が複合されることが少なくないので，そこに潜む科学はそのなかから必要な事項に絞って丁寧に解明することが必要．これがないと，「科学マジックショー」になってしまう．

　③実験にかなりの時間が必要なので，内容の精選がきびしく求められる．

　④常に新しい実験教材に挑戦する気構えがないとマンネリ化してしまう．教師にとっても新鮮なものでないと生徒には感動が伝わらない．もっとも，その気があれば自然に目に付いたり，同僚はもちろん生徒までが持ち込んでくれるという，うれしい出来事にも遭遇する．

（3）苦役化した学習観からの脱出

　受験学力で振り分けられて工業高校に仕方なく回されて来た生徒たちの多くは，学ぶことが苦役になっている．英数国などの普通教科は受験学力で差

別されたいわば「垢にまみれた」教科と写っており，これらと比べて，専門教科は全員がはじめて学ぶため，「スタートライン」が同じ「民主的」な教科にみえる．

　とはいっても，学習を進めるには理数の基礎学力が前提になっているし，専門用語が氾濫する教科書は，普通教科に比してあまりにもこなれていない．「楽しく・わかる授業」を丁寧に仕組まない限り，苦役化した学習観を引きずったままである．そこで，学級通信での授業風景のように，常識を覆すような実験を楽しみながら，その奥に潜んでいる科学や技術のすばらしさを確認して，それが私たちの社会を支えているさまざまなモノとして存在していることにつなげていくという流れで授業を組み立ててみた．人類が積み重ねてきた科学・技術の英知を学ぶことが，社会的な有用性がある学力を獲得することであるという見通しを持てたときは，喪失していた理数の学習意欲を回復することにもつながってくることが少なくない．「流体の圧力」という抽象的な概念の理解も，東京ドームを支えるための圧力計算も厭わなくなる．また，ドームの気圧を高めるための送風機やポンプなど流体機械（ベルヌーイの定理，遠心力，運動量保存の法則などの原理を基礎とする）の動機付けにもなる．こうして，次々と建造される巨大なエアードームの原理と仕組みが理解できたとき，学ぶことへの価値観の転換が始まるはずである．

　こうした理論学習が，建造物を実際につくるための機械技術（設計・製図，材料と加工の技術）の学習とつながったとき，社会的有用性のある物をつくれるという，職業として通用する技術を獲得できたという自信につながる．「勉強ができないダメな俺」から脱却するだけでなく，「この国をつくっているのは俺たちだ」という主権者意識につながるものも芽生えてくるはずだ．

　工業高校での学習は，身近に存在する問題や課題といういわば特殊なものへの挑戦を通して，そのなかに潜む普遍的な問題や課題に挑戦していけるものをつかんでいくという見通しで実践を進めてきた．

（4）「おもしろ実験」についての参考図書

実にたくさん出版されている．本屋などで実際に手にとってみると，授業に取り入れたときの生徒たちの楽しそうな顔が浮かんできて思わず長時間の立ち読みになることがしばしば．しかし，本屋に並んでいるのは発行されているもののなかの一部の売れ筋だけなので，必要な分野の図書の検索については，京都の技術教育を考える会（荻野和俊さん他）が作成しているリストが便利である．

以下は手元に置いてよく使う図書．

1．後藤道夫『子どもにウケる科学手品77』講談社ブルーバックス
2．後藤道夫『もっと子どもにウケる科学手品77』講談社ブルーバックス
3．愛知・岐阜物理サークル『いきいき物理わくわく実験1～2』新生出版
4．左巻健男・内村浩編『おもしろ実験・ものづくり事典』東京書籍
5．滝川洋二編『ガリレオ工房の科学あそび1～2』実教出版
6．滝川洋二・吉村利明編『ガリレオ工房の身近な道具で大実験1～3』大月書店
7．工学院大学企画部編『おもしろ理科実験集1～2』シーエムシー
8．「科学」，「学習」編『100円ショップで大実験』学研
9．足利裕人編『つくる科学の本』シータスク
10．『やってみよう何でも実験1～5』NHK出版
11．日本機械学会編，石橋良三・根本光正著『流れのふしぎ』講談社ブルーバックス

みんなが先生に変身する授業

苦役化した学習観や否定的な教師観をひっくり返したいという願いの一連の取り組みの締めくくりとして，高校卒業前の授業を，「みんなが先生に変身する授業」として取り組んできた．機械科3年生の座学「原動機」のなかから，内燃機関の授業を全員で分担して，B4判1枚程度に作成したレジュメを使って10分間の授業を行い，定期試験問題まで作成する，というもの

である．

（1）初めが肝心＝先生に変身させるために工夫したこと

工業高校に入学してくる生徒たちの多くにとって，人前に立って話すということは大変な勇気がいるものである．ましてや，教材研究をして，みんなにわかるように授業をするなどということは，自分には到底不可能と思えてしまう．まず，この関門を突破させながら，次のことに留意して進めてきた．

①ネーミングが大切＝「課題発表授業」というのは辛い思い出が付きまとっている場合が少なくない．そこで，「みんなが先生に変身する授業」と銘打った．「先生に変身するのだから，先生がやることはすべてやってもらう」「授業はもちろん，その後のテスト問題の作成と，模範解答づくりまでだ」と迫られると，悪い気はしない．変身願望をくすぐるのである．勢いに乗ったら，この期間の1時間の授業全体を仕切る大「先生」役も決める．当日の進行や授業用のレジュメの督促などもやってもらう．

②4月の授業開きで宣言することが大事

1年間の授業計画を示し，1時間にひとつのおもしろ実験を楽しむ講義と，みんなが先生に変身する課題発表授業の2つの柱で構成することを宣言する．

前年度の先輩達の授業の感想を教科通信『エネルギー』に載せて，その意義と楽しさを強調する．大概の生徒達は発表授業への不安はあっても，おもしろ実験の楽しさの延長で納得（あきらめ？）させられてしまうようだ．

③2学期の授業の初めにも再度念押しをし，具体的な日程などを確認して，気持ちの準備をさせておく．

④3週間ほど前から本格的に準備を開始する．

　1）全員のテーマと授業日を示す．

　2）1時間の授業を使って，教科書等の該当個所のまとめをさせ，自分の授業範囲の概要と，今後の「教材研究」の進め方をつかませる．

　3）1週間前には授業用のレジュメの原稿を作成させ，印刷させる．

⑤当日の流れ
1）大「先生役」が出席をとり，「評価カード」を配布して当日の授業者の名前を書かせる．その後の進行もさせる．
2）持ち時間10分間の授業をし，質問も受ける．
3）受講生徒には，「評価カード」に「先生」の授業へのコメントと5段階評価を記入させ，回収する．
4）予定者の授業が終わったら「本物の先生」（筆者）が若干の補足やコメントを行う．

⑥定期試験の問題作成

本物の教師はどういう点に注意して問題を作成しているか，などを話して，自分が授業をやったところについての問題を作成させる．その際，きちんと解答がつくれる適切なものかのチェックのために「模範解答例」も赤ペンで入れさせる．

（2）生徒たちは学習観をひっくり返したか？

先生に変身することで，生徒の位置ではみえてこなかったことをたくさん発見したことがわかる．生徒の感想を読むと，学習観だけでなく「教師観」もひっくり返すことができたことがわかる．感想のいくつかを紹介する．
○みんなしっかり調べていて，びっくりしました．何気にわかりやすくて楽しい授業だった．（井出）○みんなすごくしっかりしていて，「あっすごいな」と思ったことがいっぱいあった．みんなが先生をやるってことはいい経験になったし，すごくたのしかった．すごくいいことだと思った．（大塚）○10分間という短いようで長い時間を有効に良く使うことは難しいものであった．ひとつのことを教えるとなると，他の知識がたくさん必要であることがわかった．（大野）○みんなの前で自分が先生になり，テーマについてわかりやすく説明するのはとても難しかったです．私の課題（内燃機関の基本サイクル）はとても難しく，先生に教えてもらっても，理解するまでにすごい時間がかかりました．10分間の授業でさえ，こんなに大変なのに，い

つもいつも授業をしている先生達はすごいと思いました．高校生活が終わる前にこんな経験が出来た事，とても嬉しく思っています．（菊池）○緊張してうまくできなかった．レジュメに書くことがたくさんあって，先生が大変なことがわかった．自分には先生は向いていない．（栗林）○テスト問題を作るのが大変．授業は時間が無くてギリギリだった．先生の大変さがわかった．（小池）

○たった10分ぐらいの授業なのにすごく緊張したけど，良い体験ができたと思う．（小平）○前にでて発表するのは慣れてなくて，難しかったけど，これから社会に出るのにあたって良い経験になった．最初10分と聞かされて長いなあとおもったけど，前にでて発表していると結構短かった．色々な質問が出て楽しかった．（白岩）○はじめて先生役をやって，マジに緊張した．いつもは授業を受けている方だから，先生をやっている人たちの気持ちはぜんぜんわからなかった．教師は何と大変な仕事なんだと思った．良い勉強になった．（高田）

○とてもユニークなものだと思う．一人ひとりが自分に与えられたテーマを調べ，それを発表する．その上にテスト問題も考える．良い授業だと思うが，逆にテストが覚えにくくなるというリスクもあるが楽しかった．良い経験が出来てありがたい．（田谷）

○皆が先生に代わって授業をしたのはとても楽しかったと思う．自分が授業をするのはとても難しかったけど，友達が苦労してやっている授業を受けるのもなかなか面白かったし，とても勉強になったと思う．（千野）○プリントを自分たちで作り，授業の進め方や内容を考えたりするのは，自分自身良く覚えるし，人前に出て話をすることはとても良いことだと思います．そういう意味で良い授業だったと思いますが，最後の方の人たちは時間がないのが理由で，持ち時間が10分無かったのは先生の責任です．もう少し，前から始めれば，皆が言いたかったことが，もっと伝わるのではと思います．（藤村）○自分が先生になるのはすごく恥ずかしかった．授業の内容を自分

で考えて，みんなの前で限られた時間の中で発表しないといけなかったのを思うと，普段から授業を毎日している先生達はすごいと思った．テスト問題を自分で作るのはもう一生ないと思う．（濱口）○みんなたくさん調べてあってビックリした．緊張したけど楽しくできた．ぼくは燃料電池車について調べたけど，未来の自動車についていろいろ知ることができて良かったと思う．機会があったらまたやりたいと思う．（真壁）○結構難しいと思いました．約10分間でやりましたが，とても長く感じられました．みんなが先生をし，いろいろな授業の進め方があると思った．自分は車のリサイクルについてやったが，自分より難しいテーマを取り組んだ人もいた．もう先生にはならないと思った．疲れた．（牧原）

(3) 課題

10年以上も取り組んできたがたくさんの課題が残されている．

①教科書という安全弁があるこのテーマ設定でいいのか？

たしかに，全員に共通な教材があり便利ではあるが，教科書の内燃機関の部分は，専門的に深入りしすぎの感はいなめない．全体像がつかめないし，この種の市販本のわかりやすさに比べて明らかに見劣りする．

テーマは，3年間のまとめにふさわしく，今日的な課題に迫るようなものを考える必要がある．生徒の意見でも，お仕着せのテーマでなく自由に設定し，長時間の準備をしたかったというのがあった．

②レジュメの作成と授業方法

レジュメの内容と提出日の遵守等での指導の甘さがあった．大勢の生徒の指導をどのようにするかが課題．また，授業方法も簡単な実験の導入やプレゼンテーションソフトの使用など工夫させる必要がある．

③授業への「評価カード」が活用し切れていない．模造紙に張って教室に掲示した程度であったが，もう少し活用できなかったか．

④作成させた試験問題の採点結果による「評価」なども課題として残されている．

第3章　物への働きかけと物からの働きかけ

1．機械科での実験・実習

………………………………………………… 吉田　信夫

　私が今宮工業高校（今工と略称）で取りくんできた2つの授業，「精密工作」実習と選択「切削加工」について，紹介したい．

「精密工作」実習

（1）精密工作実習の導入と3学年の実習内容

　今宮工業高校が新制高校になる前の今宮職工学校時代に「精密機械科」が設置されていた歴史があり，それをふまえて1965年から「精密工作」実習を3学年の実習に取り入れてきた．

　現在は「各種機械」実習の名称になっている．機械も増え，この実習で使用する工作機械に汎用工作機械以外の多くの機種が含まれることから，この名称に変更した．基本的な内容は継承している．

表1．3学年の実習

週時間数	実 習 項 目
6	FA実習（ギヤーポンプの製作）
3	各種機械（精密工作）実習
3	原動機実験
4	CAD実習（CDA製図）
2	情報Ⅱ実習（インターネット等）

6単位の実習で，FAが半年，他は¼年
「各種機械実習」は3時間×6週＝18時間

（2）精密工作実習の内容

授業ノートから

|1週目|　導入と素材加工

①この実習の位置づけについて

　　精密工作の必要性と今工の伝統

現在の機械工業において加工精度を高めることは，互換性の問題，工作機械の自動化との関わりで，非常に重要であることを話す．

　また，今工の前身である今宮職工学校時代，日本で初めて本格的な「精密機械科」が佐藤秀也3代目校長によってつくられたこと，佐藤校長は互換性製造法の基礎となる限界ゲージ方式を授業に取り入れるとともに，限界ゲージ方式の規格づくりに大きな役割を果たされたこと，1933年のシカゴ万国博に生徒作品の電動機製作に関する限界ゲージが出品され，有功銅牌をもらうなど「今職」の名が全国にとどろいたこと，こうした伝統を受け継ぎ，今工では精密加工を実習のなかに取り入れてきたこと等を「紹介プリント」で話す．

②実習内容について

　　指導書の加工手順に基づいて，実習内容を説明する．

③素材の準備

ⅰ．S45C φ46×200（長さは適当）の，丸鋼を準備する．

ⅱ．旋盤で直径をφ44に仕上げる．端面を仕上げる．φ5mmのドリルで必要な深さまで穴あけする．

　厚さを指定し突切バイトで切断する．

ⅲ．生爪のついた旋盤で全員同じ寸法に厚さをそろえる．穴と外周の面取りも行う．

ⅳ．立てフライス盤で外周の上下2面を2mm削る（放電加工時の取り付けと番号刻印のため）．やすりで面取りをする．

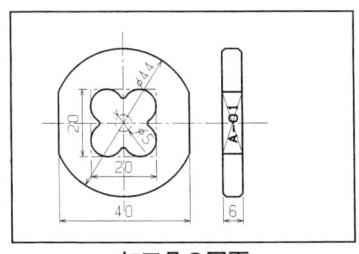

加工品の図面

平面研削盤 　　　　　　　　　電気炉

ⅴ．削った面の片方にクラスと出席番号を刻印する．

④精密工作について説明する（今宮工業高校編「機械実習3指導書」（以下「指導書」と略す）第2節　精密工作）．

2週目　平面研削と焼入れ

①研削加工

ⅰ．研削加工について説明（「指導書」第4節2．研削加工）．

ⅱ．平面研削盤で両面を研削する（研削盤の構造，操作法，工作物の取り付け方，砥石車の静バランスとドレッシングについて説明する）．

②焼入れ

ⅰ．電気炉に材料を入れ加熱する（910℃に設定．加熱に1時間ほどかかる）．

ⅱ．鋼の焼入れについて説明する（「指導書」第6節　熱処理）．

ⅲ．加熱が終わったら水焼入れする．

3週目　ワイヤーカットでカットする図のレイアウトとCAD，CAM

①ワイヤーカットで抜く図を考えさせ，グラフ用紙にレイアウトさせる（20×20を最大限にかつ中央のφ5の穴に触れない図とする）．

②CADソフト（camcoaハンディー）で図を描く（最初の2班は初めて使うソフトなので，使い方を説明する．後半の2班はFA実習ですでに

図案　　　　　　　　　CAD・CAM

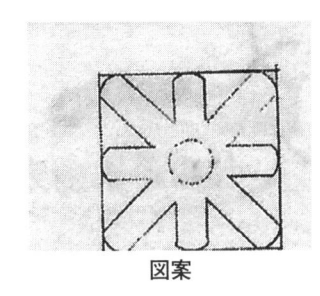

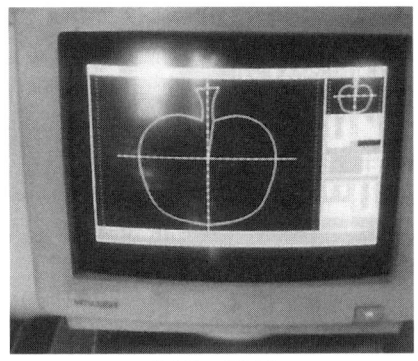

電気マイクロメータ　　　　表面あらさ計

使っている).

③CAMソフト（camcoaハンディー）で図を加工プログラムにする.

<u>焼入れ後の研削加工</u>

①上下面を仕上研削する.

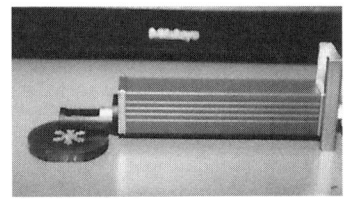

②電気マイクロメータ，エアーマイクロメータの使用法を説明し，寸法を測定する.

③同様，表面あらさの表示方法および表面あらさ計の使用法を説明し，表面あらさを測定する.

4週目　<u>ワイヤー放電加工機での加工と湿式ラッピング</u>

①ワイヤー放電加工機の使用法を説明し，加工する.

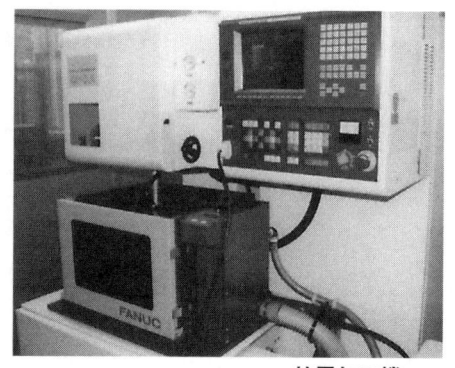

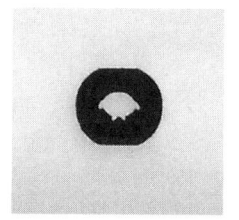

放電加工機

自律式平面ラップ盤　　　　　湿式ラッピング

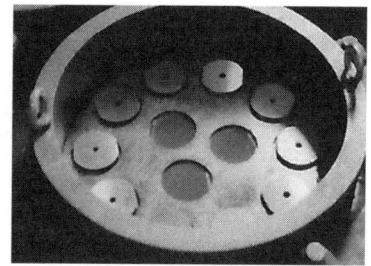

②ワイヤー放電加工について説明する（「指導書」第5節　放電加工）．

③ラッピングについて説明する（「指導書」第7節　ラッピング）．

④上下面をGC#1000砥粒で湿式ラッピングする．注：ラッピング後は，必ず超音波洗浄機で洗浄しベンジンできれいに拭いてから測定する．

⑤電気マイクロメータで寸法，表面あらさ計で表面あらさを測定する．

5週目　乾式ラッピング

①上下面をGC#1000砥粒で乾式ラッピングする．

②エアーマイクロメータで寸法，表面あらさ計で表面あらさを測定する．

③同様に，GC#2000，GC#4000，Al_2O_3#6000で乾式ラッピングと測定を繰り返す．

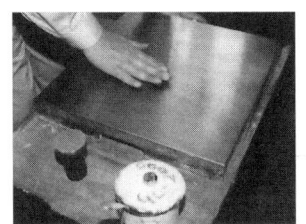

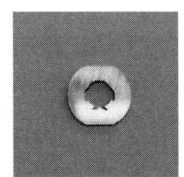

ラップ定盤	乾式ラッピング	エアーマイクロメータ
微小硬度計	超音波加工	超仕上げ盤

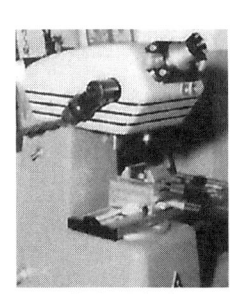

6週目　乾式ラッピングの続きとまとめ

①乾式ラッピング加工の続き（時間があれば Cr$_2$O$_3$#8000 で最終仕上を見せる）．

②湿式ラッピングと乾式ラッピングの表面を微小硬度計で観察する．

③微小硬度計で硬さを測定する．

④寸法精度および表面あらさのデータをもとに考察する．

⑤超仕上加工を説明し，超仕上盤での加工状態を見せる（プラグゲージの外周面加工を見せる）．

⑥超音波加工を説明し，超音波加工機でガラスの穴あけ加工を見せる．

（3）まとめ

精密工作の理論については，座学の「機械工作」では時間的に詳しくできないので，この実習のなかで各加工に入る前に「指導書」を使って，研削で

の，砥石車を構成する砥粒と気孔と結合材の役割と研削の原理，ラッピングにおける理想的な平面加工の原理など説明している．

生徒の感想から

○初めこの実習をしたとき，めんどくさいことばかりするなあと思っていましたが，ラップ加工に入り精密さを出す加工をしたとき，僕はいじになってがんばっていることに気がつきました．とてもやりがいのある実習でした．

　この実習は，ひとつは伝統を受け継いだ内容であること．もうひとつは，1年で使った旋盤の技術に生爪を使った加工をつけ加えた旋削，フライス加工，研削加工，熱処理，放電加工，湿式マシンラッピング，乾式ハンドラッピング，計測（電気マイクロメータ，エアーマイクロメータ，表面あらさ計，マイクロビィッカース），超音波加工，超仕上加工など総合的な実習になっているのが大きな特徴である．

　3学年の内容としてはこうした総合的な内容で素材から完成まで一貫した加工技術を取り入れた実習が必要だと考えている．

選択「切削加工」の実践

（1）選択科目の導入

　今工では，3学年で6単位の「選択」枠がある．機械科では，実技と理論を結合した科目にする，これだけは自信を持てるといえるものにする，また進路に結びつくものにするの3点から4単位の選択科目を以下のようにつくった．

　「設計・製図」……機械設計・機械製図
　「切削加工」………機械工作・機械実習
　「制御」……………計測制御・制御実習

（2）選択科目「切削加工」の内容

　プリント「切削加工について学ぼう」から

Ⅰ．選択「切削加工」について

　選択「切削加工」は，3学年において機械技術についてより深く学ぶことを目的に，選択科目のなかでも4単位をあてた重点科目です．

　座学のなかで，特に切削加工の原理や切削工作機械について詳しく学びます．

　授業の進め方

　①原則として，2時間を座学，2時間を実習とします．

　②期末考査のみ実施します．

　座学の内容

Ⅱ．切削加工の位置づけ

Ⅲ．旋盤について

　①構造　②加工要素　③バイト

Ⅳ．工作機械について

　①工作機械とは　②工作機械の分類　③工作機械の基本3運動

Ⅴ．工作機械の構造

　①工作機械の構成要素　②駆動装置　③主軸変速機構　④往復運動装置

　⑤無段変速機構　⑥最近の工作機械の構造

Ⅵ．工作機械の歴史

　①工作機械の歴史　②日本の工作機械の歴史

Ⅶ．切削理論

　①切削とは　②切屑の形態　③切屑の生成と切削条件　④構成刃先

　⑤切削抵抗　⑥工具寿命　⑦切削仕上面

Ⅷ．切削工具

　①切削工具の形状　②切削工具材料

Ⅸ．NC工作機械の構造

Ⅹ．工作機械のまとめ

　①加工技術の進歩と問題点　②生産の現状と課題

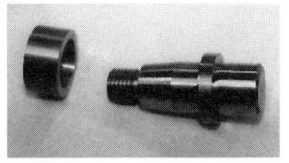

今工技能検定教材

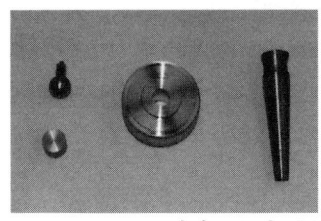

自在ペン立ての製作

Ⅺ．授業を終わるにあたって

実習の内容

①今工技能検定教材

②厚生労働省技能検定旋盤3級に挑戦

③自在ペン立ての製作

④切削実験

　　ⅰ．切削速度と仕上げ面あらさ

　　ⅱ．切屑の処理（チップブレーカー）

（3）授業の展開

座学では，特に旋盤の構造，切削の理論，について詳しく教えてきた．

　旋盤の構造：実習で使う旋盤の主軸変速機構について，等比数列的歯車列，構成網，ゲルマン線図などを実際に計算し描かせて，変速機構がどのような構成になっているかを学ばせる．

　切削理論：切り屑の生成の原理とすくい角や切削速度など切削条件とのかかわりについて学ぶ．

例：切削の原理と切削条件

切削の原理と切削条件

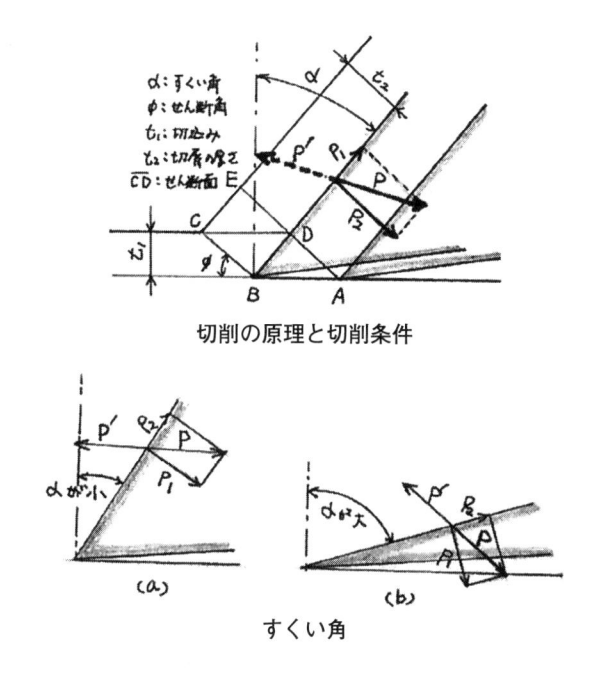

すくい角

　刃物がAからBへ移動したとき，平行四辺形ABCDが平行四辺形BCEDに変形する．このせん断変形が切削の原理であることを話す．

　せん断変形がスムーズに行われることが，すなわち切削がスムーズにすすむことである．そのためには，切削抵抗Pの反力P'が上を向くほどせん断面に沿ったせん断変形がおこりやすく，流形の切り屑が出て，仕上げ面も美しくなる．そのために，すくい角の大小，切削速度の大小，切削面積の大小，切削油剤の使用，材料の種類など切削条件がどのように影響するかを図に描かせて考えさせる．

例：すくい角

　すくい角が大きくなると切削抵抗の反力P'が上を向くため，せん断面に沿ったせん断変形がおこりやすくなり流形の切り屑が出やすくなる．かみそりはすくい角を最大限にもっていった刃物で，あのほそいヒゲが切れることを話す．

第Ⅱ部　工業高校における教育実践　71

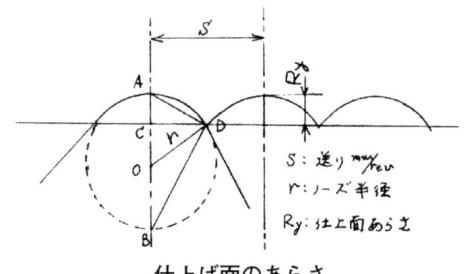

仕上げ面のあらさ

例：仕上げ面のあらさ

ノーズ半径 r の刃物が，送り S で切削しているときの幾何学的形状から仕上げ面あらさ Ry の式を導き出させる．

$\triangle ACD \infty \triangle DCB$ から $\dfrac{AC}{CD} = \dfrac{CD}{CB}$

$$\dfrac{Ry}{\dfrac{S}{2}} = \dfrac{\dfrac{S}{2}}{2r - Ry}$$

（$2r \gg Ry$ から $2r - Ry \fallingdotseq 2r$）

$Ry \fallingdotseq \dfrac{S^2}{8r}$

この理論値と「切削速度と仕上げ面あらさの」実験値とを比較検討させる．

こうした理論は実技と並行して学ばせるなかで理解を深めることができると思う．

（4）まとめ

実技では，今工技能検定教材でまず練習し，次に厚生労働省技能検定3級の教材で練習する．

2003年から，放課後さらに練習を重ね，この技能検定3級に挑戦している．2名が合格した．2004年度は，本校を検定会場にして実施してもらい，フライス加工，マシニング加工の検定も含め20名が検定に挑戦し，実技で

は全員が合格した．こうした基本的な技能をきちっと教えていくことが，特に機械技術では大切だと思う．

さらにこうした基礎的な技能とともに，理論知識を同時に学ぶことが，科学的な理解を深める．特にコンピュータを使ったNC旋盤やマシニングセンターでの加工では，最初に加工条件を設定しなければならないので，これは特に必要となると考える．

生徒の感想

　〇座学は最初おもしろくないと思ったけれど，やっていくうちになぜ切削されるかなど，いろいろとわかりこれから就職する上で役立つことを学ぶことができよかったです．

　〇全体的に実習と座学の両方を勉強し，知識と技術の両方が1時間でつちかわれたと思います．

　〇僕は旋盤を使っている方が楽だったけど，構造や歴史などでも知らなかったことがたくさんあり座学も知識として大変勉強になりました．

　〇座学はとっても難しかった．この1年間の「選択」で，旋盤を使うことがかなり上達したと思う．

　〇少し自信がついたと思う．まだまだかもしれないが，この自信は大きいと思う．

　〇同級生が全国大会で3位になったことはすばらしいと思います．（高校

生ものづくりコンテスト・旋盤技術部門）
○就職先が旋盤も使う仕事なので，ものすごく自分に役立ったと思います．この「選択」を選んで本当によかったと思います．
○むずかしいことばかりやっていたけど，3年間の中で一番機械について勉強した授業だった．これこそが機械科って感じ．

2．電気科での実験・実習

荻野　和俊

いまどきの生徒たち

「勤労青少年に後期中等教育を保障する」ために生まれた定時制高校が，その本来の目的と異なる役割を担うようになったのは，70年代の中頃からだろうか．本校も例外ではなく，この頃から全日制高校に入学できなかった生徒の入学が多くなり，学校が荒れたり，生徒の問題行動に教職員はエネルギーの大半を費やすようになった．90年代の後半，定時制高校は2度目の変化を迎える．中学校で登校拒否・不登校だった生徒の入学が3〜4割を占めるようになる．これらの生徒のなかには，定時制に来て生まれ変わったように登校し，勉強をする者が多い．小規模，少人数，非管理主義，わかるところからの授業，など定時制高校の持つ「よさ」がよい影響を与えている．しかし，学力が低い，生活体験が不足している，コミュニケーションの力が弱い，等の生徒たちに力をつけて社会に送り出すのは並大抵のことではない．

○《ある授業で》「この誘導電動機のところは実習でやったから，楽勝だよね」（長い沈黙……）「エーッ，実習でやったよね．（と念押しをするが……）」しばらくして2，3名の生徒から「そういえばやったような気がする」という声があがる（あがればまだまし）．半分以上はやったことすら忘れている．工業高校の特徴である理論と実習の統一がうまくできていないのである．

○《1年生の「工業基礎」という実習中心の授業で》ラジオを製作してい

るが，多いときには10人中半分くらいの生徒が「ハンダ付けデビュー」をする．中学校に行っていない生徒もいるし，中学校技術科で電子工作をしなかった生徒もいる．「金属が溶けるなんてスゴイ」と目を輝かせる生徒や，「どうせ俺のつくったのなんか鳴りっこない」とブツブツいいながらラジオが鳴ったときにとても喜ぶ生徒を見ていると，うれしい反面，こういう体験をいままでしてこなかった環境の変化に不安をいだいてしまう．

○《ある実習の授業で》「先生，次どうすんねん」「最初に説明したやろ．聞いてなかったんか」「そやかて，1こずつ順番にいってもらわんと……」「次はなぁ，○○やろ」．最初の説明だけでは，実習のなかで自分が何をするかわからない生徒がふえた．作業を細かく分割して，ひとつずつ指示をしないと実習ができない．これでは実習の内容を理解するのもむずかしいだろう．計測してグラフやレポートを書くという実習のあり方が問われている．

○《職員室で》「A君，君な，欠席がギリギリまできてるで．もうこれ以上休めへん．3学期は全部出席せんとあかんな」「先生，俺もうあかんか？」「あかんとはいってへんが，このままでは留年やで」「そやったら，もうええわ」「ええわって，何が？」「そやから，もう学校やめるわ」．最近の生徒はあきらめが早い．以前の生徒なら，担任に注意されたら，気持ちを切り換えて努力する者も多かったが，今はあっさりあきらめてしまう生徒がふえた．昔は定時制高校で1年生を修了したら一安心だったが，今は高学年になっても不安がつきまとう．

○《職員室で》「○組のA君をB社に紹介したんですよ」「彼なら，成績もいいし，欠席もないし，まじめだし，いうことありませんなぁ」「ところが突然欠勤して，聞くと同僚とうまくいかないというんです．それを上司にいえずに，欠勤なんですよ」．とにかく人と話すのが苦手な子が多い．授業の出席点呼で声も出さず手も挙げず，ただ「俺はここにいる」という顔でこちらをみているだけの生徒や，担任でさえ1学期間声を聞いたことがない生徒，等々．学校のうちはまだ居場所があるからいいが，社会に出て適応していく

のは大変だ．

生徒にいかに立ち向かうか

　定時制高校でも，応募者が多く選抜をしていた時代には，職場のなかによい生徒を獲得したいという幻想が生まれた．今でこそ，こうした傾向は過去のものとなり，今きている生徒を出発点にすべてを考えることができるようになったが，今度は全日制職業高校の多くがこの「病」にかかっているようにみえる．私たちは，どうやったら「良い子」がくるようになるかを考えるのではなく，今きている生徒をどう良くしていくかと考えることを，改めて出発点としたい．

　では，このように困難な生徒に対してなすすべはあるのか．何をしても無意味のようにみえるこれらの生徒のどこに変革のエネルギーがあるというのか．定時制にくる生徒たちには「高校くらいは卒業したい」という強い希望がある．ここに私たちが依拠する第1の「よりどころ」がある．また，なかなかストレートにはみせてくれないが，生徒たちは「学びたい」「わかりたい」と思っている．これが2番目の「よりどころ」である．こうした「よりどころ」を基礎に，授業で勝負することが重要だと考えている．生徒のエネルギーを引き出すためには，いろいろな分野からのアプローチが必要だが，ここでは授業に限って考えてみたい．

　授業でまず重要なことは，生徒の「わかる」ところから出発することである．ところが「わかる」ところから出発しても，なかなか生徒はこちらを向いてくれない．そこで考えたのが，毎日の授業に非言語的なモノ教材を持ち込み，実験をみせたり，生徒に体験させたりすることである．生徒自身が自分の頭で考えたり，自分自身の目や耳や身体で体験することは，生徒の学習にとても大きな影響を与えるばかりでなく，生徒の目をこちらに向けさせることができる．生徒が「先生，今日は何もないんか」というようになったら，しめたものだ．「生徒がちっとも勉強してくれない」「私語の注意で1時間終わる」など教師の嘆きは日常茶飯事で，生徒自身に非の多くがあるのは明ら

かだが，生徒の目をどうやってこちらに向けさせるのかという教師側の努力がなければ，いつまでたっても嘆きは嘆きのままである．

　授業のなかに実験や体験させる教材を持ち込むと，準備や体験の時間がとられ，教える授業の内容は少なくならざるを得ない．だから，よほど思い切った内容の精選をしないと，こうした教材を使った授業はむずかしい．しかし，授業の雰囲気が変わる，生徒の目がちがってきたという経験をすると，以前の授業には戻れなくなってしまう．私も「授業で実験をする先生なんてはじめてや」といわれたり，「先生，今日は何を持ってきたんや」と楽しみにされると，自分自身でもウキウキしてしまう．そして「こんな教材を持っていったら，どんな反応をするだろうか？」など，自分自身の授業にいく気持ちに変化が生まれてくる．これも大きな発見だった．

誘導電動機の授業から

　「電気技術Ⅰ」（2単位）という，モーターや発電機の理論を学ぶ科目を担当したときのことである．授業を担当するにあたって「原理がわかる」ことを重視し，内容を精選して，原理がわかるモノ教材をたくさん取り入れたいと考えた．

　家庭でもよく使われている誘導モーターの原理のポイントは，「回転磁界」と「うず電流」である．これらの相互作用で，トルクが発生し，モーターがまわる．まず「うず電流」がみえる教材として，アルミ製の樋に強力磁石をころがすものを使った．樋に渦電流が発生し，磁石はゆっくりころがり落ちるのである．「回転磁界」については，教材メーカーが，磁石を回転させるとアルミの円板がまわるような教材を販売しているが，電磁力でまわるというよりも，回転のときに発生する振動でまわるような気がするシロモノで，生徒も納得してくれなかった．もっとわかりやすく楽しい教材はないかとさがしていたら，ビールの空き缶をまわすというものに出会った．「これはいい」とやってみたが，なかなかうまくまわらない．どうやらビール缶をまわすにはかなりのエネルギーが必要らしい．そこで，古いトランスを分解・改

造して装置をつくった．これでビール缶もみごとにまわり，予想通り生徒は拍手喝采してくれた．

生徒が書いた授業の感想では，16名の生徒中，実験のことに触れた生徒が7名もいて，全員「わかりやすかった」という評価をしてくれた．もちろん，実験が少なかったことをちゃんと見抜いていて，「もっととりいれるべきだ」と要求も忘れていない．Y君は感想に「実験みたいなやつがおもしろいからこれからもやったほうがいいと思う．ほかの先生にはわるいけど，この授業が一番おもしろかったし，あまりねてなかったと自分は思った」と書いてくれた．私に対するサービスがだいぶ入っているようだが，「あまりねていなかった」と自分を振り返り，実験を取り入れた授業のメリットを別の側面から実証してくれたように思う．

自作電磁石で学ぶ電磁気の実習

先にふれたように，定時制に入学してくる生徒の多くが，十分な生活体験をしてこなかったり，そうした環境の下で学校教育をも十分受けることができなかったりの状況にある．ハンダ付けの経験がない生徒は半分近くいるし，ペンチやニッパを使う手がおぼつかない子も多い．小学校や中学校で電磁石をつくったことのない生徒は意外に多い．自分で巻いたコイルに電流を流すと磁石になってモノを吸い付けるという経験は，電流と磁気の関係を体で感じ取らせるに違いない．コイルの巻き数や流す電流の大きさ，向きなどと電磁石の強さや極性との関係なども机上の知識としてだけではなく体験的に学習させたい．実習のテーマに電磁気分野の実習が少ないのでなんとかしたいという気持ちも手伝って，自作の電磁石で電磁気の実験を行う構想を立てた．

（1）実習の概要

①電磁石の製作（2時間）

電磁石の製作では，一部の生徒を除き，大半の生徒がコイルをきれいに巻くことができなかった．巻いたエナメル線を戻らないように手でおさえながら，すきまなく巻いていくという作業は思いの外難しかったようで，途中で

きれいに巻くことをあきらめた生徒が多かった．それでも数名の生徒は，上手に巻いて，私たちを感心させた．

②極性を調べる（②③④で2時間）

次に極性のわかっている磁石と電磁石を向かい合わせ，生ずる力が吸引力か反発力かで電磁石の極性を調べた．あらかじめ，電磁石をつくるときに巻く向きをメモさせておき，「右ネジの法則」と合致するかどうかを検証させた．

③電流の大きさと磁力の関係

完成した電磁石の磁力が，コイル巻きの見栄えの善し悪しにあまり関係ないのが，この製作のよさでもある．できあがった電磁石に電池をつないで，クリップを何個持ち上げられるかという実験に取り組んだ．この実験では，電池の個数を変えて実験することで，電池を増やす（つまり電流をたくさん流す）ことと磁力の関係がわかるようにした．

④電磁誘導

最後に製作したコイルに磁石を近づけたり遠ざけたりすることで電流が流れる，電磁誘導の実験を行った．これは，テスターの電流レンジを使ってかすかに針が振れる程度だったが，確認をすることができた．また，2つのコイルを接触させて，1次側の電流を入れたり切ったりする影響が2次側のコイルに生ずる，相互誘導作用も確認することができた．

（2）生徒の反応

ほとんどの生徒が電磁石製作の大変さに言及しているが，特徴的なものをいくつか．

○コイルをまくのになかなかうまくいかなくてムカついてきた．（MR）

○授業でコイルを巻いていたときすごく手がダルかったです．巻いているうちに何回かわからなくなってしまうので気を付けて巻きました．（MY）

○コイルを1回，半分巻いてたが，変になって全部ほどいて巻きなおした

けど，時間がかかって他の人が実験やり終わってくの見て，すごいあせった．コイルきれいに巻けてる言われてうれしかった．（MU）

電流の大きさと磁力の関係をもそれなりにわかってくれたようだ．

○コイルの自作は一部の人をのぞいて，ほとんどの人が適当に巻いていました．でも，磁石は強かった事から，コイルの巻き数が重要だと理解できました．（MZ）

○コイルを巻く作業が難しかった．コイルをもっと上手に巻けていれば，クリップがもっとくっついていたと思う．電流が大きくなるほど磁力も電流に合わせて大きくなるということがわかった．（SG）

電磁石の極性が理論と一致したことに納得した生徒もいた．

○「右手親指の法則」とかコイルに関する事は少しばかり知っていたので，今回の実験でより深く確実に理解できたように思います．PS．コイルをもうすこしキレイに巻きたかったです．最後，「アンペア右ネジの法則」による極性の結果がよく一致したのでヨカッタです．（KT）

○電磁誘導の実験は出来なかったが，コイルに流れる電流のむきは右手親指の法則で指すことができて，フレミングの左手と右手の法則で電流の流れる向きがわかる．電流と磁気の関係は，電流の流れる向きや磁気の力の方向によって，その向きは変わりやすい．そんな関係だと理解した．（FK）

PICマイコンを使った制御実習

PICマイコンとは，Peripheral Interface Controllerの略で，コンピュータに接続される周辺機器の接続部分を制御する目的でつくられたマイクロプロセッサのことである．構造が簡単で，命令数も少なく，プログラム開発もパソコンを使って行うことができるので，簡単な機器を制御するのに適している．ここでは3年生の実習で行った，PICマイコンを使った自走車の製作を取り上げる．

PICマイコンを使った実習は，自分で製作した機械が自分でつくったプロ

グラムで制御されるので生徒の興味・関心が強く，機器を直接制御するプログラムは結果が目に見えるので修正や改良がしやすい，生徒達が創意工夫を発揮する場所がたくさんある，などのメリットがある．

（1）実習の概要

①自走車部分の製作（4時間）

自走車のベースになるアクリル板の加工と，ギアボックスの組み立てが中心である．

②制御基板の製作（8時間）

プリント基板は，フォトエッチングで製作した．パターン図は教師が描いたものを使用．

組み立て後，確実に動作するものが少なく，次回までにすべて動作するように直す作業に追われた．原因の多くはハンダ付け不良で，ハンダ数の多い製作の難しさを実感した．

③プログラミングと試走（8時間）

プログラムはC言語で作成し，CCS Inc.社のCコンパイラ PCM でコンパイル作業を行った．生徒がメモ帳で作成したソースファイルをフロッピーディスクに保存し，コンパイル，PIC焼き付けを行った．

プログラミングでは，最初の4時間で，命令の解説とプログラム作成の流れの説明，LED点灯回路制御の例題への取り組みを行った．後半の4時間で，自走車のプログラム作成とPICへの書き込み，試走を行った．

（2）生徒の反応

いろいろ困難はあったが，ものつくりの面白さを実感した生徒も多かった．

○製作はやっててけっこうおもしろかった．昔やったミニ四駆と少し似ている点があったから，なつかしさがあっておもしろかった．基板を元から作るときはさすがに工業高校なんて思ったりした．（H）

○物を作るのが嫌いな自分でもここまでできるとは思わなかった．こんなにすごいことをしたのは初めてだ．ICはあんなに小さいのにたくさん

のことが覚えられるところがすごいと思った．（AR）

○えっと今回のこれは私的にバッチリOKです．何がかというと，このコンピュータ科に入ってなんか実習でこんなにキーボードにさわったのはあんまり実はなかったんでした．それに自分的にはスラスラできたと思う．先生＆クラスの子に助けてもらいながらなんかよくできた．プログラムの方はさほど困りませんでした．いよいよ車を動かすとき「ドキドキ」としてました．みごとガクガクと変なリズムに乗りながらではありましたが動きました．そん時は「やっぴ→→」と心のなかで思ってました．（AK）

思った通りに動いたことでプログラムのはたらきを理解している．

○最初はじゃまくさいなぁとは思っていたけど，入力したあとに自動車を走らして，ちゃんと黒い線にそってまっすぐ走ったり，曲がったりして，そして最後に止まるところでちゃんと止まるという所が面白かった．（YM）

○自分で打ったプログラムで車が動いたのには，かなり感動した．微妙なバランスでうまく動かなかったり，動いたり，けっこう難しかった．（YS）

○私がこの実習で思ったのは，一言で「スゴイ！！」と思いました．コンピュータで機械がわかるように打ち込んで，それをチップに入力して，そして車につけて，なんか，ああこうやってやるんやなぁと不思議に思いつつ，感激してさすが洛陽工業と思い，少しうれしくなりました．（KM）

おわりに

現在の実験・実習はこのままでよいのだろうか．電気実習は計測が中心で，測定値をもとに理論を確認するという作業を行い，レポートを作成する．ところが測定作業が機械的になっていたり，肝心の理論の理解がおぼつかない生徒が増えているように思う．何を測定しているのかわからず，結果から読

みとることができないため，理論と実験が統一されず，それぞれ別々のものと認識される．解決のためには，双方からの歩み寄りが必要だと考える．理論のなかにもっと実験を取り入れることや，実習のなかで理論をきちんとやる．こうした視点での再編が求められているように思う．工業高校にとって，実習は「わかる授業」をつくっていくための大きな武器であるだけに，十分に使いこなしたいものである．

第4章　技術的問題に挑む：課題研究

門田　和雄

はじめに

　私は1993年3月に東京学芸大学大学院を修了して，4月から現在勤務している東京工業大学附属工業高校に機械科教諭として赴任した．大学では学部時代に材料力学の研究，大学院では中学校技術科の新領域構想を研究テーマとして，ロボコンなどに取り組んでいた．当初は中学校技術科の教諭になる予定だった私が急遽，工業高校に勤務することになり，一番戸惑ったのは「課題研究」の指導であった．研究とは何か程度は，学生時代に学んではいたものの，所属していたのは教育学部であり，工学部できちんと機械工学を学んでいないということが，自分自身でも大きなハンデと感じていた．幸い，20代のうちに東京工業大学の客員研究員として，工学部で学ぶ機会が得られたことや，学内の工作機械の操作や溶接など，一通りの技術や技能を身につけることができ，30歳を過ぎてから何とか工業科の教員としてやっていく自信がついたように思う．

　2004年で教員12年目を迎えているが，現在でも課題研究の指導は試行錯誤の連続である．しかし，課題研究がなかったら，教科書を教えて，決められた実習を繰り返すだけで，教師生活はマンネリ化してしまっただろう．毎年，課題研究があるからこそ，さまざまなことを生徒たちと共に学び続ける前向きさを持って，日々楽しく教師生活を送れているのだと思う．

　これまでの十数年間で，数多くの研究テーマに取り組んできた．うまくいったと感じるものもあれば，失敗だったと感じるようなものもある．しかし，前向きに取り組むことのできたテーマは失敗の連続だったとしても，生徒たちには何らかの力が身に付いていると思う．

　本稿では，これまでに取り組んできた課題研究のなかから，一連の魚ロボ

ットの研究と，食品製造ロボットに関する内容を中心として教育実践報告を行う．

魚ロボットの研究

本校における課題研究のテーマ設定は，2年の3学期始めに生徒の希望と教師が提案するテーマを出し合い，何度か調整しながら2年の終了時までに決定するようにしている．春休みに準備を進めるグループもあり，3年次の4月の第1回目の授業では，グループ毎に自分たちがどのような研究に取り組むのか，その活動計画を発表することにしている．

2000年に魚ロボットの研究に取り組んだグループの場合は，まず何らかのロボットをつくりたいという5人のグループができた．魚ロボットに決まったのは，2年次の文化祭で放映したロボットのビデオのなかに，三菱重工が開発した水槽のなかを泳ぐシーラカンスのような魚ロボットをグループの何人かが思い出したことがきっかけになっている．

研究は先行研究の調査から始まる．どんな研究でも，必ず似たような研究をした成果がある．大学や研究所での研究ではこの先行研究の調査を念入りに行い，少しでもそれを乗り越えることを研究の目的としている．工業高校の課題研究の場合には世の中の隅々まで先行研究を調査することはできないが，その調査が必要だということは生徒たちに伝え，何らかの資料集めは指示している．

今回の魚ロボットの先行研究となったのは，本校の課題研究として数年前に実施されていた魚のヒレの動きに注目した流れの可視化の実験研究である．これは私が直接担当した研究ではなかったが，この研究から魚ロボットの研究には流体力学の知識が必要であることが予想できた．流体力学は2年次に私が指導しており，生徒たちもその基礎的な知識は頭に入っていた．そのため，先行研究と流体力学，そして機械設計や機械工作の知識と技能を総合して，魚ロボットの研究を進めていくことになった．

設計においてまず最初に決めなければならないことは，創ろうとするもの

の大きさである.

 今回はできるだけ大きく，本物のマグロに近づけたいということで約1mにすることにした．次に考えるのはヒレを動かすメカニズムである．ロボットではメカニズムが一番のアイデアのみせどころであるため，さまざまな模型を製作して検討をした結果，往復スライダクランク機構を2つ組み合わせてベルト伝動で動かすものに決まった．動力源としては12Vの直流モータを使用し，ラジコン操縦でスイッチの開閉を行うことにより遠隔操作を可能にした．メカニズム部分の材料は，鋼やアルミ，ステンレスなどを使用し，旋盤による円筒削り，フライス盤による溝削り，ボール盤による穴あけ，帯のこ盤による切断などの加工を行った．

 大きさとメカニズムの次は，魚ロボットを水中に沈めるための重さの決定である．アルキメデスの原理によると「魚の体積と同じだけの水の体積の重量」より大きければロボットは水中に沈むことになる．そのため，約1mのロボットの体積を計算すると，約30kgの浮力をかせぐ必要があることがわかった．

 しかし，実際に創ろうとしたときには，この大きさと浮力の関係がなかなか実感できず，最初は発泡スチロールで外観を製作するなど軽量化を意識した工作をしてしまった．

 当初は発泡スチロールで2分割した魚の外形を製作し，メカニズム部品やバッテリーをなかに入れて，接着剤やテープで水漏れを防ぐことを考えていた．そして，大気中でヒレの動きを確認した後，プールに魚ロボットを運んで水中で動かしてみることになった．本物のマグロとほぼ同じ形をした魚ロボットが水中でしっかりと動いてくれるだろうか．皆，もしかしたら一発でうまくいくのではないかという気持ちと，そんなに簡単には泳がないだろうという気持ちが交錯しながらの実験開始であった．しかし，このようなときに一発で動いたためしはない．

 プールに浮かべてみるとまず本体が少ししか沈まず，水上にポカンと浮か

んでしまった．

　軽すぎたのである．とりあえず，スイッチを入れて動かしてみることにしたが，これまた大変なことになった．スイッチを入れた途端に魚ロボットが真っ直ぐに立ち上がってしまったのである．しかし，これがうまく左右に揺れながら動いていた．全員で大笑いであった．「エビフライロボットだ！」「シンクロナイズドスイミングをしている！」

　この光景は，しっかりとビデオに収録されており，後々笑い話の種になるのだが，このときは全員が本当に泳ぐのかという気持ちでいっぱいであった．

　失敗の最大の原因は軽すぎたことである．

　発泡スチロールが軽いことはあらかじめわかっていたのだが，内部におもりを入れたりすれば何とかなるだろうと甘くみていたのだ．しかし，これが後々大きく尾を引くことになる．すなわち，所々に金属のおもりを入れていくと左右のバランスが悪くなり，バランスがとれても，重心の位置や浮力の中心の位置などがずれてしまうなど，次々と新たな問題が発生してしまう．

　船が一度傾いたときには，それを抑えるための復元力を発生させなければならない．これには重心の位置と浮力の中心の位置が関係する．おもりで部分的に重くすることはこの復元力の発生も難しくしてしまった．今回は浮力の大きさをイメージできていなかったのが問題であった．

　1回目の実験終了後，全員で話し合いを行った．私自身，これといった名案を持ち合わせていなかったが，話し合いの結果，魚ロボットのなかに水を入れてしまい，浮力をかせごうということになった．これまでは，水がロボットのなかに入らないようにすることばかりを考えていたが，水の侵入を許すことによりその部分は水と同じ重さにかせぐことができるようになる．モータやバッテリーなどはそれぞれラップで包むことで防水をすることにした．

　この改良により，きれいなマグロの形をした外形は不採用になり，代わりに本体は直方体の容器内にモータやメカニズム部分を並べて収納することになった．外形がシンプルになってしまったことは残念であったが，魚ロボッ

トを泳がせるためには仕方がなかった．

　ただし，頭部だけはマグロの形にこだわり，取り付けた．そして再度，プールでの実験に．

　今回はロボット内部に水が入るようにしたため，魚ロボットが水中に沈むことは確実であった．問題はしっかりとバランスをとって前進するかということであった．さて，水に浮かべてみると，魚ロボットは水面下約 10 cm のところで静止した．そしてスイッチを入れると，電気モータが回転し，ベルトが動き出し，ヒレがバタバタと揺動運動を開始した．そして，まだぎこちない動きであったが魚ロボットは前進したのである．

　「やったー，泳いだ！　泳いだ！」

　このときは本当にメンバー全員がホッとし，私自身もこれで何とか発表会に参加できると思った．この後，メカニズム部分に改良を加えたり，尾ひれの大きさや面積を変えたりしながらデータを収集するという実験を繰り返した．そして，最終的には最高速度 23 cm/s で水中をなめらかに泳ぐことができるようになった．

初代魚ロボット

　今回私たちが試みたのはあくまでも研究であり，たんなるものづくりとは大きく異なる．研究目的は「メカニズムや流体力学の知識をもとにして，尾ひれの動きにより推進力を得る魚ロボットを製作し，できるだけ実際の魚の動きに近い泳ぎを再現する」ことであった．この目的を実現させるために，さまざまな方法で実験を試みたのである．結果として示すのは，なめらかに泳ぐ魚ロボットのビデオだけでなく，実験データを整理したものである．そして，その背景には，魚ロボット本体の設計，製図，加工，その修正や調整など，さまざまなものづくりの場面がある．これはこれで強度計算の結果や図面をまとめておく必要はあるが，研究発表としては実験データが重視されることを忘れてはならない．また，いくらきちんと強度計算を行い，図面をまとめ，加工をしても，何らかの原因で最終的に目的とする動きが実現でき

なければ，研究は成功したとはいえない．これが動くものを製作する機械科の課題研究のシビアな点である．しかし，これを乗りこえることができた研究は大学生にも負けないものになり，本人たちが大きな自信をもつことにもつながることになる．

○生徒の感想

「魚ロボットは周りの人からできるわけないといわれていました．中間発表でもほとんど完成しておらず，完成しないのでは？ という話しもありました．それでも私たちは受験生にもかかわらず放課後や昼休みなどにも日々努力し，製作を続けました．最初に完成したロボットは水中に沈むこともなく，泳ぎもせず，大きな壁にぶち当たりました．しかし，失敗にもめげず研究を重ね，設計・製作に改良を加えました．その結果，何度目かの実験では魚の動きをリアルに再現することができました．実験に成功したときの喜びは計り知れず，天にも昇る勢いでした．最終的に完成したロボットには十分満足しています．今後，このような機会があれば，さらによいものを作っていきたいと思います」

この魚ロボットの研究を最初に行ったのは2000年，その後2002年度には背ビレを取り付けて左右円運動ができるように改良し，2003年度にはドルフィンジャンプができるイルカ型ロボットに挑戦した．2000年度のものは東京都高等学校工業科生徒発表会で最優秀賞，2002年度のものは神奈川大学理科・科学論文大賞で優秀賞を受賞するなど対外的な評価も受けている．

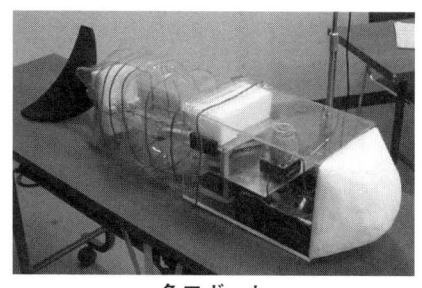

魚ロボット

自動食品製造ロボットの研究

（1）自動目玉焼き製造機

この分野の課題研究もここ数年で継続的に取り組んでいる．最初に取り組んだのは2002年の自動目玉焼き製造機である．この研究には，朝，目覚まし時計が鳴るとその音に反応して機械が動き出し，朝起きたときには目玉焼きが完成しているような機械を作ることを目的として取り組んだ．具体的には，卵の殻を割るための砥石カッターの回転速度や切り込み量などを変えて実験を繰り返すなど，卵の殻をきれいに割るための最適条件を求めることに着目した．また，音センサーが鳴ると電気モータや電熱器のスイッチが入るような回路も製作した．

実験では生卵がうまく割れずに飛び散ったり，砥石カッターが砕けてしまったりと，トラブル続きであった．しかし，生卵を約50個ほど使ってデータを整理することで，卵殻の切断のための最適条件を求めることができた．卵殻の切断は確実に成功するようになったが，卵の黄身がフライパンに落下するまでにつぶれてしまうことがあり，今後の課題となった．

（2）自動紅茶製造機

自動紅茶製造機はスイッチを入れると複数の空気圧シリンダが作動して，ポットからお湯を出したり，ティーバッグを上げ下げしたり，角砂糖を入れたりして，自動的に紅茶ができあがるものである．

本研究には，授業で空気圧システムを学んだ後の自由研究課題として2年生が5人で取り組んだ．シーケンスプログラムの作成など，はじめての取り組みであったが，設計通りに空気圧機器を動かして，自動的に紅茶を製造することができた．

動作順序は次の通りである．① 空気圧シリンダ1がカップをポットの下まで運ぶ．② シリンダ2がポットを押す（10秒×2回）．③ シリンダ3がティーバッグを上下に動かす（5秒浸して2秒出す×6回）．④ シリンダ4が入力信号に応じて1〜3個の角砂糖を入れる．⑤ シリンダ1がカップを

元の位置へ戻す．

（3）自動ギョウザ製造ロボット

自動ギョウザ製造ロボットに取り組んだグループには2年次で自動紅茶製造機を研究したグループのメンバーがおり，その応用課題として取り組んだ．皮と中身を用意した状態から，自動的に4つのギョウザを焼き上げることが研究目的である．

アクチュエータには空気圧シリンダと電気モータを使用して，すべてをシーケンス制御で動かした．工程が多かったため，すべてを時間制御で行うと各工程での動作のずれが大きくなるため，所々にリミットスイッチを設置した．これにより，動作を確実にすることができた．空気シリンダは直線運動をそのまま利用するだけでなく，さまざまなメカニズムを付け加える工夫を行った．

ギョウザの焼き加減（時間）やフライパンへの油・水の注入など，調整箇所は多数あったが，最終的には目標通り4つのギョウザを自動的に完成させることができた．

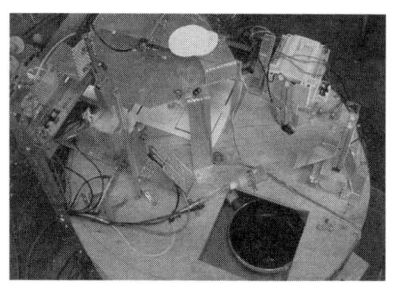

ギョウザ製造ロボット

食品機械を通した研究交流として，2003年6月に東京ビッグサイトで開催された2003国際食品工業展アカデミックプラザへの出品がある．本展示会は約600社の食品工業関連企業の出品があり，前年度来場者は10万人という大きなイベントである．アカデミックプラザは，食に関係するさまざまな分野の国内外50以上の研究室がポスターや口頭で成果を発表する場とし

て位置付けられており，研究者・食品機械メーカー・食品メーカーの連携による産学の交流を行うことが目指されている．

　本校からは「切卵による自動目玉焼き製造機」を発表し，来場者投票で59研究中19番目の評価を受けた．また，この時期はちょうど自動どら焼き製造機と自動ギョウザ製造機の研究を進めている時期であったため，生徒たちは実際にこれらの食品機械を見学することで，技術的に大いに参考になり，また刺激を受けてその後の研究を円滑に進めることができた．

　食品機械の研究を進めることで一番に実感したことは人間の調理は実に複雑な工程をこなしていることがわかったことである．また，普段なかなかみることのない食品機械が実際には世の中を支えていることなども知ることができた．今後も希望する生徒がいれば，さまざまな食品機械に挑戦したい．

　まとめ

　課題研究を指導することは，工業科の教師として，技術的な向上はもちろん，その成果を外部へ発表することで，さまざまな交流ができる．私自身，工業科の教師として，もっともやりがいのある活動になっている．

第5章　工業労働の現実世界にふれる

1．インターンシップへのとりくみの視点

……………………………………………………… 林　萬太郎

高等学校におけるインターンシップの現状

（1）急増するインターンシップ実施校

　文部科学省の「高等学校教育の改革に関する推進状況」（2004年9月発表．2003年度分のデータ）によれば，全国の公立高等学校でインターンシップを実施しているのは2,775学科（実施率52.2％），うち単位認定している学科が742学科となっている．実施率を学科別にみると，職業に関する学科で79.9％，普通科で36.9％，その他の学科で13.4％，総合学科で69.5％である．ちなみに文部科学省がインターンシップの実施状況を全国的に集約・発表するのは1998年度からであるが，1998年度のデータ（全体20.9％，職業に関する学科40.3％，普通科5.7％，総合学科37.8％）に比べて5年間で2.5倍，学科別にみると1.8～6.5倍に増えている．なお，2003年度の私立高等学校における実施率は27.7％であり，総合学科（73.7％）を除いて職業に関する学科（45.6％），普通科（16.9％），その他の学科（6.5％）とも概ね公立の半分程度の実施率となっている．

　また，体験した生徒数は国立・公立・私立あわせて235,132名，3年間を通して1回でも体験した3年生の数は164,628名（3年生全体に占める割合は15.0％）となっている．この数のデータのある1999年度の55,168名（4.2％）に比べて，4年間で3.6倍に増えている．

　このようにインターンシップを実施している学科は全学科数の2分の1を超え，体験生徒数も全生徒の7分の1を超えており，もはや無視できない数字になっている．しかも，今後さらに実施校が増えていくことは確実な状況であり，インターンシップ問題は高校教育にとって避けて通れない問題にな

ってきている．

（2）実施校急増の背景

インターンシップ実施校が急増している背景のひとつには，文部科学省および都道府県教育委員会によるインターンシップ推進あるいは学校の特色づくりを求める圧力がある．

1997年以前には，インターンシップを実施している学校はわずかであった．そのほとんどは，実習を重んじ職業につながる専門教育を実施してきた職業高校で，インターンシップという名称でではなく，専門科目あるいは実習の一部として行われていた．農業科では「農業体験」などとして相当以前から広く行われてきたし，商業科や工業科などでも「現場実習」として一部で実施されてきた．これに加えて総合学科ができてからは，総合学科の原則履修科目「産業社会と人間」の重要な内容のひとつとして推進されてきた．文部科学省は1999年3月に告示した学習指導要領で，インターンシップを職業科・総合学科に限らず普通科を含めたすべての高等学校で積極的に取り入れることとした．「総合的な学習の時間」では，就業体験などの体験的学習を積極的に取り入れることとされているし，「産業社会と人間」はすべての学科で学校設定教科に関する科目として実施できるようにされた．これらを含めてすべての学校で「就業体験の機会の確保について配慮するものとする」とされているのである．さらには，研究発表指定校を次々に指定したり，インターンシップ推進○○地域大会を開いたりと，その推進姿勢は強引ともいえるものがある．文部科学省は推進の理由に高校卒業生の離職率が高いことなどを挙げているが，一方で「変化の激しい企業社会で使い捨てられてもたくましく生きる力」を育成し進路を考えさせる（「産業社会と人間」指導資料）ことを目的にしており，生徒に職業にかかわる知識を身につけさせ一人前の社会人として生きていく考え方を育てるのではなく，いわば社会に適応していくための訓練と位置づけていると思われる．

高校教育におけるインターンシップの意義

（1）関係者の間で分かれる評価

インターンシップについての評価は，関係者の間で分かれている状況にある．各地の報告を読むと，生徒および保護者の反応・評価は概ね好評といえる．事前の希望調整に問題があったり受入体制や実施内容に問題があった場合は別として，概ね肯定的な反応が多く，さらに生徒が積極的に参加している場合は大きな教育効果を挙げている場合が多い．保護者の反応はほとんどの場合生徒よりさらに肯定的な評価が多い．ところが，教職員は否定的にみている場合が多いように思える．この理由としては，強引に推進する文科省・教育委員会のねらいへの反対を基本に，条件整備の不十分さの問題および不透明あるいは強引なすすめ方の問題が挙げられる．しかし，生徒および保護者の評価は無視できないものがある．

（2）青年の雇用と労働の現状からみたインターンシップ

1990年代に入ってから高校生の就職は年々厳しさを増してきている．ところが，就職難を突破してせっかく入った会社をすぐに辞める卒業生が多い．「七五三現象」（学校卒業後3年間で，中卒は7割，高卒は5割，大卒は3割が離職する）ともいわれる．この原因が一部の論者がいうミスマッチ論ではなく，あまりにも厳しい労働条件，低賃金，無権利状態にあることは明らかである．しかし，私はこの論議以前に職業適性も含めた職業準備教育の不足，はっきりいえば「高校教育のなかに職業準備教育がない」ことが最大の原因であり，問題であると考えている．

また，2003年版国民生活白書が若者の働き方を特集し「フリーター417万人時代」と書いた．厳しい就職難のなかで高校や大学卒業時点からフリーターになる若者が増えている．「フリーターは，人間関係などでつまずくと簡単に辞めてしまう」「転職を繰り返す人が多い」あるいは「パートには年休がないといわれても何の疑問も持たない」「アルバイトには労災は適用されないといわれて，信じてしまう」などの指摘・報告が数多くある．「働く

ことの意味」や「働く者の権利」は働き出す前に，当然学習していなければならないはずなのに，「働くことの意味について考えたことがない青年が多い」「青年のほとんどは，働く者の権利を知らない」という状態は，なぜ生まれたのか．本来，高校卒業までに組織されているべきこれらの教育と学習が空白になっているのはなぜか，これからどうすべきかについて私たちは考える必要がある．

インターンシップへのとりくみの視点

（1）教育における体験・訓練の基本的な重要さ

教育における体験・訓練の重要さ，あるいはその教育効果の大きさはよく報告されている．これは体験・訓練が，少人数学習であること，専門の教員やスタッフがいること，実際に「もの（製品・商品）」に触れての学習であること，他の人間との会話や共同作業が不可欠なこと，多くの場合チームワークとなることなど，つまり学習活動・体験が通常の教室における座学とは異なる環境で行われることによる．

インターンシップについても，これら体験・訓練の条件を「如何に活用するか」，すなわち「生徒に真に役立つものにしていくために，考え方と内容を如何に構築していくか」が問われているのではなかろうか．

（2）職業準備教育としてのインターンシップ

本来，高等学校教育には，生徒が社会人として一人前に活動できる基礎的な知識や技術・技能，職業に関する基礎的な知識の修得に加え，将来の進路を見定めその実現にむけて自らを高める力，職業選択の力をつける教育が求められている．さらに，高校生が産業構造の変化や雇用の実態，経済や社会のしくみをしっかり認識できる力を身につけさせることも求められていよう．しかし，現状はこれらの教育は不十分なままであり，さらに深刻な就職難や社会的不安・閉塞感などのもとで青年が職業や生き方に対する展望を持ちにくくなっている状況がある．

先にみた青年の雇用と労働の現状は，学校教育のなかできちんとした職業

準備教育を受けられなかったことが，彼らの選択や行動に影響を与えていることを示している．この面からも，インターンシップを含む職業準備教育が決定的に不足している．もっとはっきりいえば「ほとんどの生徒にとって，高校での職業準備教育が無い」現状を1日も早く改善することが求められている．「就職できた場合もできなかった場合も，何の準備教育もなく社会に放り出されていく青年」たちへの対策のひとつとして，インターンシップを活用することはできないだろうか．

　文部科学省が強引に推進し拡大しているインターンシップの考え方・進め方はいわば社会適応訓練であり，高校生たちが一人前の社会人に育つことを忌避し妨害しているようにも思える．私たちは，きちんとした職業準備教育を高校教育のなかで保障するとりくみを早急に展開する必要がある．その一環として，インターンシップも考えるべきであろう．

生徒に真に役立つための必要条件

　この間の全国の経験から，生徒に真に役立つインターンシップを実現するための条件を整理すると次のようになる．

① 基本は「学校の主体性」，言い換えれば「教育活動としてのインターンシップ」になっているかどうか．上から外から押しつけられたからしぶしぶやるとか，内容に学校が関われないような状況では，生徒に役立つものとはならず，失敗することは目に見えていよう．学校（教職員）が主体的に計画し実施し総括する条件を確保し，教育（学習）活動としてのインターンシップという観点を十分議論した上でとりくむことが重要になろう．

② 準備段階で必要なことは校内の協力体制であろう．インターンシップ実施に必要な作業量は学校内外にわたり，かなり多くなる．少数の担当者まかせでは負担が大きくなり，失敗する可能性が高くなる．職員会議等での合意をもとに学校長を含めた多くの教職員で分担することが必要となる．

③　成功させる上で大切なことは環境を整えることであろう．まず，保護者の理解と協力を得る手だてを十分に尽くしておく．場合によれば，受入企業として参加してもらうということもあり得る．次に，地域の協力体制を整える．市役所などの行政機関や商工会議所はじめ各種の経営者団体に協力してもらうことを追求すべきであろう．条件があれば，ＰＴＡや同窓会にも協力してもらうと効果が大きい．学校を管轄するハローワークやジョブカフェなどにも，学校の主体性は確保しつつ協力を依頼することができる．

④　生徒については，事前指導などで十分説明し意義を伝えた上で，希望者を対象に実施することが望ましい．現実の問題としては，全員に参加を強制しないことが成功の条件と思われる．また，受入企業についても，対象生徒数を上回る受入人数を確保するなどして，生徒の希望をできるだけ生かす準備が求められる．

具体的な取り組みについて

（１）「産業社会と人間」の活用

具体的な取り組みとしては，科目「産業社会と人間」を活用することが基本であろう．

この科目を設置した文部科学省のねらいは明らかであるが，彼らのねらいを批判するとともに，高校生が一人前の社会人として主権者として，働くことを通じて積極的に社会に参加していく力を形成する視点にたって，インターンシップを含めた進路指導・職業指導の場として自主編成していくことが求められている．

すでに，総合学科で「産業社会と人間」を押しつけられた学校でも自主編成の努力は続いており，普通科でもさまざまな科目名で「産業社会と人間」の内容を実施する例が増えている．本来は「社会と労働」などの科目名で学校設定教科の科目として実施することが望ましいが，ちがう科目名でも，また「産業社会と人間」の科目名のままでも，実質的に内容で勝負すべきであ

ろう.

(2)「総合的な学習の時間」の活用

1999年の学習指導要領改定で導入されさまざまに議論のある「総合的な学習の時間」についても，同様の視点で活用することが考えられる.「産業社会と人間」よりは幅広い議論が必要になろうが，校内で民主的な論議を重ね，インターンシップを含めた労働・職業・進路に関わる学習の場を部分的にでもつくり出していくことは可能であろう.

(3)課題研究・実習など

上記の場合はいずれも教職員集団での合意が必要であり，対外的にも学校としてひとつの方針にまとまることが必要になる．これらの取り組みには一定の時間と推進する複数の力が必要であり，時間的にも1～2年はかかろう．

こういう取り組みができない場合や前段の試行として行う場合は，課題研究や実習のテーマのひとつとして位置づけて実施する方法がある．課題研究や実習の1班だけなら，生徒数も10人以下であり，条件的にはかなり取り組みやすくなる．かかわる教職員も少人数での取り組みが可能となる．

2．学校から「働くこと」を考える
――職業高校における進路指導と職場体験実習の成果――

石幡　信

はじめに

「どうせだめだ」「めんどくさい」「やってもだめだ」このような言葉を並べ，無気力で気怠そうな生徒．落ち着きがなく，きちんと人の話が聞けない生徒．自分の要求だけを一方的に出して，周囲に対する思いやりがない生徒．このような新入生が年々増加し，特に町場の生徒に多くこの傾向がみられる．以前は学力が低くても元気があり，多少問題を起こすが熱意を持って接するとそれなりの反応があり，信頼し，感謝しあう，より深い人間関係を背景にした教育が成立したような気がする．特に進路について，職業高校では社会

人として働くことが当たり前で，そのために必要な技能や資格を身につけるのを疑いもせず頑張る生徒がほとんどであった．早く卒業して働き，生活し，一人前になりたいと考えるのが当たり前であった．

　私たちが職場体験実習を始めてからすでに15年．バブル経済の真っ最中からとんでもない不況のなかにある現在まで，生徒の様子も大きく変化している．したがって職場体験実習の持つ意味も変化してきている．生徒の変化を少し整理しながら，岩手県立岩谷堂農林高校農業土木科における職場体験実習の今日的意味と成果を考えてゆきたい．

職業教育の現場から見た現状と課題

（1）何のために学ぶのか……学力低下の背景

　何のために学ぶのか，将来のために役立つといった抽象的な答えではもはや満足しない，気怠い生徒たち．学力の低下というよりは，学ぶことの意味を見失っているとしか思えない．

（2）学校で学ぶことが日常生活と結びつかない

　知識を得ることは受験勉強の手段と考え，人生を豊にするとか人間性の形成に必要だとか，労働をする上で不可欠なものだということが実感できない．

（3）抽象的な比例計算問題は解けなくても，物づくりでは間違わない生徒もいる

　算数の比例計算ができなくとも調理実習の調味料の割合は間違わない生徒も多い．思考したもの，抽象化したものを具体化し日常化する教育，さらに体験したことを抽象化，普遍化とフィードバックをする教育，それが現在の教育に損なわれていると考えられる．

（4）身につけさせられるか，学ぶことの大切さと社会人に求められる基礎学力

　社会に出てからが本当の勉強．しかし自ら学ぼうとしたときに最低限必要なもの（例えば，読み，書き，調べる，自分の考えをまとめるなど）と思考力や学習の方法・手段を身に付けさせることが高校教育に求められているこ

とだとあらためて痛感する．

（5）ゲーム感覚世代のコミュニケーション不足

携帯電話や，メールを頻繁に行って，あたかもコミュニケーションをしているようにみえる割に，本質的なことでの人とのつながりが希薄な状況（生徒たちばかりではないが）．じっくり他人の話を聞くのが苦手な生徒．班編成で実習することが苦手な生徒．本当のコミュニケーション能力が育っているだろうか．

（6）興味を持った生徒は生き生きと育ってゆく

職業高校に入学してくる生徒たちが専門学科でどのようなことを学ぶのかを理解していないというように，目的意識の欠如が叫ばれて久しい．しかし3年間を通して興味のあるものを見つけた生徒たちは，入学時の学力が多少低くても就職や進学に目的を達成している．学力と能力は異なる．学力が低くてもさまざまな能力を秘めた生徒たち．興味を持ったとき大きく成長する．

（7）職業高校の卒業生が支える地域の産業

多くの建設や機械製造等の地場産業は，高校を人材の供給源としている．岩手県のように老人化率の高い県において，将来地域を支える人材を確保することも大切な目標である．本校の生徒の8割は地元に残っている．卒業後すぐに農業だけで生活できない状況にあって，他産業に従事はするが，将来的には潜在的な農業後継者も多い．これらの地域の産業と学校教育のつながりのなかで将来の地域の担い手として，高校生を育てることの必要性がある．特に最近の不況による誘致企業の工場閉鎖が相次ぐなかにあって，中央に頼ることなく地域を支える人材をともに育てる視点から，職場体験実習などさまざまな機会に地域の教育力を活用することを大切にしたい．

大学や専門学校がひしめく都会と違って，地方には専門教育をする機関が少ない．進学することは都会の住人以上に多額の経費を必要とする．そこまで負担をしても地元に戻ってくる保証はない．このようなときにこそ職業高校の地域的な位置づけが必要と考える．

職場体験実習を通した職業教育

職場体験実習を1990年に始めたときからは，社会状況・生徒の様子ともに大きく変化してきた．職場体験実習の意味合いも当然変わってきている．しかし現実の社会を体験させることは考え学ぶことにとって大きな影響力を持つと考える．これだけで前述した問題点が解決されるわけではないが，系統的な職業教育の流れのなかで位置づけられたとき，有効な教育的手法であると考える．

（1）職場体験学習導入の動機

職場体験実習は岩谷堂農林高等学校では1990年に，翌91年には花巻農業高等学校で始められた．この実習の導入については早くから話題に上っていたが，岩谷堂農林高校では過去に実習中の事故によって中止になった経験があり踏み切れなかった．社会状況もオイルショックからバブル経済へと変化する時期であり，地域には多くの誘致企業が進出し求人環境はきわめて改善された．建設関係の求人も大幅に伸びてきた．この状況下にあっていくつかの問題がでてきた．

① 建設産業以外に進む生徒が増加．学科の存在意義が問われる．
② 人間関係が不得意の生徒や，労働経験の少ない生徒が増えてきた．カラフルなパンフレットで進路を決める生徒が増えた．
③ 求人が多くなった反面，安易な進路選択の結果，早期離職者が増加してきた．
④ 新入生の定数割れが生じた．

このようなことから，学科の学習内容に興味を持たせるため，建設産業の実際の姿を体験させることが大切と考え，職場体験実習を試みた．当時の状況からして，これによって建設関係への進路希望数は減るのではないかという危惧もあったが，就職後の定着率を考えると現実を体験させるほうが有意義と考えた．結果的には実施後，建設関係への進路希望が増加した．

（2）成果

① 建設産業の仕事の幅広さを体験させることにより，生徒の進路意識の向上と自己理解が促進されたと思われる．
② 当初の予想に反し建設産業への応募者が増加した．
③ 学校では体験できない実習内容．
④ アルバイトと違った体験ができる．
⑤ 地域の関連事業所との連携が強化された．
⑥ 無事故，無断欠席，遅刻ゼロ．
⑦ 土木施工技術者等の資格取得率向上．

（3）職場体験実習の成果と課題

実施要項は，ほぼ10年間実施するなかで内容も少しずつ変化してきたが基本的には大きく変化していない．実施要項にそって，成果と課題を整理してみる．

① 実習依頼事業所の開拓

農業土木科であるため実習依頼は建設業協会，測量設計業協会，関係官公庁に依頼する．当初受入事業所は，卒業生が勤務する場所を学校から依頼したが，受入側の意見を入れ1996年からは関係業界団体を通して受入先を公募した．これによりこれまでつながりの無かった事業所が開拓され，求人の拡大にもつながった．この背景には将来各事業所の必要とする人材を業界としても積極的に育てていきたいという事情がある．公共事業が減少し倒産する事業所が相次ぎ，求人も減少している現在においてもこれは基本的に変わってはいない．この点は実習企業先を探すのに苦労している，電子科，電気科など工業系学科や，普通科，総合学科，中学校との大きな違いである．地域における職業高校の役割を考える上で大切なことであると思う．

現在，状況は大きく変貌している．

1）学校再編のあおりを受けての学科再編と職場体験実習の問題

本校は次のように学科再編が行われている．本校は農業（果樹，園芸，作

学科再編の経緯

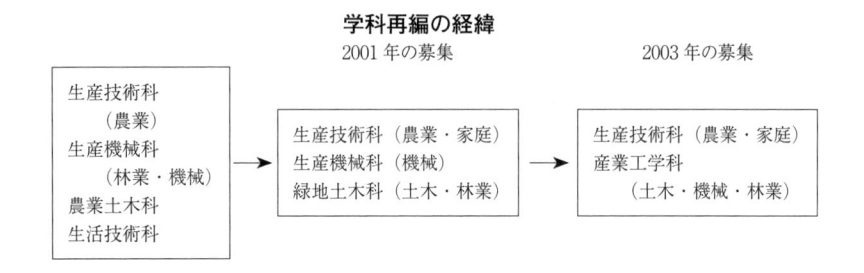

2001 年の募集　　　　　　　　2003 年の募集

```
┌─────────────┐      ┌─────────────────┐     ┌─────────────────┐
│ 生産技術科      │      │ 生産技術科（農業・家庭）│     │ 生産技術科（農業・家庭）│
│   （農業）     │  →   │ 生産機械科（機械）   │  →  │ 産業工学科       │
│ 生産機械科      │      │ 緑地土木科（土木・林業）│     │   （土木・機械・林業）│
│   （林業・機械） │      └─────────────────┘     └─────────────────┘
│ 農業土木科      │
│ 生活技術科      │
└─────────────┘
```

物，畜産，生物工学），林業（広大な演習林，木工施設），農業土木（県内有数の施設設備），機械（金属加工，内燃機関，板金溶接，電気），家庭（保育，調理，被服），情報処理などの実習施設を有している．教員定数が削減されるなかで，これらの設備を生かした職業教育の再構築が急がれている．このような混乱状況のなか，2004年度は産業工学科の実習が行われた．専門性の希薄さ（土木・機械・林業の混成教育課程）と職員の意識統一の難しさがあるなかで，初めての遅刻，無断欠席が出てきた．あらためて次のことが重要に思われる．

ア．新入生に高校で学ぶことに興味を持たせる工夫をする．そのために3年間の教育課程がどうあればよいかを検討し，将来どのような技術者を育てるのか，地域の産業構造をふまえて系統的につくり上げる必要がある．

イ．専門科目の授業・実習の進度に合わせて現場見学，ふれあい事業，社会人講師招聘，職場体験実習，文化祭などを系統的に位置づけて進路学習と並行して指導する必要がある．

ウ．専門科目に興味を抱かせたのち，基礎学力を向上させ，学ぶ内容に誇りを持たせる指導や実習を通じて基本的生活習慣や，安全教育を身につけさせる必要がある．

エ．地域の産業と連携して人材を育てる考えに立ち，地域社会の教育力を引き出し活用する力量が教員に求められる．常日頃から，多くの人々と

交わり，地域の産業をよくみて歩くことが大切になってくる．地域で求められる人材がどのようなものかを常に意識することが大切ではないだろうか．学校にないものは地域に協力をお願いする関係ができていれば実習をお願いしやすいのではないか．

2）中学校，職業高校のほとんどが職場実習を行うなか，実習先の確保が難しくなってきた．

長引く不況で，企業が社員を養成する力を弱めてきた．公共事業の大幅な縮小は地方経済を直撃している．このような状況にあって，職場体験実習の急激な増加は実習先の確保を難しくしている．そのため，専門高校ですら，かつては暗黙の了解があった地域性を無視し，隣接領域まで実習先を広げる．学校事務など，学科の専門性に関係なく依頼する．生徒の保護者に実習先探しを依頼する等，これまで総合学科や，中学校で悩んでいた問題がでてきた．また，受入企業も度重なる実習のため，かつては，大企業にみられたことだが，学校を選択するようになってきた．

② 対象学年

2年生全員を2から3名の班に分け，生徒の希望を留意しながら家から近く，できるだけ卒業生のいる職場に実習先を割り当てるようにした．しかし，土木以外に林業，および機械が入ってくると必ずしもこの原則が守れなくなる．林業の実習先は少なく，機械科は周辺の工業高校と競合する状況にある．生徒の希望と一致しない場合がでてくる．

③ 実習期間

実習期間は3日間，実習時間は各事業所の就業時間内（事業所によっては7時半から5時までの場合もある）．手当はいっさい受け取らない．以前は，3日間では少ない，せめて5日から7日といった意見も事業所から聞かれ，学校でも検討した．しかし前述のように実習先を確保するのが難しい状況になり，従来のままであるが，現在の生徒の状況からも3日が妥当に思える．代わりに，進路選択をする3年生は夏休みに限らず，自分の希望する企業の

見学・実習をできるだけ行うように配慮している.

④　実習内容

依頼事業所の通常の職務を体験させることとし，特別な配慮をしないように依頼する．実際は卒業生が中心となり，仕事の全体像を教えたり，体験させるためにさまざまな配慮がなされていることが多い．この点に他の産業と違った面がある．ただし，卒業生の高校時代と現在の高校生とのギャップに驚くことも多いようである．しかし実習生は先輩の高校時代の話や体験を聞かされ大きな影響を受けて戻ってくる．また，アルバイトと異なり，学校を通して実習をさせていただいているといった自覚と責任を持たせることの必要性を最近感じる．

⑤　傷害保険

3日間に限り民間の傷害保険をかける．実習であるため学校安全会も適用になる．その他94年から建設省（現国土交通省）の指導もあり建設業協会でも傷害保険をかけるようになっている．幸いこれまで事故はないが，最近の生徒には，実習に臨むまで普段の授業を通して安全教育の大切さを感じる．また，林業，機械等の異業種の実習が入ることによって，実習中，生徒が事業所に損害を及ぼした場合の保障も検討課題になってきた．他校においては販売実習でこの点が問題になったことが報告されている．

まとめ

本校の入学生は必ずしも高い得点で入学してきているのではない（学力検査は3割〜6割の間で，岩手県の平均よりかなり低い）が，結果的にはあまり影響がない．入学後できるだけ早い時期に興味関心を持ち，将来の目標ができた生徒が伸びているといえる．「百聞は一見に如かず」といわれるごとく実際に見て体験したことは教室の授業の数倍にもまして生徒たちの印象に残るように思える．就職がよいからといった程度で入学してくる生徒たちには，自分の学習していることに興味を持ち，誇りを持ち，希望を持たせることが学習の第一歩と考える．このことは現在の大学教育にもそっくり当ては

まるように思える．現場見学・職場体験など実際の仕事を多く体験させることは大変有効であると思う．しかし，その背景には計画的な教育課程と指導計画，共通認識のもとでの職員協力体制などがきわめて重要になる．日頃の地道な教育実践と地域の教育力が一致したとき職場体験実習はより効果的であると考える．15年間には職員の転勤，マンネリ化による停滞，学科再編による教育課程の混乱・職員組織の再構築，建設業界の不況などさまざまな問題があり教育内容も大幅に変化せざるを得なくなった．しかし基本的な考えは変わっていないと考える．学校から外へ，再び学校へフィードバックする教育体系で現在の受験教育体制からの解放ができればと考えている．

第6章　地域と結び地域に学ぶ

1．中小事業者と連携した「人財」づくり
――川崎北部の地域に根ざし，開かれた学校づくりを目指して――
....横山　　滋

はじめに

　向の岡工業高校は，川崎市北部・多摩区と高津区が隣接する地域にあり，2003年10月1日に創立42年を迎える全日制と定時制併設の専門高校である．2003年3月で卒業生総数は13,000人をこえ，川崎・横浜北部・県央地域の主に製造業に技能・技術者を送り出してきた．創立当時は，機械科・建設科・土木科・電気科・電子科の5学科10学級（1学年あたり）からなり，全校で1,200名近い生徒が学ぶ大規模校だった．神奈川県は，1960年代の高度経済成長を背景とする京浜工業地帯と県央・県北地区の内陸型工業地帯の拡大に対応すべく，川崎市北部（本校）・横浜市南部（磯子工業高校）・相模原市（相模台工業高校）・小田原市（城北工業高校）にいずれも大規模な4工業高校を設置し，工業各分野の「中堅技術者」の養成を図ってきた．

　80年代の後半に，重厚長大型産業から軽薄短小型産業への産業構造の転換，社会的な高学歴志向，理科・工業離れを背景に，電気・電子，建築・土木など関連学科の「学科統合」が進められた．90年代には，中学卒業生の急減期を迎え，「学級数の削減」が行われ，本校は，96年より機械科，電気科，建設科の3学科6学級規模（1学年）になり現在に至っている．

魅力・特色ある工業高校づくり

　現在，神奈川県は2000年から始まった「前期高校改革計画」実施の最中にある．この計画は，県立高校166校のうち，28校を14校に再編統合し，単独再編校と合わせて20校を「新しいタイプ」の高校にする，というものである．「新しいタイプ」の高校とは，普通高校を対象にした単位制高校が

4校,フレキシブル(3部制)高校が3校,総合学科高校が7校,専門コースの新設3校と専門高校を対象にした総合技術高校が2校,総合産業高校が1校である.さらに,「計画」は,「再編対象校」以外はそれぞれの学校で「特色ある高校づくり」に取り組む,としている.公務員制度改革や教育基本法の見直し,学校五日制,新指導要領の実施など戦後教育改革以来の大きな変動が学校現場で進んでいる.

　本校は,この前期高校改革の対象校ではないが,改革計画が出される(98年,「県立高校将来構想検討協議会」答申)前から,校内に「新向工検討委員会」を発足させ,「魅力・特色づくり」「教育改革」に取り組んできた.その背景には,入学してくる生徒の目的意識の希薄化・定着率の悪化,工業高校離れなど,工業高校の社会的位置の低下に対する危機感があった.県財政の悪化のなかで,「校舎の劣化・建て替え要求」の実現は夢になったが,独自に,教育内容の改革をはじめ本校の将来構想を検討する取り組みを始めていた.入学してくる生徒の意識調査(入り口調査)や卒業生の学校への要望・求人企業の学校への要望調査(出口調査)を行い,本校の「改革構想」をまとめた.

地域に開かれた学校づくり

　本校は,「環境問題への取り組みをコンセプトとする専門高校」を目指し,「地域に根ざし,地域に開かれた高校づくり」の理念のもとさまざまな特色ある教育活動を展開してきた.教育課程の特色,2002年度の取り組みをまとめると次のようになる.

(1) 教育課程の特色

　本校の新教育課程の特色は,2年次・3年次にそれぞれ2科目・4単位,4科目8単位の選択制を導入し,学年が進むに従って各自の興味・関心によって履修科目の選択が行えるように工夫されていることである.環境問題への取り組みは,各科・各教科の教科学習でも行われているが,学校設定科目(学習指導要領に設定されていない科目で県教委に届け出て学校が独自に設

定した科目）として，1学年の各科共通履修科目として「環境と技術」，3学年の選択科目として「環境と産業」（1996年より実施）を設置しているのが特徴である．

　本校では，環境教育活動を ISO14001 活動と位置づけ，特定の科目で行うだけでなく関連する教科科目のシステムとして展開することを目指している．本校の環境教育活動を分析すると，環境問題に取り組むマインドを涵養する「心」の領域，環境問題の知識を得る「頭」の領域，環境保全や廃棄物処理を改善する技術を学ぶ「技」の領域，実際の行動を展開する「体」の領域になると思う．

（2）インターンシップへの取り組み（本校の取り組み，後述）
（3）親子ものづくり体験教室（本校の取り組み，後述）
（4）出前文化祭（本校の取り組み，後述）
（5）工業高校生ものづくりコンテスト（県立工業高校，機械系・電気系）
（6）コンクリートカヌー大会（関東大会・建設系の工業高校と大学）
（7）エコランカー競技大会（自動車部，全国・高校生，大学，一般）
（8）高校体験プログラム（中学3年生対象）
（9）地域教育懇談会（地域住民・職員・保護者）
（10）光の祭典への参加（川崎市のイベントにアーチや作品を展示）
（11）「夢先案内人事業」（川崎市ものづくり協議会との連携事業，後述）
（12）ものづくり講演会（本校の取り組み，2学年対象）
（13）学校評価システムの取り組み（県教委の研究指定，学校評議員制度）
（14）環境教育・エネルギー教育実践校（（財）社会経済生産性本部・エネルギー環境教育財団の研究助成）
（15）ISO14001 の取り組み

川崎市ものづくり協議会と地域ものづくり交流会

　川崎市ものづくり協議会は，市経済局産業振興課をコーディネーターに市内中小企業団体と工業高校（川崎市立総合科学高校・県立川崎高校・本校），

総合学科高校（県立大師高校），県立高等技術校（川崎・川崎北），大学（明治大学・専修大学）などの教育機関が，ものづくりの技能・技術の伝承を目的に，諸事業を展開する協議会として発足した（1998年）．高校生・大学生のインターンシップの支援や製造業事業者や工業高校（本校）を会場にした「親子ものづくり体験教室」，事業者を学校に講師として派遣する「ものづくり講演会」などを支援する活動を行っている．

　本校は，職員自らが「地域の製造業の実態を知る」ことから始めようと，職員研修の一環として，川崎北工業会の協力を得て「工場見学会」を行っている．最初は，1998年10月に，中間試験期間中の午後を利用して，近隣の2社から3社の製造工場現場を10人前後の職員が訪問し，企業の製品や実状をお聞きするとともに工場を見学させてもらった．それまで，近隣の中小企業から「求人」に事業者が学校に来ることがあっても，学校の職員が工場を見学することはなかった．「話で聞く」と「現場を見る」では大きな違いがあった．それぞれの企業が特徴を持った製品をつくり，優れた技術を持っていることがわかってきた．専門教育の一環として年2回，全生徒が「工場見学」を行っているが，その対象の多くは大企業の製造現場だった．一度に多数の生徒の見学を受け入れてくれるのは，大企業の工場である，という事情もあるが，職員の目が大企業にしか向いていなかった，ということもあったと思う．大企業の製品を支えている中小企業を「知識」として理解していても，同じ地域にいながら，その優れた加工技術・技能の実状や「製品価格の安さ」「空洞化の実態」などの問題を，直接見たり聞いたりする機会はなかった．その後，年1〜2回，「地域工場見学会」と「地域ものづくり交流会」は，本校と川崎北工業会・高津工友会の連携でさまざまな形で開催されている．

インターンシップへの取り組み

　インターンシップとは，高校在学中に「自分の専門教科の学習内容や進路に関連する就業を体験する」ことといわれている．大学生のインターンシッ

プと違い，就職に直結するものではなく，学校教育の一環として職業観の涵養や進路学習として，3日から5日間，事業者の指導のもとで就業者と同じ仕事を同じ時間働き，労働現場を体験するものである．

本校では，インターンシップの目的を，次のように考えている．

（1）ものづくりの現場を体験し，各専門学科における学習の目的意識を深める．

（2）将来の職業選択・進路意識を啓発し，職業意識を育て，好ましい労働・職業観を養う．

（3）異年齢の対人関係を通して，対人関係を豊かにし，協調性や自己表現力を養う．

（4）機械科・電気科・建設科の特徴を生かした体験内容にする．

本校をはじめ建設学科を設置する3工業高校では，県建設業協会と連携した「就業体験」が10年前から行われていた．本校のインターンシップは，関東通産局（当時）と連携して，機械科生徒2名・職員1名が大和市の金型会社で3日間行ったのが最初であった（1999年2月）．その後，インターンシップ実施校は，工業・農業・商業高校，総合学科高校に広がっている．

本校では，インターンシップの取り組みを2学年次に設定し，工業各科2名と2年の学年団3名からなる「インターンシップ委員会」を構成し，それが運営を担当している．3年間は，参加希望者を募る形態で実施してきたが，2003年度から全生徒が参加することを基本にし，単位認定もする実施体制をつくった．

参加した生徒のアンケート結果からみると，インターンシップにほぼ全員が良い印象を持って終えている．アンケート内容をみると，①将来の職業選択に役だった，②ものづくりや町づくりの苦労や面白さ，大切さがわかった，③会社の社長やいろいろな世代の人との会話が役立った，などの点がよかったことに挙げられている．

インターンシップ実施における問題点には，次のようなものがある．

① 受け入れ事業者への負担が大きい．現在インターンシップを受け入れている事業者は中小企業がほとんどである．ただでさえ経済的に厳しい環境にある中小企業で，3日から5日間，まったく素人の生徒を受け入れることは，生産性にとって阻害要件になるわけで，その負担は大きなものがある．大企業は，分業体制が進んでいることもあって「ものづくりの全体像」がみえないことや高校生が体験するのに適した職種がないことが難点である．

　現状は，受け入れ事業者の「社会貢献」にお願いしている状況で，何らかの公的支援や税制上の支援措置が求められる．高校生のインターンシップ事業は3省（文部科学省・経済産業省・厚生労働省）で協働して推進するとしているのだから，その条件整備の政策措置が求められるところだが，実効ある政策は行われていないのが実情である．
② 受け入れ事業者数が少なく，その開拓がなかなか進まないこと．2年生約230名全員が，インターンシップに参加するとなると，70社から100社の事業所が求められる．本校だけでなく，市内の職業高校，総合学科高校が実施するとなるとその5～6倍の事業所の確保が必要になる．時期的にもどうしても夏期休業期間中に実施することになりがちで，企業の受け入れ態勢も簡単ではない．
③ マッチングの困難さ．生徒の体験希望と受け入れ事業者の業種や作業内容のマッチングは，本校ではインターンシップ委員会が行っているが，多くの困難さがある．成果あるインターンシップを実施する上で鍵になるのは，どのような内容の就業体験をするか，にあるが，生徒の希望と事業所の内容がマッチングできないことも多くある．将来的には，広域的な視点に立った第三者機関が，事業者と生徒の希望をマッチングする作業を行うことが求められると思う．

親子ものづくり体験教室の取り組み
親子ものづくり体験教室は，小学校高学年を対象に，工業高校の生徒が先

生役になって「ものづくりの面白さや楽しさを伝えよう」という取り組みである．近隣の小学校と連携し，さらに新聞でも公募して参加者を募集した（1999年6月）．市内はもとより横須賀市からの応募など，募集の50組を超える参加者がありその反響の大きさに驚いた．この取り組みには，3つのねらいがあった．ひとつは，ものづくりへの興味・関心をもてるかどうかは「小学校の時代に受ける印象が強く影響する」ことから，工業高校の社会貢献として小学生にものづくり体験の場を提供しよう，ということ．2つ目は，本校の生徒が「先生役」をすることを通して，生徒が学んでいることに「自信」や「誇り」を持つことになる機会になれば良い，ということ．3つ目は，工業高校の学習内容や実態を社会に広く知ってもらう機会にしたい，ということだった．

体験の内容は，ネームプレートづくり（機械工場で彫刻盤使用），ひょうたんづくり（旋盤を使って黄銅丸棒を加工），電子オルゴールづくり・ペットボトルラジオの製作（電気工作室で基板に半田付け作業やペットボトルに銅線を巻いての受信機づくり），カラーセメントブロックの製作（土木実習室でオリジナルブロックづくり）等である．この取り組みは，例年8月初旬に開催され，2002年度で5回目になるが，毎年多くの参加者があり，近隣の小学校との連携も拡大している．

参加した小学生の「楽しかった」「うまくできた」などの感想が多かったこともあるが，保護者の「近くに住んでいるが，外側からしかみたことがなかった向工の内側がやっとみられた」という声や「生徒さんが親切に接してくれて良かった」などの感想に，取り組みの意義があったと思った．先生役として参加したアシスタント生徒の感想で次のようなものがあった．「参加して思ったことは，『子どもの方が今の中学生や高校生より，良いものが作れるのかなあ』と思ったことです．それは，子どものほうが一生懸命聞いて，わかろうとする気持ちがあるからです．今の中学生や高校生は，何か言われても『やったことがない』『知らない』とかいってすぐ逃げようとするが，

小学生のほうが『やってみよう』という気持ちがあると思います」(3年機械科, ネームプレート担当). この生徒は, 小学生の真剣な姿から自分が忘れていた学ぶ姿勢を思い出したのだと思う.「教えることによって学ぶことがより多くある」ということだと思う. 下野毛工業会 (高津区下野毛) が, 日曜日に工場を開放して行った「ものづくり体験教室」でも,「従業員に活気が出た」などの評価があったが, 地域の子どもや住民に製造現場でのものづくり体験の機会を提供することは, 事業所にとっても「無形の効果」があるように思う.

「出前文化祭」と「夢先案内人事業」の取り組み

中学3年生を対象にした「高校体験プログラム」は, 例年, 中学生が進路先を決定する時期である2学期に行われてきた. この段階では, 多数の生徒が進学先を決めていると考えられる. 本校では, もっと多くの中学生やその保護者・教職員に工業高校の魅力や実態を理解してもらうことを目的に, 近隣中学校の文化祭に工業高校を紹介するブースを設けてもらい, 本校生徒がその内容を説明する「出前文化祭」を実施してきた.「高校体験プログラム」が待ちうけ(パッシブ)の情報発信なのに対して,「出前文化祭」は, より積極的(アクティブ)な情報発信への飛躍を目指したものである.

この取り組みの契機は, 前任の校長が市内の中学・高校長会で, ものづくり教育を小・中学校から取り組むことの大切さを訴え,「中学生が工業高校の教育内容を知る機会を作ってほしい」と要請したことである. これに応えてN中・M中・I中の3校から「文化祭にブースが設置できる」との連絡があった.

中学校によって使用できる教室の広さは違うが, 実習や課題研究で製作した作品, 体験可能な実習装置や各種ロボット, 製図の作品や教科書・ノート, さらに生徒が取得した各種資格の証明書など, 日ごろの工業高校の学習内容やその成果を持ち込み, 展示した. この成果は, 次のような点にあった.

① 中学校文化祭に直接参加することにより, 多くの中学生とその保護者

や教職員に具体的な作品を通して工業高校を理解してもらうことができたこと．

② 工業高校の教育内容は，「文書」として中学生には伝えられているが，工業高校生がその作品を持ち込み説明することは，全く違うインパクトを与えたこと．

③ 参加した生徒が，自分たちの作品や学習内容を説明することにより，学習を振り返ると同時に主体的な取り組みが求められ，成長のきっかけになったこと．

「出前文化祭」の作品等の搬送や準備・説明は，生徒の立場から学校改革の意見を出し合う場としてつくられた有志による委員会・「プロジェクトX委員会」によって担われている．この取り組みの効果は，本校への入学者動向の変化として表れている．入試の面接試験で「出前文化祭を見て受験しようと思った」，と答える受験者も現れた．

「夢先案内人事業」は，2002年11月に取り組んだ事業だが，大学生が工業高校生に「実習を習う」という取り組みである．多くの学校で行われている「高校・大学連携」は，高校生が大学に行ってその内容の一部を受講し，体験するものがほとんどである．本校の取り組みは，早稲田大学商学部鵜飼信一教授（川崎市ものづくり協議会長・川崎市マイスター選考委員長）の協力で，商学部の学生・院生8名が，本校の機械・電気・建設の実習を高校生の指導で体験するものである．商学部の学生・院生は，将来企業や商社で指導的な立場に立つ人が多いと思うが，「ものづくりの経験」をすることは，研究の幅を広げ，その後のキャリア形成に役に立つと考えられる．また，「指導」を担当した高校生にとっては「大学生に教えるなんて，思ってもみなかった」ことで，それが現実のものになり，大きな自信と励ましになった．12月には，鵜飼先生が来校し，「ものづくり講演」を生徒が受講したが，さらに今後は，大学生・院生が直接，本校生徒に講演をする，相互の学びの機会が作られれば，と考えている．

双方向の交流の場が人材（財）を育てる

　初めて「地域ものづくり交流会」を準備したころ，川崎北工業会理事会や異業種交流会に出席させていただいた．何人かの事業者から「今まで，何度となく高校に求人のお願いに行ったが，高校は大企業しかみていなかった．ツレナイ態度で書類だけ置いて帰された」という話を聞かされた．中小企業の事業者からすれば，学校は「お上意識のかたまり」にみえたことだろうと思う．その体質は今も変わっていないかもしれない．

　「地域に開かれた学校づくり」は，今や多くの学校が取り組みの目標にしているが，大切なのは，根本的なところで「お上」的な対応を払拭できているか，だと思う．「地域」とは，具体的には学校が関係している保護者であり，地域住民（市民）であり，事業者である．インターンシップは，事業者の持つ「教育力」を学校教育に還元させていただく取り組みであり，就職先の受け皿のお願いではない．親子ものづくり体験教室は，工業高校の持つ教育力を社会に還元する取り組みである．厳しい経済状況が続いているが，物質だけの豊かさではない，真の豊かさを求めて地域社会をつくっていく観点が必要だと思う．「地域に開かれた学校づくり」は，まだ始まったばかりであり，率直な交流が求められる．

　日本の産業構造は大きな転換をみせているが，IT産業を支えているのも根本のところで製造業の技能・技術であり，その担い手の9割は中小企業である．IT化とものづくり技能・技術の継承・発展を抜きに，日本の製造業の未来は語れないと思う．次世代の産業社会の担い手である若い人たち「人財」の育成は，地域を共通の場にして事業者と学校が双方向の交流を通して，共同作業として取り組んでいかねばならない21世紀の課題だと思う．

2. 地域の技術史，産業遺産を教材に

……………………………………………………… 天野　武弘

はじめに

　私は以前，技術史導入は産業遺産など身近にあるものをいかに教材化するかに鍵があるとの考えを示した．産業遺産は人が住んでいるところであればどの地域にも存在する．少し目を凝らせば身近に数多く存在していることに気づく，とも書いた（「産業遺産を技術史の教材に」『技術と教育』335 号，2001年 11 月）．

　技術史教育と聞くと，教える側が，大学では教えてもらってない，歴史は苦手だ，どこをどう教えるか糸口がみつからない，など素直に入っていけないところも確かにある．私も当初は同じであった．

　私が技術史に興味を持ったのは，工業高校機械科の教科書『機械工作』や『原動機』の第 1 章に技術の歩みが掲載されたときである．当初は西洋中心の技術史を描き，それを断片的に授業に盛り込んでいた．技術史の科目がほしいと思いだしたのもこの頃であったが，鋳物業など地元の話に興味を示す生徒を感じだしたのもこの頃であった．

　地域の技術史に注目し始めたのは，技教研全国大会の分科会「地域の技術史」が開設され，産業考古学や産業遺産という概念をこの分科会（1977 年）で佐々木享先生から紹介されたときからである．博物館回りをしたり，産業考古学会の見学会に参加するなかで，産業遺産が技術史の教材になりうることを感じるようになった．

　本格的に産業遺産の調査を始めたのは 1984 年頃で，調査の過程では地域の産業であったガラ紡や製糸関係の機械や道具，土木構造物や工場遺構などの保存にも関わることになった．産業遺産は現物があってこそ教材となるのであり，無くなってしまえば迫力に欠ける．保存はそのためにも重要なことになる．もちろん全てのものを残すことは不可能であるが，残すことで地域の産業史や技術史の欠かせない教材となる．

前置きが長くなったが，ガラ紡績機をはじめ産業遺産を教材にした私の授業の一端を次に述べる．

ガラ紡績機を教材にした授業

　ガラ紡績機は1873（明治6）年に信州の臥雲辰致(がうんときむね)が発明した紡績機械である．1877（明治10）年の第1回内国勧業博覧会で「本会第一の好発明」として鳳紋賞を受け，全国に普及を始める．ガラ紡はとくに愛知県西三河地方の矢作川沿いに広く導入され，全国的にも突出して栄えたことから愛知県特有の産業にも位置づけられていた．しかし現在工場として稼働しているのは岡崎，豊田に数ヵ所を残すのみである．

　このガラ紡の技術史的特徴は以下のようである．ひとつは，綿から糸にする手紡ぎの作業を機械として実用化させた日本人の発明になる最初の機械であること．2つめは，その紡績方法が洋式の紡績方法とは違って，綿に回転を与えて糸に紡ぐ紡績法で，この方式では実用になった世界唯一のものであること．3つめは，糸にする機構に天秤を用い，数千倍という引き伸ばしを実現させた独創的な紡績法であること．またこの天秤機構による紡績は，糸むらを修正する今日いうところのフィードバック・オンオフ・ドラフト自動制御機構として，日本の自動制御技術史上画期的な機械としても注目されていることである．

　（1）ガラ紡に取り組むきっかけ

　それは思いがけない話からであった．産業技術記念館（トヨタグループの博物館，名古屋市西区）にガラ紡績機を展示したい，その修復と整備をという依頼であった．同館の開設準備段階からガラ紡績機は是非展示をと要望していた手前もあり，結果的に引き受けることになったのが発端であった．

　このとき引き受ける決断をした私が考えたことは，ガラ紡績機という歴史的機械を技術史授業の絶好の教材ととらえ，生徒と一緒に修復作業を行うこと，すなわち授業として取り組むことであった．幸い工業高校には課題研究という授業があり，比較的自由にテーマ設定ができ，継続的に同一テーマで

取り組むことができるという環境があった.

（2）ガラ紡績機の修復整備のスタート

翌年，課題研究の班編成の時，ガラ紡績機の修復整備を掲げ生徒を募った．当時，課題研究は2単位で行っていたことから，連続3時間の授業とするために，実習授業の1単位と組み合わせ，5月から11月の間に約16〜18週ほどを課題研究の授業として行っていた．

班編成を終え5月14日の課題研究スタートの日，集まった3年生7人の生徒は，展示用に修復という目標と意義をはっきり持つ生徒もいたが，なかには第1希望を外されこの班に回されてきた生徒もいた．

課題研究で私が最初に彼らに話をするとき，先ずはじめにこれから行うテーマと内容，その意義を半ば挑発的にいうことにしている．例えば私がほぼ継続して行っているたたら製鉄のテーマのときには，「歴史上の製鉄の再現だ」，「授業で行うのは珍しく注目される内容だ」，「マスコミも注目するかも」などである．そしてもうひとつはフィールドワークを実施することをいう．たいていはおもしろそうだと乗ってくることが多い．

ガラ紡の時も，「ガラ紡という歴史的機械の修復だ」，「修復後は博物館に展示される」，「高校で行うことは滅多にない，注目されるかも」．こんなことをいった覚えがある．当初の生徒の感想には，「ガラ紡に回されてきて始めは興味がありませんでした．ところがガラ紡の動いているのをみて，なんだかおもしろいかもしれないと思い始めました」と次第に興味を持ち始めた様子を述べている．

現地調査の話に及ぶと早速乗ってきた．その時はまだ修復するガラ紡績機は，操業停止後1年ほど経過したままの状態にあった．事前に修復場となる学校に運び入れることも可能であったが，置かれていた場面を調査することが技術史授業としては重要と考えていたことから，搬出を授業日程に合わせてもらっていた．

6月4日に生徒7人を連れて現地に出かけた．その際，先ずは実際に動い

ガラ紡工場の調査

ているガラ紡績機を見学することにし，一軒の古い雰囲気を残すガラ紡工場を訪ねた．川沿いに建つ細長い工場には，8間（約14.5 m）に連なったガラ紡績機が2台，そのほか合糸機や撚糸機などの機械が天井にある1台のモータから平ベルト伝動で集団運転されていた．

　ガラガラと機械音が喧しくしかも狭く薄暗い工場内に，はじめはのぞき込むようにしていた生徒たちも，音と動きに誘われるようにいつの間にか機械の前に立っていた．壺といわれる綿の入った回転する綿筒から糸が紡ぎ出される光景は，私自身何度みてもしばらくはその動きに魅せられたたずんでしまう．生徒の何人かも同じであった．先ずはその動きを説明しようとしたが，生徒たちはすでに工場内で作業していた老夫婦からの説明に耳を傾けていた．実際に紡ぎ方を教えてもらっている生徒の姿もあった．「機械の音が大きく説明してくれる声がよく聞こえなかった」といいつつも，「だいたい1 kg当たり600円」とできあがったガラ紡糸の値段を聞き，その安さに「作業の割には大変だ」と気遣う生徒の感想もあった（この工場は後に解体されガラ紡績機は岡崎市美術博物館に保存）．

　次に訪問した修復機械があるガラ紡工場では，工場の歴史や機械配置など

を工場主より説明を受けた後,手分けして調査を開始した.工場見取り図を書き,そこに機械がどのように配置されているか,動力の伝達はどうなっているかなど,自らの手でとりあえず気の付いたことをメモしていった.

最初の現地調査で,ガラ紡績機の動きや機構を直接確認できたこと,また博物館の関係者とも接触できたことは,生徒の意識を大いに高めたようである.8間に連なったガラ紡績機を2間（3.6 m）の長さに縮め,組み立て直すという作業が,この調査の次の週から始まった.

（3）ガラ紡績機の修復作業

現地調査したガラ紡績機が解体され学校に運び込まれたのが調査から数日後の6月10日,その翌日から課題研究での修復整備が始まった.約60年間使い込まれた機械を象徴するかのような油のしみ込んだ木製部品,綿埃が油と一緒に厚くこびりついた部品,さび付いた鉄製部品など,解体され山となった部品を前に,さすがに唖然とする生徒.

腐っていた土台の脚の一部を市内の大工さんにつくってもらったことと,モータ駆動のためのモータ設置台を新たに取り付けた他は,すべて現存部品を使うことにして作業をスタートさせた.修復を始めた当初は部品の掃除が主となったため,「ほんとうに苦労した」,「だんだん嫌になった」という言葉に示されるようにやや辛い作業になった.また「みんなでだいたい数百個もの測定をした」というように全ての部品のスケッチと寸法や重量の測定を分担して行った.

秋には産業技術記念館に納める期限があり,また文化祭一般公開で動態展示することを目標にしていたことから,授業時間内の作業だけでは無理と判断し,夏休みの前半の出校を提案した.約10日間ほどの日程ではあったが,部活動の合間を縫って参加する生徒など全員が交代しての参加となり,8月8日に最初の仮組立にこぎ着けた.

2学期になってからは運転整備を主に進め,不具合な部品の修理や取り替えなどを行った.一方,修復作業だけでなくガラ紡績機の機構の特徴の調査

生徒による修復作業

も並行して行った．一昔前の機械は今の機械に比べ，機構や動きを目でみることができる．ガラ紡績機は全てが機械的なメカニズムによってつくられており，この点ではわかりやすい．といっても結構複雑な動きである．平ベルト車から歯車を介して綿筒にどう回転が伝達されるか，またガラ紡績機の特徴の一つでもある天秤の調整機構の動きなど毎時間テーマを決めて調査した．「僕たちが確認した大きな改良点は，壺の長さが変更されていたことです」と，昭和初期にこの機械がつくられてから途中で綿筒の長さを 60 mm ほど長くしてあったことを突き止めたり，参考にした文献と比較して壺の重さが標準より少し重いことや，この機械が太糸用のガラ紡績機であったことをみつけたりした．

（4）完成，公開，博物館へ

修復開始から5ヵ月後，11月7日の文化祭一般公開で完成したガラ紡績機を披露した．事前に大きく新聞報道されたこともあって展示会場は終日にぎわいをみせ，「予想以上の人が見に来てくれたのでとても嬉しかった」と，交代で実演を担当した7人の生徒たちも喜色満面だった．

そしてこの2週間後，修復整備した長さ2間のガラ紡績機は，産業技術記

文化祭で公開されるガラ紡績機

念館へと運ばれていった．「博物館へ運ばれてしまいなんだか寂しい気がしました」といいつつ，「博物館がオープンしたらぜひ行って動いているガラ紡をみて課題研究のことを思い出したい」と生徒の記した報告書は結んでいる．

翌年初夏にオープンした産業技術記念館に出かけたのは盆休み．すでに就職，進学した生徒たちであったが全員がそろっての遠足気分．同館の計らいで実演となったときは，さすがに感激したのかしばし見続ける姿が印象的であった．

このガラ紡績機はその後，平ベルト伝動装置や水車が付き，より昔の雰囲気に近づいた展示となり今日に至っている．

（5）先ずは実物に触れよう

産業遺産を教材として利用する場合，ガラ紡績機の場合もそうであったように，私の経験からは先ずは実物に触れることから始めるとよいと思っている．むしろ実物に触れることで資料からは得られない情報に接することができる．機構やその動き，使われている材質など無限の情報がそこには秘められているからである．

半年にわたるガラ紡績機修復の取り組みで，実際彼らに技術史的観点でどの程度のインパクトを与えたかは定かでないが，博物館に展示となった歴史的機械の修復に携わったことだけは忘れないであろうと思っている．

身近にある技術史教材——私の実践から——

　私がまがりなりにも技術史を意識した実践をすることができたのは，課題研究というまとまった時間がとれる授業があったからと思っている．メインテーマとしてほぼ継続して行ってきたたたら製鉄をはじめ，地域の技術史をテーマに取り入れることができたのも，関連する施設や材料，産業遺産などの対象物が比較的身近にあったことが大きい．産業遺産の調査ではフィールドワークが欠かせない．これが実施できたのも課題研究であった．

　ここでは簡単にしか触れられないがいくつか例を挙げれば，たたら製鉄に関連しておこなったものでは，先ずは，地元における古代製鉄の可能性をみるためにおこなった原料の砂鉄と燃料の木炭の調査．生徒とともに渥美半島に出かけ砂鉄採取に合わせてその堆積状況の調査，たたら用に特別に焼いてもらった炭窯に出かけて行っての炭窯と炭焼き方法の調査などである．生徒と共に簡易炭焼き法の教示を受け，授業に取り入れたこともあった．たたら製鉄と現在の製鉄法との違いをみるため，名古屋にあった比較的小規模な製鉄所の高炉と関連設備の見学調査もした．同社からの就職求人がきっかけでたたら製鉄の授業参観をしてもらい，その縁で特別に高炉の出銑作業を見学することができた．授業時間内では出銑時間の調整がとれなかったため，夏休みに実施した．この製鉄所はその後間もなく高炉操業を停止することになり，結果的に長期間使われた高炉の最終期の操業をみることになった．

　そのほか項目だけ挙げるにとどめるが，鍬や備中をつくる鍛冶屋の調査，江戸時代から続く鋳造工場の調査，そこで鋳込まれた梵鐘など神社仏閣にある鋳造品の調査等々，いずれも市内にある工場や現地に出かけて行った．

　地域にある産業遺産に関連したものでは，ガラ紡工場のほか，鉄道車両メーカーの工場見学と同社製造の蒸気機関車やモノレールカーなど保存車両の

調査，昭和初期の鋳造機械が保存されている鋳造機械メーカーと併設される企業資料館の調査，意外な発見でもあった線香工場の調査，洪水を緩和する鎧堤，旧製糸工場や旧紡績工場の遺構などの見学調査，あるいは郷土資料館の調査など，いずれも市内や近隣の町にある産業遺産を主にした調査である．

変わったところでは，市内にある重要文化財の仁王門の解体修理の機会を捉え，使われていた和釘や金具の提供を受け，その形状やつくり方，金属組織観察などの調査をしたことである．仁王門修復の作業現場にも数回足を運ぶことができ，歴史的建造物の修復の様子を見学調査することができた．また火縄銃の尾栓のねじや材質の調査も行ったこともある．くず鉄として廃棄された火縄銃の提供を受け，謎とされるねじの加工法の調査に挑戦した．尾栓はさび付いてゆるめることができず，結局長手方向に切断してねじ部を調査したが，この時はさすがに生徒も躊躇しながらの切断作業であった．顕微鏡観察によって材質が軟鋼であることや，縦方向に伸ばされた介在物の観察から鍛造でつくられたことを確認し，ねじ部についてはタップ使用を推定することができた．

教える側の意識が鍵

私の課題研究では，先にも述べたようにたたら製鉄を主要なテーマとして行ってきた．したがって，ここで挙げた内容はたたら製鉄の合間を縫っておこなったものが多く，時間不足などから系統的にきちんとした授業にならなかったものもあった．しかし，いつのときも技術史を念頭においてテーマを決め実施してきたつもりである．

地域の技術史を取り入れる授業は，いまのカリキュラムからは，先ずは教える側が意識的にならない限り実現は不可能である．意識することによって産業遺産や歴史的なものづくりの存在に気づき，教材とすることが可能となる．技術史教材は地域の身近なところに必ずある．そういう意識を持つことが技術史導入のひとつの鍵を握っているものと思う．

〈参考文献〉
- 愛知県立豊川工業高等学校『課題研究報告集』機械科第1号〜第12号，1988年〜1999年
- 天野武弘「技術教育における製鉄実験——たたら製鉄は技術史教育の絶好のテーマ——」『技術史教育学会全国大会（釜石）報告集』2001年11月
- 産業遺産調査やたたら製鉄に関する報告の一部は http://www.tcp-ip.or.jp/~amano-ta/（天野武弘のウエブサイト）に掲載

第2篇
工業高校の学校づくりをどう進めてきたか

第1章 日刊学級通信548号の軌跡
―― 工業高校で教えることと学ぶことの楽しさや意義をていねいに語り合いたい ――

.... 斉藤　武雄

学級通信の主題

　3年間，日刊で発行してきた学級通信の束をめくっていると，記録映画をみるように時々のシーンが鮮明に映し出されてきて，思わず胸が高鳴ってしまう．

　この「記録映画」に一貫して流れている主題は，工業高校で教えることと，学ぶことの楽しさや意義を頻繁に語り合うことであった．それは，学校教育法第41条の「高等学校は高等普通教育及び専門教育を施す」に照らせば，工業高校こそ「普通の高校」であり，工業高校で学ぶことに誇りを持って欲しいと，入学式から卒業式までの折々で訴え続けてきたことの反映であろう．

　本稿は，日刊通信の発行のいきさつから，具体的な発行の手だてや留意点，語りかけてきた内容の分類，高校工業教育に関わった記事の見出しのリストアップである．

発行のきっかけ

　入学式から毎日発行してきた学級通信も卒業式当日の548号で終刊した．

2年生でクラス替えがあったので，1年生の『出番Ⅱ』は186号で一旦終刊し，2年生は『出番Ⅲ』として再スタートして206号，3年生は『出番Ⅳ』として156号発行したことになる．

日刊学級通信を発行したいきさつと，それに込める思いについては『出番Ⅱ』第91号（2000年9月30日）に次のように書いた．

● 『出番』のタイトルの後の『Ⅱ』は何？　……千葉君の質問に答えます

　1学期分の本紙の製本を持ち帰った何人かに，家族の感想を聞きました．ぼくは製本大好き人間で10年以上のキャリアがあり，前に勤務した学校では修学旅行のしおり8クラス分全部を実行委員会を指導して製本させたこともあって，ちょっと自信はあったのですが，何しろ素人には違いないので50円の製本代を頂いた手前，ちょっぴり心配でした．嬉しいことに，製本については，「真っ赤な色に元気をもらった」という感想も聞かれ，おおむね好評なようでした．

　ところが，千葉君からは「『Ⅱ』は何ですか？」という質問がありました．いわれてみればそうですよね．本当は本紙の創刊号で紹介しなければいけなかったことでした．改めて，『Ⅱ』について書きましょう．

　実は9年前に卒業した杉並工業高校での担任のときにも，3年間日刊学級通信を発行していました．3年間で635号にもなりました．まだワープロがあまり普及していない時期でしたし，下手でも書き手の味が伝わる手書きで書き続けました．そのときのタイトルが『出番』で，学期ごとに製本した冊子の表紙には「すべての青年に出番を！」という副題をつけました．当時の高校の教師で日刊学級通信を発行しているのが珍しかったこともあって，友人の多くが『出番』の存在を知っていたのではないかと思われます．

　今回9年ぶりの担任になったときに，真っ先に考えたのが日刊学級通信のことでした．正直いって，3年間も毎日書き続ける大変さだけがよみがえってきて，長い間迷っていたのです．

　ところが，本紙でもすでに書いたような気もしますが，この迷いを吹っ切

らせて,身体を前に押してくれた「事件」に出会ったのです.

3月のある日曜日に,退職する3人の先輩教師を送る会がありました.3人とも僕の教育実践に強烈な影響を与えてくれた尊敬する先輩です.なかでも体育の大石正巳先生にはたくさんのことを学びました.その大石先生が,「退職して一番さみしいのは,語りかける生徒たちを失うことです.新聞を読んでいても,何かに感動したときも,いつも『これを生徒に伝えたい』と思って生きてきたからです」と挨拶したのです.

語りかける生徒がいることがどんなに励みになっていたのか,現職の僕にはそのことのすばらしさを自覚することが少なかったのです.失うことによってそのものの価値が改めてわかるということなのでしょう.

大石先生のこの一言で日刊学級通信の発行の決意が固まりました.

この決意をダメ押しするように,同じく退職する数学の小野忠後先生が,「斉藤君,9年ぶりに担任だって.また『出番』を出せるね」というのです.

ずいぶんと長い話になりましたが,これが千葉君への回答です.

先輩教師たちの思いをつなぐリレーランナーとして,またしても日刊学級通信発行という「あり地獄」にはまってしまった.学期毎に製本した綴りを眺めていると,よくも毎日書いてきたものだとちょっと呆れてしまうのと同時に,どこにそんなパワーが潜んでいるのか自分でも不思議になることがある.改めて「目の前に語りかける対象がいる」ことに感謝しなければならないと思っている.

毎日何を書き続けてきたのか

3年間,とにかく休まず発行してきた.といっても,1年生の12月に3週間ほど入院するという事態になり,彼らの登校日に「必ず発行」することはできなかった.それでも,「入院して大手術をする」というまたとない体験を無駄にしたくないので,病室のベッドに横たわりながら手書きで2号発行した.主治医には「何でも教材にしてしまう」と呆れられた.

学期毎に製本した際に作成した目次を改めて見直してみた.当然なことだ

が，1週間とか1ヵ月とかの計画を立てて書いているわけではない．まさに「出たとこ勝負」だし「その日暮らし」なので，何を書いてきたのかなどということを振り返るヒマも関心もなかった．今，改めて大雑把な分類をすると次のようになったが，学級通信としてあまりにも当たり前な内容であろう．

① 授業，クラブ，行事，進路等クラス集団としての取り組みの励ましと記録・総括

いわば，学級通信の中心的内容．高校生活をいかにゆたかに創造していくのかを，日常の生活はもちろん，授業や行事・進路への取り組みに対して，「頑張ろう！」「こうしたら上手くいくだろう」と書き，「よくやったね」「やればできる」と頑張りや成長をていねいに評価し，総括する．そうすることにより，個人の頑張りや成長がみんなの共通財産になり，クラス集団が前向きなベクトルを持つことになる．「工業高校で教え，学ぶことの楽しさをていねいに語り合う」というのもここと③のジャンルとに入る．通信は，授業はもちろんだが，行事・進路への取り組みでは実に大きな力を発揮する．

② 個々の生徒のきらっと光る一瞬の輝き・頑張りの評価と記録

普段の生活のなかで見過ごされたりしてしまうような，本人さえ自覚できないような，ささやかで，時がたつと忘れ去られてしまうような小さな輝きや頑張りでも，学級通信という「額縁」に入れると輝いてみえることが少なくない．日頃はみえないような意外な人の意外な頑張りに人間観を覆すこともある．

③ 生徒への問題提起

日常の目先の取り組みに追いまくられていると，ていねいなアドバイスや問題提起をする機会がなかなか取れない．下手をすると説教じみた話ばかりになってしまったりする．学級通信では心おきなくゆったりとていねいな問題提起ができる．「だまされないために学ぶ」「今新聞がおもしろい」「今映画がおもしろい」などという記事がそれだろう．

卒業後の進路を切り開くための問題提起では大活躍した．「金を稼げれば

何でも職業といえるか？」「楽しみながら全力で働ける仕事はないか？」「パートと正社員は雲泥の差」「会社が私を一人前に育ててくれた」「こんな生き方もあるんだ」などで，彼らの労働観・職業観を揺さぶった．

④　教師の生活や気持ちをさらけ出す

　教師というのは，高校生にとって働く姿をさらけ出している一番身近な大人であるはずだ．自分の親や兄弟でも，どんな仕事でどんな働きをしていて，どんな喜びや生き甲斐や辛さを抱えているかはみえにくいことが多い．そこで，身近にいるひとりの大人として，労働と生活の喜びや辛さ，悩みなどを臆せずに話していくことが求められている．教師の生き様そのものを教材としてさらけ出すことの教育力は予想外に大きい．もっとも，この分野の記事はこんなに大上段に構えて書いているわけでなく，この時代を日本のひとりの高校教師が何を考え，何に喜び，怒り，悲しんで生きているのかの同時代史を書くつもりで，かみしもを付けずに気軽に書いている．取り立てて書く記事が思いつかないときなどはいわば「日記」風に書くことができて紙面を埋めるのには一番楽である．家族のことが自然に登場するので，妻には不評であるが，逆に，生徒や親たちからは等身大の教師とその家族がみえて，良く読まれているようだ．

⑤　心を和ませる歌や詩などを楽しむ

　定期考査中などは，クラスのなかに取り立てて動きがないので，この期間は思いきって詩などの紹介をすることにしている．この時期にぴったりと思える詩を1期間あたり5編は探さなければならないが，職場の何人かに相談すると協力してくれて，結構楽しい作業となる．『ポケット詩集Ⅰ，Ⅱ』（童話屋）や，「相田みつを詩集」，各種の「子どもの詩集」などはいつも傍において重宝した．こんな機会がなければ詩集と格闘するということなど生まれてこなかったと思うと「読者」がいることに感謝せずにいられない．こうして学級文化らしきものも育つとうれしい．

⑥　連絡事項

　担任への不満で多く聞かれるのが,「きちんと連絡してくれなかった」ということである．自分自身が忘れないためにも,連絡事項は素早く学級通信に書いておくと便利である．

発行の技術的なことと留意点

　取り立てて発行のためのノウハウがあるわけではないが,発行しながら自分なりの工夫や留意点が自然に湧き出てきて,自分らしいスタイルができあがってくると思う．筆者が到達したスタイルのいくつかを紹介しておくことにする．

① 執筆は晩酌後でも可！

　「自宅で思いつくままに気軽に書いて翌朝学校で手直し」の生活スタイルを確立すると,3度の食事をとるように,格別な努力がいらない．

② パソコンは強い味方．手直しも分量も自由自在．記事の少ないときは行数を減らし,書きすぎのときは行数を増やして紙面を埋める．記事を罫線で囲んでおくと縦横伸縮自在でレイアウトが便利．

③ 「朝刊」発行を原則に．朝のショートHRでHR委員に配布を依頼．コメントはしない．紙面に吸い付けられる数分間の静寂は何ものにも代えがたい快感．

④ 生徒を固有名詞で登場させると間違いなくウケル．見出しに登場させたら効果抜群．嬉しさのあまりに,他のクラスや教員にみせに歩く生徒や,「今度,僕のことを書いて」という「直訴」（時には違うクラスの生徒からも）や,「これは『出番』に載る話だ」などという会話まで生まれる．

⑤ 励まし高め合う明るいトーンを崩さない．愚痴や嫌みや説教で紙面を汚さない．怒りは渾身の力で直接表現する．

⑥ 記事の材料はこまめに集めてストックする．感銘を受けたものは何でもストックする．葬式の挨拶状,E-mail,新聞の広告欄,街角の看板……．行事の写真や新聞記事（とりわけ投書欄）は困ったときの強い味方となる．

もっとも，発行し続けていると，「これは使える」という眼が自然に育ってくる．というより，使える物はないかという眼でみている．
⑦ 「生徒のために」ではなく「自分のために」書く．自分自身がひとりの教師として人間として，この時代をどのように生きているのかの自分史を書くような気持ちで書く．生徒という読者がいなかったら，毎日これだけの文章を書けないので，生徒達に感謝こそすれ，「君たちのために努力している」などという「不遜なこと」を考えてはいけないと，常に自分を戒めることを忘れないこと．生徒は，自分の作品を，ご苦労にも読んでいただいている無料モニターというスタンスでいたい．時たま教室の床に落ちていたときにはがっかりするが，愛おしむように拾ってあげる．生徒は教師のスタンスをよくみている．
⑧ 学期ごとに手づくり製本．大型のホッチキスで留めて，背をつけた表紙の厚紙を木工ボンドで貼り付けて乾かし，天地と開きを裁断機で整えると，りっぱな本ができあがる．貯めている生徒にも表紙代50円で製本してあげる．自分用にも余分に印刷しておいて製本すると便利である．
⑨ 親はもっとも熱心な読者．生徒のなかには，朝配布した途端にカバンにしまってしまう者もいる．親に渡すためであるという．保護者会などではかなりが読んでいることがわかり嬉しい．誤字脱字探しを家族で楽しんでいるというのもあって恥じ入ったが，みんなに読まれて幸せである．
⑩ 各種研究会の報告や非常勤講師をしている大学の講義，講演などでも使える．工業高校の生徒と教育が，味と香りをともなってみえてくると好評である．

工業高校で教え・学ぶことの楽しさや意義を語り合えたか

学級通信に書いた工業教育に関わった記事のなかから主な表題と小見出しを挙げてみる．
① 1年生の学級通信から
●高校の授業とは何か？ 工業高校が本来の「ふつうの高校」（第4号）●

もう一つの高校生活（豊田工業高校生の卒業文集から）（第51, 60号）●実習の作品の中に自分のすべてが見える／Tさんのレポート／ものづくりはじぶんづくり（第79号）●実習中のみんなの輝きに感激（第80号）●工業高校の教師として今を生きる／原先生の喜寿を祝う会／シンポ・職業高校の充実発展を（第98号）●フライングリングが教室中を飛び交う／フライングリングのルーツ／高校生の柔らかい発想に教えられる／教師は生徒から学ぶのが仕事（112号）●今工業高校がおもしろい！／工業高校で輝いている君達から学ぶ／工業高校は自分には合わない？（第120号）●長野に行って来ます／愛知技教研例会の案内Mail（第122号）●だまされないために学ぶ（第125号）●期末テストに向けて私は頑張ります（第136号）●中工の最後の授業で3年生が「先生」に変身（第155号）●あと4週間で学年末試験／研究会場にフライングリングが飛び交う（第157号）●3年生の授業の感想文に元気をもらった（第161号）●本日3年生の成績が出る／工業高校に進んでよかった／鋳物の表札は親も喜くれてよかった／3年間を一言で言うと……実習がよかった（第170号）●3年生の実習レポートから／自分が好きなものを，自分で作れて，自分で使える嬉しさがわかった（第171号）●職業高校生の方が進路を真剣に悩み苦労して自分の道を探している（第174号）●3年生の実習レポートから／工業高校に学んでよかった（第176号）

② 2年生の学級通信から

●今日から「機械」専攻の2年生です（第1号）●工業高校は楽しいと言っている．子どもが頼もしく思えて，聞いている親まで嬉しくなる（第13号）●全員の面接を終えて／どうして機械系を希望したの？／職人の親が目だつ／（第19号）●テストは何のためにやるの？（第24号）●「学力」って何？（第27号）●「教えるとは共に希望を語ること」／すごい3年生がいました（第36号）● OH FRIEND！（第37号）●「学ぶとは誠実を胸に刻み込むこと」（第38号）●校長先生がぼくの授業を「観察」（第48号）●この世にいらない人間はいない（第52号）●キーワードは「考える」（第54号）

●２Ａの授業気持ちよくできましたよ（第56号）●自分がほんとうにしたいものを懸命に探して，それに磨きをかけて，それを武器に勝負する（第87号）●映画　THE SENSE OF WONDER（第95号）●400トンのジャンボ飛行機が浮かぶ秘密（第99号）●美しいものを美しいと感じる心がなければ科学をやる資格はない（第104号）●ビデオ「未来からの電子メール──環境に国境はない」を見て（第103,107,108号）●世界を100人の村に縮小するとどうなるか？（第132号）●３年生のセンター実習を引率（第140号）●日野自動車工場見学記（第141号～143号）●東京学芸大学の４年生が「実習」で鋳物づくりに挑戦（第159号）●先生お世話になりました（３Ｂの最後の授業が終わった）（第169号）●授業は「真剣勝負」（第172号）●教師の第１条件は何か？（学大卒論・修論発表会）（第181号）●先輩達は授業を楽しんでいた（第186, 187号）●幸福論・ゴミ捨て場の「神の子たち」（第194号）●「モノづくり」実習は「自分づくり」（第198号）●90才のエンジニア（第201号）

③　　３年生の学級通信から

●「中小企業だけで人工衛星づくりに挑戦」（第６号）●「失敗に学べ」（第11号）●「工業高校生の建設業像」（第13号）●「安藤忠雄さんのアドバイスから──建築設計も社会も気配りから」（第35号）●「燃料電池車年内販売へ」（第55号）●「高校生じっくり働いてごらん」（第68号）●「会社が私を一人前に育ててくれた」（第72号）●「ノーベル化学賞に43歳の田中耕一さん」（第84号）●「今工業高校がおもしろい」（第85号）●「初の高校生，とび３級誕生」（第91号）●「昨日朝日新聞記者が来訪」（第106号）●「みんなが先生に変身」（第110号）●「自分にふさわしい仕事とは」（第114号）●「センター実習見学の大学生から感想と礼状が届く」（第118号）●「大学生が調べた職業意識調査から」（第119号）●「世の中支える僕たちは職人」（第124号）●「職業訓練受けたが就職先ない」（第126号）●「みんなが先生に変身して思ったこと①②」（第129～130号）●「工業高校

生が学ぶ意欲をかき立てられる時」（第131号）● 「本日労働講話，江上弁護士が講話」（第143号）

ともに希望を語ること

学級通信への「思い」を書いて本稿の締めくくりとする．

① 卒業試験が終わって，肝心の「読者」が登校しなくなると，たちまち書きたいことが溜まって困惑した．「学級通信があったら書けるのに残念」と思う場面が少なくない．思わず家族に話しかけたりするが，じっくり聞いてもらうのは大変である．現職の教師であることはありがたい．生徒達は否応なく聞いてくれるからである．給料までもらって，自分の話を聞いてくれる場があるなんて幸せそのものである．「語りかけたい！」という熱い思いが失われない限り，教師という職業は続けられるのではないかと安心している．

② 「斉藤さんの学級通信は高級すぎて生徒には難しすぎるのでは」．同い年の土木科の教員，学級通信大好きで結構なもの書きでもあるM先生が突然話しかけてきた．博識である彼の学級通信はなかなかの読み物になっていてたしかに楽しいのを思い出した．彼の評価もうなずけるものがあるが，「高級」という表現がちょっと気になったので，一応は本稿に書いた学級通信への自分のスタンスを語った．その締めに「結局，学級通信は読者である生徒のために書くというより，自分自身のために書くといった方がよいのかもしれない」と話したところ，すっかり納得してくれた．

学級通信発行を含めた教育という営みそのものが，「教えるとは学ぶこと」という相互に高め合う関係にあることを改めて確認した．そして，ルイ・アラゴンの詩の一節のように，それは，「教えるとはともに希望を語ること」である．

第2章　自主的なクラブ活動を育む

吉田　喜一

はじめに

都立航空高専ロボット研究同好会（以下ロボ研）はＮＨＫアイデア対決ロボットコンテストで毎年好成績をあげることで定評がある．筆者はこの同好会顧問のひとりである．航空高専ロボ研は1989年以来毎年ロボコンに参加している．15回のロボコンで11回全国大会に出場する「ロボコン名門校」といわれている．まだ全国大会に出たことの無い高専があるなか相当の実力である．1995年度には地区大会で優勝，全国大会でも優勝した．2003年度には地区大会で優勝，全国大会でロボコン大賞・準優勝・特別賞の3賞同時受賞に輝いた．ロボットの製作，新入生指導，製作したロボットの管理まで，基本的に学生が中心となって取り組んでいる．特に製作は学生だけで行われる．全国には教官，技官が製作の指導をしている例も多くあるなかで数少ない自主・自立したサークルである．ロボコン以外にも荒川区産業展，足立区民まつり等に参加し，また中学生ロボコンを指導するなど，地域住民，企業との交流を深めている．ここでは主に学生の書いたいくつかのレポートをもとにして航空高専・ロボ研のご紹介をしたい．

学生が書いた航空高専・ロボ研紹介

2004年7月に発行された日本高専学会誌第9巻第3号に2003年度ロボコン大賞を受賞したリーダー兼操縦者（現機械工学科4年生）の文章が掲載された．学生と顧問の関係を端的に表現しているので，「はじめに」の一部を以下に紹介する．

「マシン製作は基本的に3年生が中心となり，1，2年生をまとめながら行なう．4，5年生はアドバイザーとして，製作チームを助ける立場になる．ロボット研究同好会のマシン製作における活動方針は『学生主体』であり，

マシンはあくまで学生自身の手で作る．顧問の先生方にはそういうところの理解をいただいており，知識の足りない部分を指導してもらう事はあるが，マシンそのもののアイデアや構造についてはアドバイスしたい時もあるかもしれないが，我慢してもらっている．

　ロボコンのチーム編成は，AチームとBチームがそれぞれ10人程度，この他に遠隔操縦用の基板など両チームの電子的な部分を担当する電子班が4人といった感じである．学年の割合は年によって違うが，2003年のAチームは3年生が4人，1年生が7人で，Bチームは3年生が2人，2年生が1人，1年生が5人，電子班は3年生が2人，2年生が2人である．

　NHKに提出するアイデアは校内選考によって選ばれる．これはロボ研だけでなく全学生からアイデアを募集し，審査員の先生方の前で行なうアイデアのプレゼンテーションで決める方式である．ロボ研からは，部内で行なうアイデア選考会で全員がアイデアを出し，その中から5つぐらいのグループに分けて校内選考会に参加する．その後，2チームに分かれてマシンを製作していく」

　2004年は1年生200人のうち25人がロボ研に入会し，さらに大規模なマシンづくりが始まっている．顧問は4人いる（2004年）．筆者は全国の競技委員になり中立の立場をとらなければならないため監督はおろさせて頂いている．顧問4人のうち3人は機械工学科の教員で，ひとりは電子工学科である．

2003年度NHKロボコンの学生感想

〇夏休みまでに形にしたかったがずれにずれ7月の終わりでした．完成して試してみたら上手く立体オブジェが取り込めませんでした．夏休み期間中試行錯誤しながら色々やり，ある程度取り込めるようになりました．すべてのオブジェを取り込むのがこのマシンのコンセプトなのに「立体オブジェは，これ以上取れない」と思い込み諦めて放置していました．練習していくうちに取れるようにしなければならなくなった．しかし，立体オブジェについて

いるマジックテープの量が少ないのでいくら考えて試しても上手くいきません．取り込みの速度変化や取り込みについているマジックテープの位置を変えるなどして実験をやりましたが全部取り込むことはできませんでした．実験を繰り返しやっていくうちに，円盤へのつけ方がアームから発射に変わりました．球体オブジェを全部取れるようにすれば良いのでだいぶ楽になりました．10月中旬頃には，マシンもだいぶ完成されていきました．そして，マシンの不具合や仮想マシンでの戦術的な練習を繰り返し行って悪いところを直して地区大会に挑みました．1回戦目が始まり，順調に動いているのを見て安心しました．決勝戦では，仮想マシンの練習でやっていた撃ち落しが上手くいき優勝できました．今まで全国に行ったことが無かったのでとてもうれしかったです．

　いつまでも優勝に浸る暇もなく2週間後に控えた全国に向けての最終改良をしなければいけません．改良するところは取り込み速度を速くすることでした．1日で取り込みの時間が30秒から10秒まで上がりました．他のところも改良して練習したら，重心が高くなったため階段が上れなくなり不安になりました．練習して操縦のテクニックでカバーして上がれるようになりました．

　全国大会は，本番の日に壊れている部材を見つけて直しました．1試合目スタート直後に転倒して焦りました．何とか1試合目を勝ちました．2試合目も何とか勝ち，準決勝も勝ちいよいよ決勝．「良くここまできたな」と思いました．決勝は負けてしまったけれど満足していた．授賞式はピットのほうでみていて，ロボコン大賞で学校名が呼ばれたときは歓声を上げ喜んだ．ロボコン大賞を取れたのはみんなで一丸となって頑張ってきたからだと思います．僕だけではあそこまでできなかった．本当にいい仲間を持った．

○今年のロボコンに入る前に，去年の反省をしました．去年やってしまった間違いは絶対にしてはいけないと思いました．まず，アイデアを練る段階に長い時間をかけるようになりました．大会での勝ち負けはこの段階でほと

んど決まってしまいます．実際のマシンはこのアイデアの段階から大きく形を変えました．これも，アイデアの段階でマシンを改良しやすいようにしたからこそ，すばやくマシンを改造することができたのです．

次に作業の分担についてです．多人数で1台のマシンをつくるので，機構ごとに担当者を決めて分担して作業を進めていきます．しかし，分担したからといって自分の部分だけをみているのは良くありません．他の機構のことも，できるだけ把握しておいた方がいいと思います．

ロボコンはアイデアを考えているときはともかく，マシンをつくり始めてしまうと他の高専と競い合っているという意識が薄れてきます．そこで大事なことは，マシンができあがっていても，もっと改良しようという気持ちです．練習と改良を繰り返すことによって，マシンは強くなり，動きも安定していきます．そのためロボコンのマシンは完成させないほうが良いと思います．常に未完成であるということは，マシンをずっと改良していくことができるということでもあるからです．

今年僕はマシンの操縦をしていましたが，自分のミスで試合に負けることは絶対にあってはならないと思いました．試合は3分間しかありません．試合前に作戦を考えておいて，それを実行するのが精一杯という感じです．操縦は簡単そうにみえるかもしれないけれど，無駄なくマシンを動かそうとすると難しくなります．本番でありうる動きはすべて練習します．1回戦が一番緊張して，それ以降は徐々に楽になってきます．決勝で負けたのは悔しかったけれど，そこまでいけるとは思っていなかったので，逆に緊張はしませんでした．

3年間ロボコンをやってきて，ロボコン大賞が取れたのは本当によかったと思います．マシンをつくるお金をもらって，作業場を毎日朝から晩まで使わせてもらって，休日や泊り込みのときまで先生に付き合ってもらって，他にもいろいろなところで僕たちは支えられています．本当にありがとうございました．これからロボコンに出ようという人は，そのことを忘れないで下

さい．

高専学生による中学生へのロボコン指導

　2001年荒川区教育委員会・社会教育課から，中学生対象のミニロボコンができないかとの打診を受けた．筆者はロボ研の学生諸君と相談し，その結果ものづくりの楽しさと厳しさを中学生に体験してもらおうと，積極的に引き受けた．これまでロボ研の後輩指導の経過を日本機械学会で発表してきた経験はあるが，初回の中学生ロボコン指導の経緯を日本機械学会講演会で学生自身が講演した．さらに2002年度，2003年度と回数を重ねた．これらの経過を報告する．

（1）中学生ロボコンの内容

　第1回，2回はフィールド中央に置かれたピンポン玉25個を自分のゴールに何個入れることができるかを争う，サッカーのようなテーマであった．第3回はそれにバスケットゴールも含めたテーマになり，より高度なマシーンの設計，製作が求められた．初年度は32人の中学生の参加だった．2年目は北区もエントリーして定員を40人に増やした．3年目は定員を60人に増やし，ロボ研学生三十数人が指導・援助に当たった．マシーンのアイデア，コンセプトを中学生自身が考えて決め，設計・製作し，自分でつくって組立・調整を行う，そしてロボコン本番，それらを，年末3回，年始5回，土，日と冬休みを使っての8日間で行った．

　第1日は，開会式，チーム分け，マシーンのコンセプト決め，製図，第2，3日は製図，マシーンの土台製作，第4，5日は土台製作と各種機構製作，第6，7日は組立・調整とコントローラー製作，第8日は午前中調整，リハーサル，午後ロボコン本番，閉会式である．ロボコン当日は保護者，同級生，中学の先生，商工会議所の方々，教育長を含め多数の方々に観戦していただいた．いろいろなハプニングに歓声と笑いに包まれたシーンも沢山あった．テレビ局，新聞社の取材を受けた．後述のような記事が都社会教育課広報誌に載った．製作したマシーンはそれぞれの中学校にもって帰ってもらって，

同級生,先生方にみていただいた.3月中旬に荒川区産業展が開催された時,改良したマシーンで再度ロボコンを行った.

(2) 高専指導学生の感想

○機械工学科1年　僕は1班を教えることになりました.アイディアはマジックハンドをのばしてVゴールをきめるマシーンに決まりました.1班の中学生は去年もやったみたいでスムーズに決まってよかったです.アイディアが決まったので製図をやらせたらいきなり部品図から書き始めていたので注意しました.しかし理解していなかったです.僕の教え方が下手なせいだと思いました.わかりやすいように僕らが前に書いた製図を見本として見せて,納得させ第1回目は終了しました.

　第2回目は製図をやらせました.うまく協力してやっていました.僕がいなくても大丈夫だと思いました.製図はだいぶできていました.第3回目は製図をチェックし,午後から作業にはいりました.1班が1番最初でした.僕はこんなにスムーズに進んでだいじょうぶかなと思いました.まず,僕がけがき方やドリルの使い方などの作業を教えました.みんな一生懸命にがんばっていました.1班はマジックハンドを使うので部材作りはたいへんそうでした.

　4,5回目は部材を作り終わり,マジックハンドの実験をしていました.マジックハンドは上がらず,釣り糸で引っ張っても無理だったので,ワイヤーに変えて,バネや輪ゴムを使ってできるようになりました.僕は無理なことでもがんばってやればできるということを中学生に教えられました.大会も近くなり中学生は7時までやっていました.1班は間に合うか微妙でした.僕は1班の人にコントローラーの作り方を教えました.できたコントローラーで動かしてみたら,坂の最後でつっかかり,ゴールにいけませんでした.だから,タイヤを工夫したり,キャスターをはずしたりして,なんとか,坂をこえられるようになりました.大会の日,1班のマシーンはモーターを変えました.取り込みとかを乗せたら動かなくなったので7.2Vを使ったら動

きました．モーターや電池が熱くなったけど7.2 Vを使いました．

　1班はマジックアームが評価されて，なぜかデザイン賞を受賞しました．普通ならアイデア賞なのに……だけど，中学生は，喜んでいたのでよかったです．中学生にとってよい思い出になったと思いました．大会が終わりやっと休みがとれてほっとしています．

○機械工学科3年生　今回は3年ということもあり，前回ほどは直接は指導には当たらなかった．指導学生が休んだときの補充として指導に当たった．前回を上回る人数で作業場は人でごった返していた．はじめのアイディア段階での話の進め方などは，指導する機会がない1年生は戸惑っている様子がみられた．緊張ぎみの中学生も回数を追うごとに指導学生とも打ち解け，楽しそうにしていた．風邪で1回休んでしまったチームがあり，製作に遅れがみられたが最後は大会に出場できた．

　3回出場といった生徒もいて，やはりかなりの差が出ていた．マシンを持ち帰りつくってくるなど気合の入った中学生もみられた．大会は盛り上がりをみせ，中学生は真剣に自分のマシンの操縦に当たっていた．指導学生も夢中になって応援・指示をしていた．負けてしまったチームはとても悔しそうな顔をしていて，「ここをこうしとけばよかった」など次々と意見があちこちで聞かれた．自分のマシンはここをこうすれば強くなると，マシンの改良点を負けたことで中学生がはっきりとわかったはずだ．今回，はじめての指導学生は教えることがいかに難しいかが少しでもわかったと思う．この経験を来年度新しく入ってくる新入部員の指導に生かせるだろう．

○電子工学科2年生　頭では分かっていてもそれを他人に教えるとなれば話は別となる．2×2をやるのは簡単だがそれを掛け算を知らない人に教えるのは大変なことだ．特に中学生だとマシンづくりに使う数学などを習ってない人がたくさんいる．つまり理論的説明がまったくできないのだ．いかに中学生でもわかるように説明するか．絵を書いて説明したり実際にものをみせて説明したり，そこは指導学生の説明の仕方の腕にかかっているのだ．悲し

くも説明の仕方がいいか悪いかは中学生の態度ですぐに分かってしまう．分かりやすかったら中学生はマシンのことについて他校の人とでも楽しそうに話し合う．しかし逆に分かりにくかったら中学生はじっと黙りこくってチーム内の会話は弾まず重い空気にかわってしまう．今回は一言も会話がなかったチームはなかったが製図の書き方がわからなかったり，どう部材をつくっていいかあまり理解できなかったチームが多々みられた．今後，指導学生はどうやって中学生に製図の仕方，部材の作り方などを分かりやすく指導していけばいいのか，これからの中学生ロボコンを行っていくうえでの大きな課題となるだろう．

（3）都社会教育課の広報誌より

中学生ロボコンは，荒川区教育委員会の「中学生が興味を持って参加してくれる魅力的な事業ができないか」という問題意識から生まれたものです．企画を立てて区内にある都立航空高専のロボ研顧問である吉田喜一教授を通じてロボ研に持ち込みました．航空高専のロボ研はNHKのロボットコンテスト全国大会に出場し，全国優勝も経験しているいわば「ロボコン名門校」です．ロボ研のメンバーは「是非やらせて欲しい，自分たちもものづくりが好きで高専に来た，中学生にも興味のある人は必ずいる」と二つ返事．そして「やるならアイディアを出すところから始めた方がいい」と製作の全過程を体験させるプログラムにすることになったそうです．もともとロボ研では先輩が後輩に技術を伝えながら製作を進めているので，この事業では，その経験を中学生に伝える取り組みになりました．慣れない作業のため途中で全部作り直すケースもあるそうです．顧問の吉田喜一教授は「仲間と対等に試行錯誤しながらものを作る過程が大切，ものをつくるということは人が人であることの証なんです．失敗もするし時には意見が食い違うこともある，それでも力を合わせて目標にむかっていくなかから，協力しあうことや知恵を出し合うことの素晴らしさを具体的な成果を通じて理解できます．ルールやマナーもその体験から必要性が理解できる．人が成長するということは具体

的な体験の蓄積です．ものづくりはその体験に最も適していると思います」と話します．

　荒川区は中小の町工場が集まっている「ものづくり」の「まち」です．厳しい経済状況にあって地域産業の振興と後継者育成を願う地域の人々の期待がこの事業に寄せられています．荒川区産業展でのコンテストの開催をはじめ，東京商工会議所荒川支部との協力関係など年々事業の裾野は広がりつつあります．都立航空高専は荒川区や商工会議所が運営している産学官連携交流事業を通じて荒川区内や城東地区の企業や事業所の技術相談に応じたり，製品の共同開発を行う等の支援に取り組んでいます．

　この事業はこうした地域振興をめざすさまざまな分野での取り組みの積み重ねを，社会教育課がコーディネートして，地域の青少年を豊かに育む社会教育事業として結実させたものといっていいでしょう．平成13年度に事業を企画した社会教育課の山中洋子さん（当時）は，この事業のねらいを「中学生にとって魅力ある講座をつくること」「地域の資源と人材を繋げ，未来をつくっていく」と語ってくれました．

おわりに

　編集者から筆者への要請は以下の通りであった．「最近過熱気味のロボコンなどについて言うと高校の場合の多くは，①生徒の自主的な活動ではなくて顧問主導，②教育活動ではなく学校の名声の高揚，③実習費からの多額な流用……などの問題点が顕著です．航空高専・ロボ研の活動をこの3つの問題に照らして報告していただけると高校のクラブ活動の参考になると思います」．学生のNHKロボコンへの関わり，中学生ロボコン指導の感想などを読まれて航空高専・ロボ研学生の自主性，主体性をおわかりいただけたと思う．高校と違うところは4，5年生の存在と彼らの指導性であると考える．15歳の子どもで入学して，20歳の大人で卒業する高専の特徴をご理解頂けたら幸いである．高校は全体として子どもとして指導し，大学は大人として接する．いわばさなぎから脱皮して蝶々になるまでの全過程をつきあうのが

高専である．教科指導，生活指導も高専特有の独特の方法があるがクラブ指導も同様である．

| 第3章 | 困難を抱えた子どもの発達を支援する |

1．定時制工業高校の4年間

大橋　公雄

はじめに

　私が愛知県高等学校教職員組合主催の力量講座で定時制工業高校の実践報告をしたところ「全日制と同じで参考になった」の発言があり，生徒指導の基本は変わらないことを再確認できた．私が1996年から4年間関わり卒業していった生徒たちとの実践記録をまとめ報告したい．

定時制高校に入学してくる生徒は，成長や発達を願っている
**　　――そこをどう汲み取ってあげるかがカギ――**

　1996年4月に12名が入学してきた．教頭は，「24の瞳が欠けることがないように卒業してほしい」と励ました．

1)「豊田工業高校に入学してよいことガッカリしたことなど感想を書いてください」

- よいと思ったことは，高校に入って仕事ができること．たったの3時間半で終わること．またバイクに乗れること．
- 高校に入って視野も広くなったような気がした．いろいろなことを学んでいきたい．ガッカリしたことは学校が暗いこと．
- 高校に入学したことがよいこと．将来の夢のために一生懸命勉強をする．
- よかったことは給食がたまにうまいことがある．ガッカリしたことは人数が少なく，家から遠いのでいやだ．
- 機械の仕事をやりたいから，高校で機械の勉強ができることです．

2)「夜間定時制で4年間頑張って通学することができますか」

　ア　自信はある　2名，イ　まあまあできそう　3名，
　ウ　少し不安　6名，エ　自信はない　1名

その理由は

　　夢のため／5時半始業だから／夜勉強するので，眠くなるので少し不安／めんどくさいから

　4月始めの新入生オリエンテーション合宿では，バーベキュー・飯合炊飯やソフトボールなどを通して友達づくりができた．これで4年間の学校生活の基礎を築くきっかけができた．この4年間で何人卒業できるか生徒と教師の戦いが始まった．

卒業文集から4年間の成長の跡をみる
　　──　1996年に入学した生徒が卒業時につくった文集──
○「私が高校4年間で学んだことは」S君
　① 「努力をすること」努力することで技術を高めることができ，個人のことはもとより全体の技術も高まるから，努力するということは大切です．
　② 「結果だけにとらわれない」結果だけでものごとを見ると結果以外のことが見えなくなる．努力したことや苦労したことが無駄ということになり，結果が駄目だとすべて無駄になってしまう．だからその努力や苦労をよく見ることで，その人の頑張りが見えてどのくらい努力や苦労していたか判る．結果がだめでもその人を励ましたり元気づけたりできると思う．
　③ 「人あって技術あり」これは豊工の校訓です．人がいることで技術ができ，その技術をもっている人達が知恵を出しあい技術を高めることができる．さらに人々の生活が良くなり，そのことにより生活にゆとりができ自分の時間ができる．私はこの3つの言葉を忘れないように心を引き締めていきたいと思います．
○「夜間定時制での4年間」I君
　　俺はもともと将来やりたいことが無かった．人並みに高校ぐらい卒業したいと思ったからこの学校に入学した．人と接していることで自分を磨け

る．そして社会にも貢献していけるような気がした．若いうちに苦労や努力はするものだと思うようになり，今となっては意味の無い高校生活でなく，とても為になり，自分を磨き上げられたような気がした．だからこの高校に来たのは良かったと思う．

○「僕の高校生活」 C君

　1995年春，僕は家族とみんなで日本にやってきました．生まれ変わったように，すべてが最初からのスタートだ．……僕が入った学校は，昼間はみんな仕事をして，一日の仕事を終えて学校に来て勉強をするので最初はつらかった．……高校を卒業して通信大学へいきたいと思っています．たくさん勉強して将来は自立して，社会に役立つ人間になりたいです．この高校4年間は僕の人生でいい思い出として忘れられない．ここまでがんばれたのは，僕一人ではない．会社の人，学校の先生，家族のみんなのおかげです．感謝の気持ちで一杯です．これからもがんばっていい人生を送りたい．

○「高校生活を振り返って」 T君

　2年生になって一年間頑張れた自信がつき一層学校生活が楽しくなった．学校の仲間が辞めていく中，先生の「もう少し頑張ってみろよ」という言葉が心に残っています．その時は感情を表に出し反抗したけど，先生がもしもそういった言葉を掛けてくれなかったとしたら，今の高校生活はなかったと思います．4年生になって広い気持ちが持て，先生の言いたい事などがとても判ってきました．自分で言うのもなんだが大人に近づいたなと認識する面もあります．今では面倒を見てきてくれた先生方に本当に感謝しています．

　4年間で卒業する生徒は，たくましく思いやりをもてる，明るい青年に育っている．

定時制を卒業できるのは5割以下
——卒業率アップには段取りと仕掛けがカギ——

（1）本校定時制生徒の卒業率と在籍率

ここ数年の卒業率をみると5割以上を卒業させることは，難しくなってきている．特に1年生でどれだけ持ちこたえて，2年に進級するかが大きく影響している．

（2）最近の入学生徒は，不登校が5割

1996年に入学した生徒の特徴は，不登校生3名，過年度生3名，外国籍1名であった．定時制高校は，全日制の中退者の受け皿であったり，不登校生にとっては最後の砦として期待され頼りにされている．

定時制高校にすがる思いで入学してくる生徒が，「卒業のキップ」を手にするには，本人・家庭・学校・仕事・友達などさまざまな困難を乗り越えなければならない．

全国で高校中退者が13万人，不登校生が12万人とマスコミで報道されるとき，定時制高校はこの子どもたちの最後の砦として，彼らを自立できる青年に育てる役割を担っている．

1年生の目標：全員卒業まで頑張う！

クラス通信で担任の考えや気持ちを訴える．

（1）これだけは守ろう！　＝約束の5ヵ条＝
　① いじめ（暴力・言葉）は絶対にやめよう．
　② 学校内ではタバコを絶対にすわないこと．
　③ 暖かく美味しい給食を毎日食べにくる．
　④ 学校は休まないように努力しよう．
　⑤ 仕事は必ずみつけて働くように努力する．

こんな簡単な約束ごとをかみ砕いて，目の前にいる生徒に投げかけたら4月は欠席がゼロになった．期待と不安の緊張した毎日の生徒を励まし続けるのが担任の役目である．

（2）自己点検をしながら自分の成長をみる！
　　──心が通う生徒との関係を築くこと──
君が今日，高校に学びにきて
　一つ　楽しかったことはあるか
　一つ　賢くなったことはあるか
　一つ　知識・技術を得たことはあるか
　このようなテーマをもとに，時間を作って生徒の気持ちや考えを聞いて回り，生徒と心が通う関係をつくることが大切である．学級通信には，気に入った素敵な言葉を投げかけて，その気にさせることも大切である．

- 人が喜ぶことを1日1回は実行しよう．
- 君たち若者は夢を持とう！　無いものは今から探そう．
- 自己責任・自己管理できる力を育てよう．
- 人生を楽しく豊かに生きる力を育てよう．
- 生きるための種子を高校時代に築こう．
- 自分がいやなことは，他人にやらない．
- 俺もガンバッテいるから一緒にやろう！
- 勉強は人間らしく生きていく上で必要．
- 学校は生きる力を育てるところ．
- 学校祭は文化を育てる場です．
- 目標のある人生：君は将来何になりたい！
- 4年間の苦労は卒業生の大きな宝物

1年生の授業で楽しく学ぶために　──わたしの授業対策8ヵ条──

　1年生1学期の授業風景．後ろを向きおしゃべりをする，チューインガムを噛む，先生が話していても生徒同士が声を掛け合う，授業に関係ないことを突然質問する，思ったことや知っていることは得意になって話す，45分も座っておれず，立ち歩きを始める，授業中でも机上に腰掛ける，授業が始まり教科書・ノートが机上にあるのが半分，ポケベル・携帯電話が授業中に

鳴る，休まずに，楽しみで学校に来，給食は喜んで食べに来る．中学生気分が抜けきらない生徒のための授業対策8ヵ条を考えた．

① 毎日明るく楽しく振る舞う（生徒が近寄ってきて話を聞かせてくれる）

② 生徒より大きな声で話す（迫力で圧倒する）

③ 授業に関係ない質問にも答えて，無視をしない（定時制に来る生徒は無視され続けた）

④ 怒らないで叱る（怒ると叱るを区別する）

⑤ 注意はほどほどに（いちいち注意をすると授業が進まないし，雰囲気が壊れる）

⑥ 黒板はしっかり使い，ノートに必ず書かせる（漢字の読み書きも兼ねる）

⑦ 教材を持ち込みしっかり観察させる（手や体で触れて体験してもらう）

⑧ 教材をもとに話題を膨らませる（アイディアやつくりたい夢・希望を持たせる）

本校の1年生は，まともに中学校の授業を受けていない者が半数もいる．1年生を無事に乗り切るかが卒業まで続くカギになる．この生徒が，学校に来て良かった思える環境づくりが必要である．そのために教師はじっくりと構えて見守る余裕を持つことが肝要である．

定時制4年間のハードルを越えるためには，教師は「仕掛け人」に徹する

（1）生徒の実態

12名が入学した学年は9名が卒業し，卒業率は75％であった．生徒の顔ぶれは不登校生，全日制中退者，過年度生，外国籍で，定時制特有の構成だが，同じ境遇で仲間意識が強かったことがお互いに支え合った．

生徒たちは，学力に自信が無く，内申が悪く全日制にいけない，学び知る喜びの機会がなく，遊び・スポーツをやっても「へた」といわれてきた．幼

児のときから多くの経験を学ぶ機会が不足してきた．学校で適切な対応や経験を学ぶ機会をつくることが必要である．

（２）心に傷を持つ生徒に自信を持たせるには
　　　　——生徒との信頼をつくること——

私なりに学級担任・教科担任の心得の留意点を挙げてみると，

① 　生徒の言い分を良く聞いて信用する．これが生徒にとって信頼できる先生になれる鍵．

② 　教師は「仕掛け人」に徹して，生徒を支え励まし押し上げる．生徒同士が声を掛け合って，休みの多い生徒を引っぱり出す．

③ 　生徒に自信を持たせる．良いところをみつけ励ます．生徒の得意な面を評価し，生徒同士が認め合い存在感を自覚させる．

④ 　生徒の失敗やつまずきを見抜いて，生徒に手を差しのべることができる担任になる．

　　切れる生徒と先生がもめるなかに入って納めるタイミングが大切．悔し涙で歯を食いしばっている生徒に，「もう少し頑張ってみろ」の一声で立ち直ってくれる．

⑤ 　生徒一人ひとりは，かけがえのない人間．だからひとりも落ちこぼしてはいけない気持ちを持つこと．たとえばあのワルの生徒がいなければ，学級はうまくいくんだがという排除の気持ちは生徒に見抜かれてしまう．

⑥ 　教師の人間性を押し出す．

　　「先生だって人間だぞ！」教師の世界観や人生観をさらけだして，自分の強さや弱さと人間としての生き方を語る機会をつくる．

（３）働くことで社会性が身につき学校を続けられる
　　　　——進路指導では働かざる者は食うべからず——

生徒と一緒になって仕事探しをする．働かせて欲しいと会社見学をした後，社長から感想を求められた．生徒は「楽ではないですね」，社長「働いて金をもらうことは楽ではない」とさとされた．朝8時から5時まで働く規則正

しい生活が，学校生活にも反映して4年間続くことになる．遅刻や無断欠勤は賃金カット，解雇につながる．掃除も丁寧になり，責任をもった作業を受けもち，社会性が自ずと身に付いてくる．

（4）生活指導は気を楽にして1年間で3割を
　　　——野球の3割打者はスターだ．4年間で10割を——

私が入院したとき，同室の社長から「朝礼で3割の人間に仕事の指示が理解されればうまくいく」というヒントを教わった．生徒の指導でクラスの3割の生徒が，理解してくれるならば良しと考える．1年間で3割ずつ積み上げていけば，4年間で10割になる．クラスの3割しか理解してくれないと考えずに，3割の生徒が理解してくれたと喜ぶと気が楽になり指導しやすくなる．まさにスターになった気分で取り組める．

生徒が自立するための教師の役割は
　　——自己管理し，自己責任を持つことを自覚させる——

高校生は，社会に巣立つ準備期間で青年として扱ってよい．親から自立して，自分のことは自分で管理をして責任を持てる年齢である．自分で選択した道は，自分で責任をとらせる．会社からの給料や有給休暇も，無計画に使うと付けは自分に返ってくる．学校の出席も成績も自分で管理させる．学校を休みすぎて進級ができなくても，責任は自分でとることを自覚させる．夕方5時25分のSTで点呼を取るとき，生徒同士が欠席している生徒のことを心配して携帯電話を掛けて疲れて寝ているのを起こしたり，遊んでいるときは呼び寄せたりして出席率は大変良くなった．他の担任からどうしてと羨ましがられた．

自分の人生は，自らの手でつかむもの
　　——自分らしい人生の設計図をつくるには——

人の一生は，1回のみで1回しかない貴重な人生だもの，楽しく自分らしい生き方をみつけよう．そのためには先輩・先生や親の生き方を聞いて，自分なりのフィルターにかけて良いところを吸収して，悪いところはまねない

こと！ 自分の人生が世のため，人のためになり感謝される生き方をしよう．

卒業にあたって「親から熱意を込めた手紙」を書いてもらう．その一部を紹介する．

○「○○の人生へ」I君の母より

　同級生が高校を卒業するというのに定時制高校に行きたいと言い出し始めてビックリした．自分で行きたいと言うので止めるわけにもいかず大丈夫かなと思ってました．とうとう卒業までこぎつけて親も大変うれしく思ってます．……

○「楽しい人生を送れ」S君の父より

　回り道をしてからの4年であったけれど，親はアドバイスをするだけで自分の人生は自分で決めるのです．……お前は私よりも楽しい人生を作れよ．

○「がんばれ！」　C君の父より

　家族から離れてひとりで4年間やっていけるかと心配でした．でも4年間頑張ってきて，ひとりの青年から立派な大人になることができた．親としてすごくうれしい．人生には卒業という言葉がないから最後の最後まで頑張ってください．

○「卒業にあたって父母より」Y君父母

　卒業式にはお父さんは是非出席して親子共々喜びたいと思っている．思えば何年前の交通事故での退学処分，この時はずいぶん悩みました．親のエゴと社会的な見栄から嘘を言って，その場を切り抜けて卒業させて貰いたいと思いました．……口先だけでその場をしのぐ要領を身につけたら，お前の人生のためにならないと思い正直に学校に話した．将来あの時は苦労したけど良かったなと思ってくれたら，父も母もうれしく思います．……

　これは一部分であるが，親の思いの手紙を目を潤ませて読ませてもらった．親の気持ちは生徒にも伝わっていると思う．どの親も15歳のわが子が，昼

間働きながら夜学校に4年間通うことができるかどうか心配で送り出している．世の中には要領よく世渡りをしている人がいるが，子どもには正直に生き抜いてほしいとあえて苦労を買って出た親の姿．親が自分の人生を振り返ったとき，後悔することばかりであった，せめて子どもには幸せな人生を送ってほしいとエールを送る姿．生徒は，このような親の思いに支えられながら，4年間学び卒業できた．親と一緒に拍手を送って今後の活躍に期待したい．同時に親の本音の願いに応えるためには，アンテナを張って親と教師の距離を身近にしていく努力が求められている．

まとめ

4年間の学級通信は，1年生は「出番だよ！」，2年生が「夢が人生をつくる」，3年生は「限界に挑戦を！」，4年生は「夢を育てよう！」と不定期に出し，担任の本音を書いて訴えた．私が担任をすると生徒や保護者の方に作文を書いていただき，文集にまとめることにしている．人間の感情や気持ち，想いなどは時とともに薄れてしまうので，記録にとどめておきたい．人生の節目節目に自分の考え方や想いを真面目に考える機会が必要ではないかと思う．自分の足跡を振り返って，新たな人生の手がかりになればと思っている．

卒業生が，定時制高校に通うことができて良かったと喜んでくれると担任は嬉しい限りである．先生がよく面倒をみてくれて感謝，卒業できたのは自分ひとりの力ではなく周りの支えによるもの，社会に役立つ人間になりたいなど述べて巣立っていった．

子どもたちが，4年間かかって大きく成長したことに感激し手助けできたことを嬉しく思っている．親からの熱い思いの手紙を書いてもらった．親の子を思う気持ちを，生徒は汲み取ってくれたと思っている．

学校の社会人講師による特別授業で，講師として定時制卒業生OB3人に語ってもらった．卒業生は「高校4年間は長かったですよ」としみじみ話してくれた．4年間という貴重な時間をかけて人が育っていくことに喜びを感

じている.

2. 定時制の教育実践に学ぶ

幡野　憲正

最近の定時制の生徒

　高校の収容数が中学校の卒業生数に見合うようになってから，久しい．そして，高校進学率は97.3%（2003年度）である．さらに，大学全入が目前に迫っているという．

　経済力が許せば，そして学ぶ気があれば，大学で学べる状況になっている．かつてのように大学で学ぶことが研究者や，それぞれの仕事のエリートになるという時代は終わったとして，大学の再編成が大学での教育内容の格差拡大を軸に進んでいる．研究者，エリート養成大学，実学の練達者育成大学，一般教養習得大学などなどである．

　こうした大学再編成の地ならしとして，高校の再編成が，少子化による高校進学者激減の掛け声とともに，ここ10年の間に強行されてきている．

　そして，この流れは，中学校さらには小学校にまで及んできて，義務教育の形骸化傾向が顕著になってきている．

　こうした，教育の全体状況のなかに定時制教育がおかれていることを，まず，認識しておきたい．

　ここに来る生徒は，三部制など昼間も開講しているところは別として，ほとんどが夜間の授業を受ける．最近企業でも夜間の仕事が増えているが，この場合は，大変だからと割増賃金形態になっている．つまり，夜の9時前後まで行う仕事は大変なのである．その時間帯に定時制生徒は勉強を行うのだから，やはり大変なのである．その大変さを乗り越えて4年間の高校生活を送る生徒の努力は，並大抵のことではない．

　このことは，夜間中学といわれた戦前から新制高校になって定時制と呼称が変わってからも一貫している．変わったのは，入学してくる理由である．

以前は，経済的な理由が主であった．いまは，中学校で登校拒否・不登校であった，全日制を中退した，帰国子女であるなどが，主たる理由になっている．この進学理由で明らかなように，定時制での学習は，教える側からも，教えられる側からも以前では考えられないほど困難になっている．先に述べた，教育を取り巻く悪条件が集約され，縮図として現れているといえるだろう．

再編成されている定時制の実態

中学だけの学習では，科学技術の進歩，社会の発達についていけないと，いろんな悪条件にもかかわらず定時制に進学してくる生徒にとっての，最後の教育機会であるトリデが統廃合されている．

少子化で全日制が統廃合されるのだから，定時制の統廃合もやむを得ないと思うのは，とんでもない思い違いなのだ．それは，悪条件下の生徒たちから，決定的に教育機会を奪うことになるからである．

実態を数字でみてみよう．

全日制は4,615校，定時制は814校（独立校175，併置校639）である．生徒数は，全日制3,601,209人，定時制109,853人である．つまり，学校数は100：17.6で，生徒数は100：3である．この数字から，生徒の数が少ないにもかかわらず学校数が多いとの，統廃合攻撃が起きるのだが，先にみた定時制生徒の実態から生徒の身近なところに学校が必要なのだから，全日制と同列に論じるのは誤りである．

ところで，2004年の入学者数をみると，全日制が前年度より26,000人減少しているのに，定時制は1,000人増加しているのである．少子化で中学卒業生が減少しているから全日制の減少はわかるが，定時制のこの増加には重大な意味が込められているだろう．親がリストラにあい，定時制に来るようになるなどの理由が想定されるが，この現象は暫くは続くと思わなくてはならない．この面からも，定時制高校への再認識が求められている[1]．

定時制の実践から，何をどのように学ぶか

すばらしい取り組みは多くあるのに，実践報告はきわめて少ない．それは，定時制での教育が困難なので，報告として文章化するのが難しいからであろう．

そこで，ここでは，はじめに実践の一般論を述べ，次に私の実践を例にして「学ぶ視点」を展開しておくことにする．

（1）実践の一般論

① 学校教育は，生徒，教員，保護者，卒業生，（同窓会），学校近辺の人たち，さらには教育行政関係者などの，総合力によって展開されている．したがって，教育実践は，これらの教育を取り巻く諸環境の影響を当然ながら受けている．

② そして，このなかでもっとも強く影響を受けるのは，生徒集団，教員集団がどのように形成されているかである．

③ この2つの集団の何れかが，集団として未熟な場合は，そこで展開される教育実践は，「一時的な実践」としてのものに過ぎないから，次の実践への積み上げができない．

④ ところで，人間の成長には知育・徳育・体育の総合が必要である．そこで，学校教育では，生活指導と教科指導が基本だとされている．

⑤ それゆえ，教科指導にしても，生活指導にしても別々に展開されると思うのは，間違った見方である．つまり，教科指導と生活指導の統一的展開が教育実践なのである．

⑥ 以上のように，教育実践を捉えてきたとき，実習という身体を動かしたり，集団作業を必要とする内容を持っている専門教科の実践は，意識するとしないにかかわらず，2つの側面の統一的展開としてのものになる．

⑦ こうした視点を明確にした実践と実践報告を期待したいのである．

（2）筆者の実践

① 私が書いた実践報告で，専門教科について書いたものはほとんどない．

しかし，（1）に述べたような視点で書いてきたつもりである．だから，そのなかから教育実践のあり方と，目標を読みとってほしい．

② 私の観点は，
　A　定時制の生徒の入学時の「学力」は低いが，能力は全日制の生徒と同様に持っている．それゆえ，卒業時には全日制に劣らない「学力」を持たせうる．
　B　一人ひとりの「学力差」はあるが，基礎・基本についての「知識」差はほとんどない．だから，「できなかった」生徒の疑問点・躓いた点はすべての生徒に共通している．
　C　生徒に知的向上の「楽しさ」を実感させ，「学力」向上への自信を持たせる．
などである．

③ 具体例を技術教育研究会発行の『技術教育研究』第61号に，私が書いた「最近の学力問題をめぐって」から引用してみよう．
　A　「ひとつの教科で十分な自信を持てれば，必ずすべての教科で自信を持てるはずだ」，「定時制の生徒は」働いている者が多いから（現在は働いていない者も結構いるようだが），「予習復習の時間が取れない」．そこで，「授業のとき板書したり説明したりする事柄を，プリント」して渡し，生徒がノートに写したりする時間を節約した．同時にプリントは薄いから持ち歩き自由なので，復習に役立った．
　B　2年生の「1学期の中間考査で成績の悪かった者に，再試験を」放課後「何度も繰り返し」，「一定の学力を得させた」．
　C　3年生のとき，全日制からの講師が全日制と同じ問題でテストをしたとき，平均点が定時制のほうが高かった．
　D　4年生になったとき，体育の授業で「鉄棒の蹴上がり」を教えた体育教師が，「ひとりを除いて26名ができた」と話してくれた．

④ 以上に紹介したように，ここまで能力は伸びるのである．伸び盛りの青

年の発達のエネルギー力を，信じるところに教育の真髄がある．そしてそれは，今も昔も綿々と定時制に脈打っている．

〈注〉
（1）示した数字は，文部科学省のホームページ『平成16年度学校基本調査速報』の「調査結果の概要」「参考資料」より引用

第4章　進路を切り開く

伊藤　一雄

　進路指導は文字通り「進むべき道」を「指し示し導く」という教育的な営みである．高等学校では1999年に告示された高等学校の学習指導要領総則第6款5（4）には「生徒が自己の在り方生き方を考え，主体的に進路を選択できるよう，学校の教育活動全体を通じ，計画的，組織的な進路指導を行うこと」と目標が定められている．

　この文言をみるかぎりとくに問題となるような点は見当たらないようにみえる．しかし，実際の高等学校の現場ではどのような進路指導がなされているのであろうか．普通高校の場合を考えてみよう．学ぶことの意義の理解，主体的な学習態度の確立とはほど遠い0限授業，特別補習などに縛られ，教科・科目の選択は大学受験科目のみにシフトしている学校がある一方で，中学校の復習あるいはそれにも及ばない程度の教科指導でお茶を濁し，明確な目的もないまま安易に卒業させ，フリーターの予備軍養成所と呼ばれている高校もある．この流れは大学にも押寄せている．卒業生は少数の「エリート意識」を持った若者と自信を喪失した大量の若者に二分されているように思う．さらに自分の殻にこもり社会に出ようとはしない「引きこもり青年」の問題も大きい．

　このような現象のどこに問題があるかを分析することは難しい．しかし，ただひとついえることはこれらの青年にだけ責任があるのではないということである．現在の学校の進路指導にもその責任の一端はある．それは「何のために学校に来るのか」という単純な問いに教師たちが正面から答えてこなかったことにあるのではないかと筆者は考える．またこの数年の教育行政の方向は教師たちにこの問いに対して答えさせないようにしてきたともいえる．

　そこで熟考してみる必要があるのは「進路指導と自立」ということである．

自立とは要約すれば「自分の力で社会のなかで連帯して生きていく」という営みになる．これは人の在り方，生き方とも関わってくる．この自立について考えてみるとその内容は大別して2点に集約できる．

　第1点は経済的な自立である．現在の高校生の大半は親権者がその経済的な支援者である．彼らは学校を終えたら最終的には働いて収入を得なければならない．この経済的な自立を果たすためには職業に従事しなければならない．大学に進学しようが，専門学校に進もうがいずれは働かねば経済的な自立は満たされないのである．その意味で職業とはなにか，人の生き方と職業とはどう関わっているかをしっかり押さえて進路指導をする必要がある．

　第2点は社会的精神的な自立である．尾高邦雄は職業を「個性の発揮，連帯の実現及び生計の維持を目指す人間の継続的な行動様式である」と定義したが，第1点の経済的な自立が生計の維持を目指すものであるなら，この第2点は個性の発揮と連帯の実現がこれに当たる．細かい説明は避けるが「自分のもてる力を生かして社会に役立てる」ということになる．進路指導は生徒が経済的自立と社会的精神的自立を図れるように指導し助言する活動である．この2つは車の両輪である．どちらが欠けても自立とはいえない．

　ところが現在の学校進路指導は，この「個性の発揮」を自由化，自己責任といった言葉の下で個人に焦点を当て，「連帯の実現」，つまり「働く者が協力し連帯し活動することにより社会は成り立っている」という基本的な視点をおろそかにしている．

　2004年3月で高校進学率は約97％であり，大学進学率は50％を超えようとしている．専門学校も含めると75％が後期中等教育を終えた後も上級学校に進学している．高校卒業で就職する生徒は全体で20％を割り15％に近づきつつある．就学期間が長くなるにつれて職業の問題は遥か先のことのように考えている高校生が多い．こうした現実に揺さぶりをかける意味でも人の一生と職業とはどのように関わっているかを生徒に考えさせる必要がある．

　一例をあげてみよう．現在の日本社会の平均的な労働者の，職業に関連し

ている時間の比重は，全生活時間との関わりで考えてみればどうなるであろうか．労働基準法によれば労働者の労働時間は週40時間が基準である．40時間というのは週休2日として毎日8時間労働である．しかし，実際に生徒の親権者や周りの人たちの職業生活はどうであろうか．労働時間が比較的はっきりしている職業でも実労働時間に加えて残業時間がある．さらに通勤時間に一定の時間をとられる．職場の人たちとの付合い時間も含めた労働周辺時間は生活時間の半分以上になる人も多い．たとえば教員という職業でも授業，部活動，HR運営等に加えてさまざまな生徒指導も含めると労働時間が1日10時間以上になることも珍しいことではない．

　一般に社会人といわれる人たちにとって職業に関係している時間がその生活のなかで最大のウェイトを持っていることがわかる．実際に大学を22歳で卒業して60歳まで働くとしてもその38年間の生活時間のなかで最大を占めるのが職業生活に関わる時間なのである．この生活時間のなかで最大を占める職業に関わる生活が楽しいとまではいかなくとも，不愉快な生活では本人にとってこれほど辛いことはなかろう．「嫌だ」と思って過ごす時間が生活時間の最大を占めることは本人にとっても社会にとっても好ましいことではない．

　職業の問題を真剣に捉えることはどのような人生を自分が送るのかといった自分の在り方，生き方とも関わってくる問題なのである．だから高賃金で「楽な」仕事を探せというのではない．「苦楽を共にする」という言葉がある．たとえ辛く厳しい仕事でも職場で支え合い連帯する仲間と，その仕事の大切さを理解する人たちがいるかぎり人は生きていけるのである．働く仲間と連帯することの喜びを学校教育でどう指導できるかは難しい問題である．しかし，この「連帯して生きる」という視点からみると工業高校の場合はめぐまれた環境にある．一例をあげれば実習・実験という科目の存在である．その多くは連帯と協力が必要である．「工業技術基礎」「実習」「課題研究」の科目などで協力して仕上げた製品を前にした時の生徒の表情にそれが表れてい

る．指導する教員は大変であるがその教育効果は大きい．協力して作業する実習やそれに関連する教科内容を減らそうとする動きがあるとすれば，それは真の進路指導から遠ざかる方向だともいえる．連帯と協力がなければものはできないことを生徒は体で学習するのである．これは貴重な経験である．

　さて，それでは実際の場面でどのような点に留意して指導すればよいであろうか．工業高校で多数を占める就職生徒を中心に考えてみたい．基本的には求人票をしっかりと確認することに尽きるが，なかでも大切なのが職種と事業所の選択である．職種については工業高校の場合は普通科の高校に比べて，専門教科の学習を通じて生徒はある程度理解しているとみてよい．また職業適性検査や興味検査なども有効に利用すればよい．問題は事業所の選択である．工業高校卒業生の就職先で最多を占める事業所の規模は資本金で5,000万円以下，従業員数で300人以下の中小事業所である．この事業所を選択するためには生徒にどのようなアドバイスをしたらよいであろうか．筆者の進路指導担当者としての経験から，事業所を選択する時に考慮しておくことは3点あると考える．

　第1点は生徒の就職する職場の定着率である．「七五三現象」といわれるように新規学卒就職者の離職率は就職後3年で中卒で70％，高卒で50％，大卒で30％といわれている．最近ではこれがさらに拡大傾向にある．このような状況のなかで定着率が高い職場というのは総合的にみて新規就職者にとって働きやすい職場であるという指標になる．若年労働者に対してはその生活態度，職業観などさまざまな批判もあるが，最初からすぐに退職しようと思って入社する生徒はいないはずである．少なくとも平均より極端に定着率の低い職場は労務管理上なんらかの問題があると考えてよい．

　高等学校の場合は新規学卒就職者の定着率は毎年調査している．少なくとも過去3年間に就職した生徒のデータは残っているはずである．工業高校の場合は職種も含めた細かい資料があるはずである．それを活用するのである．そのような調査をしていない学校が仮にあるとすれば進路指導の体制に問題

がある．早急に改革する必要がある．

　第2点は生徒の就職する事業所の経営者がどれだけ自社の従業員を活用できているかである．個人経営の零細事業所は除いて，少なくとも100名以上の従業員を抱える企業が，社長以下上層部をすべて親族で固め，たとえ有能な従業員がいたとしても排除している職場か，そうでないかがひとつの判断基準になる．そのような職場は沈滞しやる気のある若者は去っていくだろう．同族ばかりで上層部を構成している事業所の経営者で従業員の定着率が悪いとこぼす者もいるが，それは事業所に問題がある．業績主義でなく属性主義により労務管理がなされていれば，有能な従業員は定着しないだろう．これは本人の能力適性に基づいた人事管理をしている事業所かそうでないかを見分ける指標にもなる．その判断は事業所案内のパンフレット等の点検から簡単にできるし，卒業生からの情報も重要となる．

　第3点は仕事の最前線にいる従業員の意思がどれだけ経営者に伝わっているかの視点である．新規高校卒業の就職者は職場ではもっとも弱い立場にある．上司からの指示にはおかしいと思っていても従わねばならないときもある．明らかに労働基準法に違反した労務管理をしている事業所もある．ひとりではなにもできない若者は退職する以外に道はない．そのなかで働く者の意見を集約していける組織があるかどうかは大切なことである．それが労働組合である．たとえ小さな職場でもお互いの連帯感を深め，経営者に対して問題点を指摘できる組織があることは従業員の心を明るくする．

　以上学校進路指導を行う上で押さえておかねばならない基本的視点と職業紹介の実務に焦点を絞り説明した．「進路指導は教育の総和」である．厳しい社会情勢の下ではあるが工業高校の先生の一層の奮闘に期待している．

第3篇
高校工業教育の教師として生きる

第1章　高校工業教育の教師の歩み

1．実験・実習の教育力に確信をもち仲間とともに

中島　良樹

　私は，永年にわたって勤めてきた大阪府立茨木工業高校教員を2004年3月に定年退職した．

　教師になったときは，日本の高度経済成長と高校生急増期にあたり，大阪府立の工業高校は7校だったのが，「中堅技術者の養成」の目標のもとに1959年に1校，1963年に4校新設され，12校になった．

　教員生活をずっと過ごしてきた大阪府立茨木工業高校電子工業科の教育課程，卒業後の進路の変遷は次のようである．

　　1965年度入学生は週37時間授業，専門科目は54単位（内実習15）
　　1975年度入学生は週35時間授業，専門科目は40単位（内実習14）
　　1985年度入学生は週34時間授業，専門科目は40単位（内実習14）
　　1995年度入学生は週32時間授業，専門科目は37～39単位（内実習15）
　　2003年度入学生は週30時間授業，専門科目は38～40単位（内実習14）

　教師になりたての1960年代後半は，工業高校には工作が好きで工学に興

表

卒業年（3月）	卒業生	就職者	大学進学者
1965年	446	355	78
1975年	366	331	60
1985年	367	330	6
1995年	271	218	6
2003年	211	125	27

＊卒業生−（就職者＋大学進学者）は専門学校進学＋その他です．

味を持ち，意欲をもって生徒が入学してきた．工業高校では，普通高校より多くの授業時間を行い，理論的科目も多く実施していた．

電子工業科であったにもかかわらず，履修科目として強電の電力設備や機械一般を開講していた．また，「電気理論」での過渡現象や分布定数回路，「電子現象」での電子物性などのような難しい内容もあって，教員としては，生徒たちの質問に答えられるようにするために毎時間の授業準備が大変だった．また電子部品や工具を紛失しないように管理するのも大変だった．

その時代の卒業生の多くは，専門性を活かして企業の技術者として活躍している．

1970年代後半は，社会の変化により，選別教育の下，工業高校が荒れて入学生の30％以上が中退する状況が生まれた．そのような状況で，大阪の工業高校では7時間授業の廃止と専門教科の単位削減がなされ，1978年の教育課程改定ではさらに「工業基礎」，「工業数理」の原則履修が打ち出された．各学科の教師集団は，学科の専門教育の充実のために，教育課程の編成権が学校にあることを盾に，これら2つの科目を導入しないことを決めるなど専門教育を重視する意欲を持っていた．

1980年代中盤からは工業高校での教育困難が続くなかで，日常の教育活動に疲れ，工業教育での専門教育の充実に対する教員の意欲が低くなってきた．

1990年代中盤以降はバブル崩壊と長期不況の下，卒業者で無業者（フリーター）が増加するとともに，大学進学者が増加し，工業高校卒業者の就職

率が60％程度になった．その状況を受け，大阪府は高校生減少期に向けて，2005年度から実習を重視し重装備型といわれてきた既存の工業高校12校すべてを廃止し，「専門分野の深化，高等教育機関への接続」という２つの方向性を持ち，小学科を無くして１年次は共通履修２年次からは系および専科を学ばせる「工科高校」9校を設立することを決めた．

　40年近く工業高校教員としてやってこられたのは，「教職員組合の組合員」として民主教育を守る姿勢を保持し，「民間教育団体の会員」として教科や教育問題での自主的研修を継続して行い，「地域の統一労組懇，地域労連」の活動のなかでいろいろな職種の労働者との交流ができて，父母・国民の学校教育への期待を受け止めた教育活動ができたからだと思っている．

　学校教育法は「高等学校は，中学校における教育の基礎の上に，心身の発達に応じて，高等普通教育及び専門教育を施すことを目的とする」と規定している．工業高校はこの規定に合致しているとともに，人間の成長のため，工業高校での実習は重要な役割を果たしていると思う．

　2004年度は非常勤講師として１年生の「工業技術基礎」を担当しており，そのなかで「光センサー付き電子オルゴール」を製作している．製作後の生徒の感想を紹介すると，

○オルゴールがちゃんとできてよかった．電池ホルダーの接触が悪かったのがちょっとひやひやしたけれどちゃんとメロディーが鳴ってほんとうによかった．ハンダ付けは中２の時以来で，ちょっとやり方を忘れてしまっていた．カラーコードを覚えるのが一苦労だったけどたぶん覚えた．はっきり言って良い曲がなかったのが残念だった．ワイヤーストリッパーが結構おもしろかった．プリント基板にミニドリルで穴を開けるのがけっこう気持ちよかった．部品を取り付ける時ちゃんと穴に足が入ってくれなくてちょっと苦戦した．発光ダイオード以外にもいろんなダイオードがあったなんて知らなかった．抵抗値が色で値がわかるなんてすごいと思った．自分の力でオルゴールが作れるなんてすごいと思った．他にももっといろんな

物を作りたいと思った．
○センサーのことをまず勉強した．身近な物でもたくさんのセンサーが使われていることをしることができた．他にも，発光ダイオード，トランジスタ，抵抗のカラーコードのことを学んだ．製作では，プリント基板の加工を行い，基板に穴を開け，部品を取り付けハンダ付けを行った．電池を取り付け音が鳴った時はすごく嬉しかった．こういう作業をする実習は，作業しながら楽しく勉強ができるし，完成した時の達成感を味わうことも出来たので，すごくよかった．
○……完成して電池をつないでみると音が鳴らなかった．抵抗の付ける穴とトランジスタの付ける穴を間違えていた．友達に手伝ってもらいなんとか直した．ちょっとやけどして熱かった．もう一度電池をつなぐとちゃんとメロディがながれた．けっこううれしかった．箱に入れて光りセンサーが作動するか確かめた．ちゃんと作動した．他に何も異常が無くぶじ作業が終了した．始めて１人で作業したので，少し緊張したけれど，最後にはちゃんとできてよかった．

以上の感想文より，製作実習では，完成したときの喜びと達成感から自分自身に自信を回復させることができること，学習に対する関心や意欲を引き出せること，部品など実物をみながらの学習で理解力が高まることなどを確認できる．また，作業のなかで同級生との人間関係をつくり出せる等の教育効果がある．

最後に，教育を国民支配の道具とし，間違った財政運営による財政危機克服のために教育への財政支出削減から発想された教育改革がすすめられようとしている現在，高校工業教育における実験・実習教育の優位性や，派遣，業務請負など雇用柔軟型の労働者が増加しているなかで，公的な職業準備教育の必要性などについて，広く国民の理解が得られるよう働きかけていくことが重要と感じている．

2．子どもとの対話と自主研修を糧に

　　　　　　　　　　　　　　　　　　　　　　　　………………………………………高橋伊佐夫

はじめに

　私は，1961年4月から岐阜県の教員となり，1998年3月定年退職までの37年間，工業高校の教師として働いた．37年間の教育活動では，いろいろ悩みもあったが，全体としては楽しく教育実践ができたと思っている．退職した1998年4月から2004年までの7年間も岐阜大学の非常勤講師として楽しく教育実践ができたことに満足している．

　私がこの44年間，教師として生きがいのある楽しい教育実践ができたのは，生徒との信頼関係を大切にしながら，一方的な授業ではなく生徒との対話を重視し，常に授業に対する生徒の感想に耳を傾ける教育実践を大切にしてきたことと自発的な研修を積み重ねることに努力してきたからだと思っている．

　今回は，この44年間の教育実践と自主研修を概略的に紹介する．これから教員を目指される方々への参考になれば幸いである．

工業高校の教師時代

　まず，教員となった7年後の1968年に「技術教育は何を何のためにどのように教えればよいか」を学習するため，岐阜県内の専門科目担当教員40名ほどでサークル「岐阜総合技術教育研究会」を結成し自主研修を始めた．これは恩師の呼びかけで始めたことであるが，私も工業高校の教師として生きていくためには，技術教育にかかわる教師が寄り集まって学習し合うことが大切だと思ったからである．私は18年間サークルの事務局長を努め，会報「技術と教育」づくりにも努力した．このサークルで学んだ事のひとつは，技術史を教材に取り入れることであった．

　1970年には，技術教育について研究している仲間が全国におられることを知り，全国の仲間から学ぶことも大切だと思い「技術教育研究会」にも入会し，ほぼ毎年全国大会にレポートを持って参加した．大会の分科会では，

レポートに対するコメントだけでなく，全国の仲間の技術教育に関する研究や素晴らしい実践報告があり，その多くを学ぶことができて大変役に立った．

　1979年には「産業考古学会」にも入会し，"産業遺産の調査研究"に関心を持ち，とくに中部地方の水力発電の調査にのめり込んだ．また同年の夏休みには「愛知技術教育研究会」主催の"ヨーロッパ技術史の旅"に参加し，イギリス・フランス・ドイツ・スイスの博物館を見学した．各博物館に保存されている多くの古い機械をみて，すごく感動した．とくに，世界最初の鉄の橋"アイアンブリッジ"や"ワットの蒸気機関"には圧倒された．こうした自主研修が私の授業内容をより豊かにし教育実践を意欲的にした．

　1980年には旧八百津発電所を見学して，日本でも，古い機械を保存することが大切であり，自分たちが生活している地域の技術史を掘りおこすことが大切であると考え，翌年「岐阜総合技術教育研究会」で"岐阜の技術史探訪"という冊子をつくり地域にＰＲした．その活動を紹介した新聞記事をみて，県内の関心ある多くの方から冊子が欲しいと連絡が殺到したときはとても嬉しかった．

　一方，工業高校では，1981年に「地域の技術史」テキストを作成し，関商工高校定時制の生徒に"関の刃物産業の歴史と刃物づくり"の授業を「工業基礎」のひとつとして試みた．どうして関商工高校でこの授業を試みたのか．それは，関の子どもたちが関の刃物産業の歴史も刃物づくりも体験していないようだったので，私は地域の子どもたちが地域の刃物産業の歴史を学び，刃物づくりを体験してみる必要を感じたからである．生徒から「関に住んでいても関の刃物産業の歴史も刀のつくり方も関が日本一の刃物生産地であることも知らなかった」との感想をきき，「地域の技術史」を試みてよかったと思った．なお，刃物づくりの実習では，釘抜き用バールや旋盤で使うバイトづくりを体験させた．生徒たちは，その体験から生産技術の基本を学び，つくったバイトで実際に削ってみて削れたことに感動していた．

　教育実践は，「工業基礎」や「機械工作」「原動機」の他，材料試験・鋳造

実習・鍛造実習・切削加工など基礎的な実験・実習を中心とした体験学習を長年担当してきた．そのなかで，常に技術の歴史とものづくりの基本を説明して具体的な作業に入ることとし，作業終了時に必ず感想を書いてもらうようにしていた．こういう実践を大切にしてきた．

たとえば，鋳造実習では，まず身近な鋳物製品の紹介・鋳造原理と鋳造の歴史などを紹介してから鋳物づくりを体験させるのである．「鋳物づくりが紀元前200年頃に中国から伝わったと聞いて驚いた」「奈良の大仏や銅貨・大砲が鋳造でつくられたこと，鋳物のつくり方にもいろいろな方法があることがわかった」「鋳型をつくって湯を流し込んだ後，鋳物があまりにもうまくできていたので，めちゃ感動した」「もっとやってみたい」など，多くの生徒たちは，体験学習によって生産技術のすばらしさを学び，ものづくりに対する意欲や関心が育っていく．ここに教師としての生きがいを感じたのである．

1993年には，「岐阜産業遺産研究会」を発足させ，数人で調査した"ぎふの産業遺産"を50件中日新聞岐阜版に連載した．これも県民の反応がよかった．

1995年には，愛知県犬山市の博物館明治村機械館内の展示物を調査した．これは，毎年工業高校で実施していた遠足兼工場見学の学校行事の一環として，機械館内で実物をみながら「機械の発達の歴史」を説明した際，大変役立った．

1997年には「アメリカの産業遺産見学の旅」に参加し，ワシントンD.C.のスミソニアン博物館群に展示されている産業遺産を見学した．とくに世界初の飛行に成功したライト兄弟の飛行機の実物展示には感動した．これらの調査活動が，工業高校での授業内容をより豊かにすることができた．

1998年には，これまで30余年産業遺産を調査研究してきた成果を，写真と短文で解説する"ぎふの産業遺産"デジタルガイドブックを作成し教材として役立て，さらに一般社会にも公開した．そのホームページアドレスは，

http://www14.plala.or.jp/isao-t97 である.

岐阜大学の講師として

　1998年4月から岐阜大学ではじめて「産業考古学」という授業科目が開設され，私はその授業を担当することになった．「産業考古学」の授業内容は，産業革命の発祥地・イギリスから始め，ドイツ・フランス・アメリカ・日本の順に，写真とスライド・ビデオで産業遺産を見ながら，その歴史的背景と生産技術の発展を学ぶ内容である．これまでの産業遺産の調査研究の成果そのものを授業内容としたのである．

　この授業を受けた学生が，「産業革命発祥地の1779年製"アイアンブリッジ"に感動した」「1890年につくられた琵琶湖疎水が京都の産業に大きな役割を果たしていたなんて知らなかった．田辺朔郎はすごい人だと思いました」「コンクリートが30年の寿命であるのに対し，長七たたきは百年以上耐久性があることに驚いた」「産業考古学の授業を終えて，14回の講義は充実していたと思います」「全く知らないことを知ることの驚き，興味など勉強意欲をかきたてられた」などと感想を書いてくれた．

　私がこの44年間，教師として生きがいのある楽しい教育実践ができたのは，このように，「生徒との信頼関係を大切にし，常に授業に対する生徒の感想に耳を傾けること」を大切にしてきたからだったと思っている．

3．専門教育を充実させる取り組みのなかで

……………………………………………………………… 瀬川　和義

はじめに

　私は大阪・今宮工業高校機械科を1960年3月に卒業し，今の東大阪市の小企業で空気動工具を製作していた横田工業㈱に入社した．そこでの3年半に，手仕上げ，機械加工，設計，品質管理の仕事を経験した．また，今工卒業と同時に大阪工大Ⅱ部機械工学科へ入学し，"働きながら学ぶ夜学生"となり，学び得たものが多くあった．教員をすすめてくれたのも学友だった．

その当時，学生運動がはなやかな時代でⅡ部自治会で活動した．卒業年度になって，高度経済成長にともない全国で工業高校の増設があり，親の出身県の鳥取で工業教員に採用され，1964年4月から新任教員としてスタートした．

鳥取西工業高校へ着任

鳥西工は新設2年目で校舎棟1棟，実習棟1棟が砂丘地に建っていた．それからの5年間は実習棟の整備と卒業生の就職先探しに明け暮れた．実習棟の計画，備品の購入，生徒と一緒になっての据付など生徒と教員が一体となってがんばった．担任として，生徒の就職先を求めて関東，中部，関西，岡山地区など何度も足を運んだ．授業はへただったが，実習では生徒が理解してくれて，少し自信がついた．また，進路指導の大切さ，難しさがわかった．新任教員として夢中で過ごした．

鳥取工業高校へ異動

1969年4月に着任したが，鳥工は1971年4月に新築移転が決まっていた．鳥工としては今までの工業教育を見直すことを考えていた．

そこで校内工業教育改善委員会に参加した．県内では中学校技術科の学習が十分でなく，それならば鳥工で技術の基礎を学ばせたいとの思いが専門科の教員にあった．施設の建築が急がれていたので，各科共通に学ぶ場として「共通実習棟」を新築することにした．

私がこだわったのは工業高校第1学年での"技術の基礎"の体系化であった．そこではじめて技術教育について学習した．その時山崎俊雄氏の"技術の構造"，長谷川淳氏の"技術学習の技術学的基礎"[1]などに大変触発された．技術学や技術論などを校内で学習会をもって議論した．これらを基に構想を具現化していった．1972年1月・第21次日教組・日高教全国教育研究集会甲府大会で報告した．校内の協議も重ねて工業科の共通基礎学習として1976年4月より1年全学科前期に実施することになった．[2][3] 私が技教研会員となってはじめて全国大会へ参加したのは1976年第9回犬山大会で，電気

教材のレポートを発表したが授業研究の拙さを指摘された．校内での公開授業で共通基礎学習の理解をはかりながら研究をすすめ，共通基礎実習，共通基礎座学を総称して「工業基礎」として1980年4月から通年実施した．座学での"熱機関"(4)"ボルタの電池"(5)の授業実践を技教研で報告をした．そのなかで技術史に触れたことは技教研の先輩諸氏の討論や実践から学んだことだ．

校内で専門科普通科を超えて多くの先生方と技術学，技術論，技術史，科目内容，自主テキストの作成，実施後の課題の克服など8年間協議をしてきた．専門死守の考えの先生が多いなか，"技術学を中軸とする技術・職業教育は生徒を豊かに育てる"ことを理解していただいた．

鳥取西工業高校・鳥取聾学校

85年鳥取国体のため，高体連専門委員長を受け，84年4月から鳥西工へ異動となった．85年理産審答申でコンピュータ教育が推進されることとなった．技教研はすでに情報技術教育をどう考えるか(6)(7)を提起していた．それらを参考に，機械科での3ヵ年の情報技術教育――エレクトロニクス・メカトロニクス教育の構築をはかった(8)．そのねらいを，"人間が機械をつくりそして使う"，"人間が機械をコンピュータによって制御する"とした．さらに尾高実践を参考に(9)簡易NC旋盤を生徒に製作させ教具として使用した．私は電子技術，コンピュータ技術の知識がなかったので，他の機械科の教員とともに電気，電子科の教員の協力を得てマイコン制御，インターフェイス製作などを学んだ．

その後，また実習棟改築に携わった．どの科の生徒も他科の設備が使えるようにと考え，3階の内2階は情報技術関係の施設設備を集めてどの科でも情報技術教育ができるようにした．生徒の活動も活発になり，ソーラーカー，エコノカー，リニアモーターカー，蒸気機関車，橋梁模型などの製作が行われた．

96年4月より鳥取聾学校へ異動となった．障害児学校からは学ぶことが

たくさんあったが,「養護・訓練」は障害者自立と社会参加をめざす科目であるが,そこに欠けていた内容の"働く者の権利義務""人間と労働と技術"などを新たに「職業基礎」として科目設定して自主テキストを作成し実施した.[10]

鳥取西工業高校の校長として

1998年4月より着任した.県は1997年度に高校教育改革基本計画で本校を主管校として鳥取農業高校,鳥取西高校家庭学科の2校と1学科を統合して,2001年4月開校の総合選択制高校をつくることを決定していた.

そこで,"専門教育を充実し,生徒が楽しく学校生活をおくることができ,生徒一人ひとりにあった進路を考え決定できる学校"をつくることとした.はじめに,3校の教員から,なぜ単独の専門高校ではいけないのか,総合選択制高校とはどのようなものかなど教員一人ひとりがもっている意見を集約して,県教委の考えを質した.その後,3校教員の知恵を集約して職員会議で協議を重ねながら構想を具体化していった.特徴は,1年生はミックスHR,1年から進路指導を徹底するための科目「産業基礎」の新設,生徒の進路に応じた選択制(専門を深く学ぶ,専門の基礎基本を学ぶ,専門を生かした進学など)である.特に産業基礎,総合選択制などについて,名古屋大・寺田盛紀氏,千葉大・大河内信夫氏,鳥取大・土井康作氏からの助言をえながら検討した.そうして開校した鳥取湖陵高校の概要は技教研第35回全国大会(川越大会)で報告した.

教員として

担任は一番楽しかった.校長のとき,事件を起こして指導をうけている生徒たちと話したり,空き時間に教室へでて話をすることなど楽しみだった.分掌もほとんど経験した.部活動も全国大会へ引率したり楽しい思い出である.

組合は新任から入って,分会三役もこなした.特に支部教研は毎年参加した.組合活動をとおして多くの教員仲間ができた.技教研に入って地元でサ

ークル活動を続けたかったが途中で止めになってしまった．また県民教連事務局も中途半端であった．技教研活動として，残りの時間を地域の技術の記録を残すことに使っていきたいと考えている．

〈注〉
（1）『岩波講座　現代教育学　第11巻　技術と教育』岩波書店，1961年
（2）技術教育研究会『技術教育研究』第11号，1977年
（3）技術教育研究会『技術と教育』第134号，1980年5月
（4）『技術教育研究』第20号，1981年
（5）技術教育研究会編『技術教育の方法と実践』明治図書，1983年
（6）『技術教育研究』第25号，1984年
（7）　　　同上　　　第27号，1986年
（8）　　　同上　　　第30号，1987年
（9）　　　同上　　　第29号，1987年
（10）『技術と教育』第281号，1997年5月

第2章　未来の工業科教師を育てる

1．東京学芸大学での工業科教員養成

　　　　　　　　　　　　　　　　　　　　　　　　　　坂口　謙一

技術科教員養成を基礎とした工業科教員養成のカリキュラム

　筆者は現在，東京学芸大学の教員として，高等学校教員免許状「工業」（以下，工業科教員免許状とする）の取得に必要な「工業科教育法」と「職業指導」の授業を開講している．これらの授業の履修生は，毎年度10名を少し越える人数である．このうちの大部分は，工業科教員免許状の取得に必要な単位の修得を卒業要件のひとつとする「技術専攻」の学生である．「工業科教育法」と「職業指導」は，「技術専攻」が開講する専門教育科目の一部に位置づいている．

　この「技術専攻」は，工業科教員免許状の他に，中学校教員免許状「技術」（以下，技術科教員免許状とする）の取得に必要な単位の修得を卒業要件として課しており，後者の技術科教員免許状の取得を中心的な課題としている．このため，「技術専攻」の専門教育に関するカリキュラムの構造は，この技術科教員免許状の取得に焦点を合わせたものとなっており，筆者が担当している「工業科教育法」と「職業指導」は，このような技術科教員養成を基本としたカリキュラムの発展的な部分に位置づいている．このことは，これら「工業科教育法」と「職業指導」の授業の性格を大きく規定している．

　「技術専攻」では毎年度「工業科教育法」を4単位分，すなわち半期2単位の「工業科教育法Ⅰ」と「同Ⅱ」の授業を開講している．前者の標準履修学年は第3学年（後期），後者のそれは第4学年（前期）である．筆者はこのうちの「Ⅰ」を担当している．「職業指導」は半期2単位の授業がひとつ毎年度開講されている．標準履修学年は第3学年（前期）である．

「工業科教育法」の授業のしくみ

　「工業科教育法Ⅰ」の授業は、履修生が卒業後に、高校の工業科の教師として、工業教育に関するあらゆる教授活動を営むのに必要な技術・職業教育学の基本的力量を身につけることを目的としている．本授業は、高校工業教育の教育学の一環の授業である．

　私はこの「工業科教育法Ⅰ」の授業の内容を、大きくは、高校における専門教育の一環としての工業教育の「復権」に関する講義と、レポート発表・討論で構成している．ここで「復権」としているのは、本授業のテキストとして、技術教育研究会『高校工業教育の復権――高校教育再生への道――』（『技術教育研究』別冊2，1998）を使用しているからである．「レポート発表・討論」とは、このテキストを履修生全員で共同討議する際、一定の内容のまとまり毎に担当者を決め、その内容整理と問題提起にもとづいて授業を進めることを指している．こうしたテキストの集団討議は、授業時数的には全体の3分の2程度を占めており、この授業の中心的な内容となっている．

　また、授業の最初の部分と終盤に筆者が講義形式で概論的な授業を行うほかに、高校の工業科で実際に教鞭を執っている現職の教師を特別講師として迎え、高校工業教育の実際の教育実践について教えてもらう授業を行うことがある．この現職教師による授業は、「工業科教育法Ⅰ」で実施できない場合は、「Ⅱ」において行うように努めており、可能な限り、履修生にリアリティーをもって高校工業教育の実際を教えるように心がけている．現職の教師を特別講師として大学に招くばかりでなく、当方側から近隣の工業高校へ出向き、履修生に実際の授業等を見学させたいと常々希望しているけれども、大学側の授業の開講時間帯等の制約も少なくなく、実現には至っていない．

　こうした「工業科教育法Ⅰ」の授業で筆者が最も重視していることのひとつは、学生の多くが授業を履修する前に工業高校あるいは職業高校に対して多少なりとも抱いているある種の蔑視を、未熟でもよいから憧憬へと転換させることである．履修生のなかにほぼ毎年度、推薦入試を経て入学してきた

工業高校出身者が若干名含まれているので，ここでは，この者たちの体験をできる限り時々の教材として授業のなかに投入していくようにしており，実際にそのことが予想を遙かに越えて大きな威力を発揮することがある．

「職業指導」の授業のしくみ

　もうひとつの「職業指導」は，冒頭に述べたように，標準的な学生についてみると，上述のような「工業科教育法」に先んじて履修するように設定されている．このため，「工業科教育法」との一体性を確保するなどのため，この「職業指導」も「工業科教育法」と同じく，大きくは，高校工業教育の教育学の一環の授業としている．

　やや具体的にいえば，「職業指導」の授業では，高校工業科の教師として，教師活動を営むのに必要な基本的力量のうち，とくに就職との関係を軸とする進路指導や，高校生に豊かな職業観・労働観・技術観を育むことに関する基本的力量を身につけるための基本的学習を行うものとしている．なぜならば，高校工業教育の一環としての職業指導では，単なる就職の斡旋などの就職指導に関するテクニックではなく，ひとりの人間としての職業・労働・技術に対するものの見方，すなわち職業観・労働観・技術観が鋭く問われると考えているからである．このため「職業指導」の授業では，職業・労働・技術の現実世界に注目しながら，この現実世界を創造的かつ継続的に担っていく出発点，すなわち"職業に就く（就職）"という側面を中心として，職業・労働・技術の世界に関するより適切な見方を形成していくための学習を行うことにしている．

　授業の内容構成は，この授業と時期を重ねて開講されている中学校教育実習の事前・事後指導の都合により，開講日と開講時間帯が変則となるため，近年では「工業科教育法」と同様に，履修生の分担報告と討論によりテキストを集団的に検討することを中心としている．

　テキストは2003年度までの数年間は森清『会社で働くということ』（岩波ジュニア新書，1996）を利用してきたが，2004年度は，最近の学生がより実

感をもって就職の世界に接近できるようにするため，フリーターなど近年の若年労働者問題に注目しながら，それを「曖昧な不安」という角度から経済社会学的に追究した玄田有史『仕事のなかの曖昧な不安——揺れる若年の現在——』（中央公論新社，2001）を採用した．また，この玄田の著作を利用した際，同じく働く世界に対する若者の「不安」の現象を精神科医の視点から捉えようとした香山リカ『就職がこわい』（講談社，2004）も一部取り上げてみた．近年の学生は，自分はいったい何をしたいと思っているのかがわからないため，自身の希望の実現可能性よりもむしろ，その前段階の自身の希望それ自体がわからないことに苦悩していることが少なくないと感じているからである．

また，「工業科教育法」と同様に，この「職業指導」の授業でも高校工業科の現職の教師等を特別講師として招き，工業高校における職業指導の実際を実感豊かに教えてもらう授業も実施している．

この他に，この「職業指導」の授業が変則的な開講にならざるを得ないことを逆手にとって，授業の一環として，大学近隣の製造業界の企業を数社見学する企業・工場見学を数年前に実施したことがある．学生が大学での他の授業の履修に支障をきたさないように配慮したり，見学先への依頼や打合せなど筆者の準備作業がやや多大であったなどのため，このような企業・工場見学をその後継続して実施してこなかったが，そのときの履修生のなかには見学から学んだことが少なくなかったと告げた者もみられたので，再開する必要性を感じている．

2．高校工業科の教師をめざすみなさんへ

　　　　　　　　　　　　　　　　　　　　　　　　　　　　　尾高　進

筆者は私立大学の非教員養成系の学部（工学部）に勤務し，工業科教育法その他の教職科目を担当している立場から，高校工業科の教師を目指すみなさんに希望することを述べたい．どちらかといえば，教師になってからのこ

とにウェイトが置かれているけれども、ご容赦いただきたい．

青年の見方を鍛えよう

　ここでいう青年とは教師になったときにみなさんが日々相手にする生徒たち―高校生―のことである．あえて青年，といったのには理由がある．確かに「子どもの権利条約」では，18歳以下の人を子どもとしている．けれども，高校生には，たとえば小学生とは異なる独自の要求があるはずで，それを明確にとらえることを意識したいからである．

　「青年の見方を鍛える」とはどのようなことだろうか．具体的な事例は本書の豊富な実践例を読んでいただくとして，ここでは，原則的なことを述べてみたい．

　たとえば生徒から「先生の授業はつまらない」といわれたとしよう．授業がつまらないといわれていい気持ちになる人はいないだろう．だが，腹を立てる前に，その生徒の言葉は，授業がわかりたい，そしてその授業は楽しいものであってほしいという願いの裏返しだとみることはできないかどうか考えてほしいのだ．「授業がつまらない」という言葉に対してあなたが「生徒とは常に楽をしようとする存在である」という見方に立てば，「何をいっているんだ．しっかり勉強しなければダメじゃないか」という指導をすることになろう．他方，「生徒とはその根底において学びたいと思っている」という見方に立てば，あなたは授業改善の方策を真剣に追求することになろう．「青年の見方を鍛える」とは，つまるところ，青年をどのような存在としてとらえるかということについてのあなたの考えを深くしていくことだといってもよい．

　ここで留意してほしいのは，みなさんが学んでいる工業教育は，技術・労働の世界に直接通じるものであるということだ．技術・労働が人間の成長・発達にとって不可欠なものであるという立場に立つ限り，工業教育が担っている内容は，教育全体のなかできわめて重要な役割を果たしているということができる．そしてそれは，少なくとも現在の普通高校では十分には学び得

ないことである．このことを自覚することが，青年の見方を鍛える上でもつ意味は小さくない．

　まずはあなた自身がもっている青年の見方を明確に自覚してみよう．どんな形であれ，必ず青年に対する何らかの見方があるはずだ．そしてことあるごとにそこに立ち返り，その見方が適切かどうか吟味してみることをお勧めする．

　あなたが獲得した青年の見方が正しいかどうかは生徒が教えてくれるだろう．ぜひあなた自身のオリジナルな青年の見方を深めていってほしい．

実践記録を書こう・読もう

　さて，教師になったあなたは，いろいろと苦労して教育実践を重ねることだろう．そうしたら今度はそれを文章にまとめてみたらどうだろうか．それが（教育）実践記録と呼ばれるものである．

　実践記録の書き方や形式には定まったものはない．しかし，後に述べるように，実践記録は，自分の実践を総括するものであり，また，以後の実践に何らかの示唆を与えようとするものであるとするならば，追試による検証可能なものでなければならない．それには次のようなことが書かれるとよいのではないか．

　1）生徒の様子．自分が目の前にしているのはどのような青年たちの集団なのか．2）目的的価値課題．自分がその実践を何のために行ったのか，ということ．本来はそれがあってはじめて，何を教えるか，という内容の問題がでてくるはずである．3）全体の教育課程のなかでのその授業の位置．その授業は単元のなかで何時間目であり，生徒はそれまでにどのような内容を学習してきており，その後どのような学習を予定しているか．4）教育内容や物的条件．これには，教育内容（○○の定理等）だけでなく，その内容をどんな教材を介して教えようとしたか，指導の方法，教室や実習場の物的条件（どんな機械や工具がどのくらいあるのか等々）．5）その実践によって生徒がどう変わったか．単にこういうことをしました，というだけではなく，

その実践によって生徒に何を伝え得たか，それによって生徒がどう変わったか，何がうまくいって何がうまくいかなかったのか，を明らかにする．

自分の実践を文章にまとめることによって，その実践が何をしようとしていたのか，実践のどこに弱点があるのかがみえてくる．

実践記録の書き方は，同時に読み方にも通じる．すなわち，実践記録を読むときに，今まで述べた諸点に注意するとともに，その実践の優れた点はどこにあるのかを自分なりに整理しながら読めば，実践記録はあなたの血肉となり，それ以後の実践に示唆を与えるものとなるだろう．

仲間と共に学ぼう

みなさんが学生だったら，仲間同士で勉強会をすることをお勧めする．何か共通のテキストを読んでもいいし，学校に見学に行く，というのでもいいだろう．そういうときにこそ，教員に相談したらどうか．たいていの教員はよろこんで力になってくれるはずだ．

また，みなさんが教師になったら，日常的にはひとりで生徒に授業を行うことが多いであろう．しかし，だからこそ，自らの教育実践を不断に向上させていくために，共に学び合う仲間が必要だ．

その意味では，同じ学校の同僚の教師は最も身近な仲間だろう．同じ科目を担当している場合はもちろんのこと，異なる科目（たとえば普通科）であっても，授業の進め方のヒントや，青年の見方について教えられることがきっとあるはずだ．そうしてその学校の教師同士でコミュニケーションをとっておくことは，よりよい学校づくりのためにも大いに力を発揮するのではなかろうか．

また，わが国には，教育に関する研究会がいくつもある．技術・職業教育に関する主なものを第Ⅲ部に掲載してあるので，詳しくはそちらをみていただきたい．こうしたところは，年に何度か研究会をもっているところが多いので，自分の興味・関心に合ったところに参加することをお勧めする．メーリングリストを開設している会もあるので，そこに加入すれば，日常的にい

ろいろな情報や悩みを共有できる．

　筆者も，いくつかの研究会に所属している．近い将来，教師になったみなさんとこうした研究会でお会いできることを楽しみにしている．

第3章　教育条件の改善にとりくむ

　　　　　　　　　　　　　　　　　　　　　　　　　　　　　　林　萬太郎

日本の発展に不可欠な工業高校

　今，日本の工業高校は統廃合や就職難，1999年に改定された学習指導要領による専門性の希薄化など多くの困難に見舞われている．なかには，「工業高校には将来展望がないのではないか」とか「工業高校の存在意義はなくなったのではないか」という声も聞かれる．

　これまでの教育行政は，製造業の各分野に対応した小学科への学科改編をしながら，広く「ものづくり」に関わる専門教育を行う工業高校を育成・支援し，製造ライン要員を中心に産業界に人材を供給していくということが基本であった．ところが，工場の海外移転，長期にわたる不況によって工業高校卒業生への求人は激減し，せっかく学習した専門性を生かせない仕事につかざるを得ない例や，就職できないまま卒業していく例も増えている．また，文部科学省や都道府県教育委員会は，少子化や「特色づくり」を理由に工業高校の統廃合・総合学科への転換などの再編をすすめている．2003年度から実施されている学習指導要領は，そのもととなった教育課程審議会答申（1998年7月29日）および理科教育及び産業教育審議会（理産審）答申（1998年7月23日）で示された〈高校では完成教育は放棄する．卒業後の継続教育でスペシャリストに．したがって，専門高校は基礎・基本に重点を置き，教育内容の厳選をはかる〉という方針の下で編纂されており，専門教育内容における専門性の希薄化がすすんでいる．

　しかし，この2，3年,「工場，日本に帰る」という動きも出てきつつある．「中国へ工場を作ると技術が流出して元も子もなくなる」「開発と製造を一体化しないと技術を維持できない」「海外工場では市場の変化への対応が遅れる」「請負・派遣労働が解禁され，国内の労働コストがさがってきた」

などの理由で，製造業大手や周辺の中小企業が新鋭の工場を日本国内に新設・増設する例が報告されている．また，部分的な「景気回復」の状況もあってか，工業高校卒業生への求人も回復しつつある．もちろん，このまま一直線に就職状況が回復するとは思えないが，今までの「本社機能と開発拠点は日本に置くが，工場は人件費の一番安い国につくる」という多国籍企業型の論理だけで動く状況ではなくなりつつあるといえよう．

そもそも，資源小国の日本が生きていくためには産業として製造業，すなわち「ものづくり」をなくすわけにはいかない．そして，時々の情勢に振り回されていては教育の将来は語れない．腰を据えて日本の将来を考え，高校工業教育を再構築する．このような考え方の転換こそ最大の条件整備であろう．

統廃合でなく条件整備を

日本経済および日本社会の安定的な発展のためには，「ものづくり」を支える工業高校は不可欠であるという立場に立てば，統廃合でなくいっそうの充実をはかることが教育行政のつとめになる．しかし，今の教育行政は先に述べたように逆方向を向いている．高校工業教育関係者に求められるのは，教育行政のこの姿勢を変えさせるとりくみであろう．同時に，目の前の生徒たちにできうる限り良質の専門教育を保障するために，工業教育の現場から当面する条件整備について具体的な提起を行い，改善を求める取り組みも重要となる．

（1）施設・設備

工業高校の施設・設備の基準については，高等学校設置基準と産業教育振興法・同施行令がある．このうち高等学校設置基準は設置学科・学級編成・教職員数・施設面積・必要な実習室などの「基準」を定めたものであり，施設・設備の改善をすすめる根拠として活用されてきた．しかし，2004年4月に「最低基準」に改悪され，整備をすすめる根拠としての意味はなくなった．産業教育振興法・同施行令は残っているが，産振基準による整備はほぼ

すんでおり，今後は更新期を迎える実習基本設備の更新をきちんと行うことが求められている．

一方で，NC，MC，レーザー加工機，FAシステム，高機能測定器などのハイテク先端機器の整備をどう進めるかが財政危機もあって問題となっている．各県の状況は，各校で機種を限定して整備する方式と，ハイテクセンター（校）に一括整備する方式および両方式の併用に分かれているが，いずれにしても生徒が入学した学校によって教育条件に差が出ないように整備していくことが基本であろう．

（2）教職員定数

実験・実習を指導する専門家集団としての教職員の定数については，高等学校設置基準と「公立高等学校の適正配置及び教職員定数の標準等に関する法律」（以下，定数法）・同施行令がある．このうち高等学校設置基準は先にも述べたように2004年4月に改悪されて「最低基準」となり，改善をすすめる根拠としての意味はなくなった．定数法・同施行令は残っているが，定数法と連動する定数改善計画の動向が注目される．現行の第6次高校教職員定数改善計画（2001～2005年度）終了後の次期改善計画は策定しないという可能性や，高等学校設置基準改悪にあわせて定数法を改悪する危険性も指摘されている．

また，現場では「定数くずし」による臨時教職員の増加が急激に進行している．校務分掌や打ち合わせなどで正規教職員の負担が増えるだけでなく，専門家集団としての力量低下・不安定化にもつながるものであり，一定割合以上には増やさないような措置が求められる．

（3）研修

研修については成績主義・新勤評との関連で注目されているが，基本的には教育公務員特例法19条1項「教育公務員は，……絶えず研究と修養に努めなければならない」と2項「任命権者は，教育公務員の研修について……その実施に努めなければならない」に規定されているように，教職員の研修

は職務であり教育行政はその条件整備をする立場にある．自主・民主・公開の3原則とともに，研修は職務であるとの観点を貫くことが必要であろう．

さらに，工業高校の場合はそれぞれの専門分野の専門研修が強化されなければならない．現状の専門研修は量的にも少なく，受講者決定にも不透明さがともなう場合が多いように思われる．先端技術等の外部研修の量的な拡大と受講手続き・受講者決定方法の透明化，必要な予算の確保が求められている．また，専門家集団として学科全体の力量を高めるために，内部での相互研修を保障する体制を整える必要がある．

また，内地留学や休職して長期研修できる制度を拡充すべきであろう．2000年より大学院修学休業制度が導入されたが専修免許取得目的のみという条件や無給であることなど制限が多い．ILO・ユネスコの「教員の地位に関する勧告」でも，研修休暇について「教員は給与全額または一部支給の研修休暇をときどき与えられなければならない」と勧告されており，もっと使いやすいものに改善する必要があろう．

職員団体・研究団体の取り組み

これらの条件整備を進めるためには，職員団体や研究団体による交流，研究，問題提起および改善を求める運動が必要となる．とりわけ，職員団体つまり教職員組合の役割は重要となる．ILO・ユネスコの「教員の地位に関する勧告」でも指導的諸原則のひとつとして「教員団体は，教育の進歩に大いに寄与しうるものであり，したがって教育政策の決定に関与すべき勢力として認められなければならない」と勧告されている．現実には教育行政の側に受け入れる姿勢がないが，日本政府が「勧告」の立場に立って教育行政を進めることが国際的にも求められている．

一方，教職員組合の側にも不十分な点がある．技術・職業教育研究という点では全国教研や都道府県教研に分科会があるが，職業高校の組合員が集まって交流・協議し運動に取り組む組織があるかという点からみると，まだまだ非常に少ない．全国的にみても，大阪府立高等学校教職員組合（大阪府高

教）の職業高校部，東京都高等学校教職員組合（都高教）の職業課程対策委員会，長野県高等学校教育文化会議（教文会議）の技術・職業教育研究会の3県にしかない状況である．このなかでも，大阪府高教の職業高校部は専門部として独自の予算を持ち，常任委員会体制をとり，年1回の総会，年2回の対府交渉，年1回の1泊2日での教育研究集会を行っている．2004年夏の対府交渉要求書をみると，賃金・定員・教育予算・民主教育・教育改革・人事任用・農業高校・工業高校の8分野37項目にわたっている．このきめ細かい要求活動は工業高校の条件整備にとって重要であろう．このような組織と活動がすべての都道府県でつくられることを期待したい．

第4章 高校工業教育の教師として地域で生きる

藤本　功

はじめに

　私の勤務する岡谷工業高校定時制（機械科1学級）は，1943年に設立された第二本科機械科が，1948年の学制改革により新制高等学校定時制機械科に改組されて発足した．今までに950名余の卒業生を送り出し，1965年には在籍生徒数が262名と，盛況を呈した時もあったがその後は減少し続け，二十数名になったときもあった．しかしここ数年は不登校だった生徒を中心に増加に転じ，在籍生徒数は現在約40名である．

　生徒は勤労青少年から高校中退者に，最近は不登校生へと変化し，2003年度入学生は，12名中1名を除いて全員が不登校生である．

　全国で定時制の統廃合が進められているが，長野県でも1995年に「定時制・通信制課程検討委員会」が定時制の統廃合を答申し，統廃合が進んでいる．

　本校では答申後も統廃合の動きはなかったが，2003年2月に学校長は「本校も統廃合の対象校であり，2004年度から募集停止にしたい」と職員会に突然提案した．

　驚いた保護者，生徒，教職員が地域の人々と共に「岡谷工業高校定時制を守る会」（以下「守る会」）をつくり，同時に募集停止が提案された須坂高校の「須坂高校定時制の存続を願う会」とも連帯しながら，募集停止反対運動に取り組んだ．

　ただ，残念ながら私たち反対運動の甲斐もなく，県教委定例会は2003年11月に2校の募集停止を正式に決定してしまったが，今回の募集停止反対運動により，多くの収穫が得られたものと確信している．

突然に提案された募集停止

学校長は県教委の統廃合計画に基づき，生徒，保護者，地域の声は全く聞かないまま，募集停止を突然提案した．

教職員は数回の職員会議で生徒，保護者，地域の声を聞きながら十分時間をかけて検討すべきであると，反対してきたが，校長の考えは変わらなかった．

すぐに保護者と教職員，地域の方々をメンバーとする「守る会」が設立され，反対運動が展開されていった．自然発生的のように「守る会」が誕生し，活動できたのは，本校がセイコーエプソンをはじめとする多くの情報・精密関連企業の集中する県下有数の岡谷諏訪工業地域にある唯一の工業高校であり，地域の方々が「自分たちの学校」という意識を持ち，私たちも日頃から，地域との密接な結びつきを大切にして教育実践を重ねてきた土壌があったからである．募集停止を知った皆さんの率直な気持ちは，「なぜ当事者である私たちが無視されるの」，「不登校生をメインに入学生は増加しているのに」，「生徒数が少なくて，なぜいけないの」，「近くの学校へ行くのがやっとの不登校生はどうしたらいいの」であった．

「守る会」では，活動は常にマスコミに連絡し報道していただく，さらに知事，教育長，教育委員全員，地元選出県議会議員，岡谷市長，岡谷市教育長等関係者にはできるだけお会いして説明するか，資料を送って私たちの運動を理解していただくという方針で運動を進めてきた．その際，教職員は常に裏方で支える立場に徹してきた．全国で進められている高校の統廃合，再編に対しては，生徒，保護者，地域が一体となった先進的で多彩な反対運動が展開されており，全国のすばらしい実践をみると，私たち独自の独創的な取り組みといえるものはないが，「守る会」で取り組んだ内容は以下の通りである．

- 反対集会を開催して，定時制が地域になくてはならない学びの場であり，地域の財産であることを訴える．

- 地域全域で反対の署名運動を展開する．
- 定時制の保護者，生徒を対象に「募集停止」と「定時制教育」についてのアンケート調査を実施し，募集停止に負けない新しい定時制教育を創造する．
- 生徒を含め，皆が県知事，教育長等に存続を願う手紙，FAX，メールを多数送付する．
- 生徒が地元新聞に募集停止の問題点を投稿し，定時制存続を訴える（生徒の投稿に対して多くの市民から投稿があり，盛り上がった）．
- 生徒を含めて，県知事，教育長を訪ねて直接存続を訴える．
- 岡谷市長，市議会議長と面談して，県知事，教育委員長あてに存続を求める市長，市議会からの要望書の提出を請願する．
- 卒業生，同窓会と連携を取りながら，地域から，職場から草の根で運動を展開する．
- 保護者と県教委との懇談会を県教委に要求し，存続を直接要請する（高校教育課長と膝を交えての懇談会は3時間にもおよんだ）．
- 組合（高教組）と県教委の交渉を何回かセットして存続を要請する．
- 教育委員と地元選出県議会議員等に学校視察と懇談を要請する（4時間以上にわたって学校を視察して授業を見学し，生徒全員から意見を聞き，定時制の実状を調査された県議会議員もいた）．
- 県教委定例会にはできるだけ多くの方が傍聴し，定例会後に行われる教育委員との意見交換会の場で，教育委員に直接訴える．

　卒業生の多くは地域で主要な地位について活躍しているため，「守る会」の運動は気付かないところで大きく広がって行った．定時制の卒業生である岡谷市議会議員は市長，教育長，議会との橋渡し役として，また，地元企業の社長さんは自らワープロで署名用紙をつくり，職場や地域内での署名活動に，そして岡谷市長や岡谷市議会議員と知り合いの方は市長と市議会議員へ働きかけるなど，自主的に運動を支えて下さった．保護者が，文教委員会や

県教委定例会での意見陳述や傍聴で，さらに，知事・教育長への要請で遠い長野まで出かけるとき，勤務先の社長さんが「仕事はどうにかするから頑張って行ってくるように」と送り出して下さったというような話を聞くたびに，地域と共に生きている，地域によって育まれている学校の姿をみた思いだった．しかし，地域の声に押されて，保護者との懇談の場をしぶしぶ設定した県教委には，すでに募集停止の方針を固めていたため，懇談会の実施も形式的で実績づくりだけであり，真摯に意見を聞こうとする姿勢はあまり感じられなかった．

議論の場になっていない県教育委員会定例会

地域が一体となった反対運動にもかかわらず，8月末に学校長は「定時制は募集停止が妥当である」という具申を県教委に提出した．県教委は学校長からの具申に基づき，9月に開催された県教委定例会で両校定時制の募集停止をあっさり決定してしまった．多くの方が傍聴した県教委定例会の議論は低調そのもので，事務局である県教委からの提案をほとんど議論しないままただ認めるだけのものだった．

あっというまの募集停止の決定に私たちは愕然としつつ，運動の終了を自覚せざるを得なかった．しかし，落ち着いて考えてみると，募集停止の決定がどうしても納得できないのである．

- 県教委定例会において十分議論が行われたとはとても考えられない．
- 地域の実情も学校もわからない教育委員が募集停止問題をきちんと理解しているとは考えられない．
- 県教委が募集停止の大きな理由のひとつとしている「少人数では学習効果が上がらない」とする見解は，教育学的な根拠が不明である．
- 私たちとの懇談で，県教委は表向きは「最初に結論ありきではない，地域の声を聞き尊重して結論を出す」と明言してきたが，生徒，保護者，教職員，地域に募集停止に賛成する声は全くなく，地域の声を正しく把握した上での決定とは考えられない．

- 募集停止を決めたのみで,その後の対応策が何ら提案されず,議論されていない.

本当の民意は

県教委定例会の決定に納得できない「守る会」は最後の手段として,ちょうど開会中の県議会に,県教委定例会の決定の撤回を求める請願書の提出を決めた.

独立機関である教育委員会の決定に対して県議会が撤回を求めるという前例のない取り組みに若干の躊躇があったが,本当の民意は何かを示し,私たちの考えや運動に確信を持ちたかったことも請願書を提出した理由といえる.

「守る会」はこれまで地元選出の県議会議員にできるだけ会って運動について逐一懇談し,資料を提供し,支えていただいていたため,快くすぐ紹介議員になってくださり,請願書をスムーズに県議会議長に提出することができた.

県会文教委員会,県議会で請願はいずれも全会一致で採択された.特に文教委員会で保護者が述べた意見陳述は感動的な内容で,県教委と教育委員に対して大きなプレッシャーになったことと思われる.教育長は「全会一致での採決を重く受け止め,次回の県教委定例会で再度慎重に議論したい」とコメントした.

やっと議論の場となった県教委定例会

ほとんど議論することなく募集停止を決めた県教委定例会は,県会文教委員会,県議会での全会一致による「再検討すべき」という請願書の採択により,やっと議論の場になった.さらに,教育委員のなかには慌てて学校視察に来られる方まで出てきた.

10月,11月の県教委定例会での議論のポイントは以下の通りであった.

- 文教委員会,県議会において全会一致で請願書が採択されたことは,県教委は校長からの意見具申をうけたのみで,保護者,地域の声をきちんと聞いてこなかったのではないか.どのように地域の声を汲み取ってきたのか.

- 募集停止後の対応策，受け皿である定時制の充実策が明らかにされていない．明らかにされるまでは前回の募集停止の決定を認めることはできない．
- 保護者，地域の方々が反対されている理由は何か，対応策は．
- 必ずしも統廃合しないで，NPOなどにより小さな学びの場として存続させる方法は考えられないか．

　一方，「守る会」が文教委員会，県議会での全会一致による請願書の採択を受けて，新たに取り組んだ運動は以下の通りである．

- 教育委員会に対して，以下の内容の公開質問状を提出し，回答を求める．
（募集停止に賛成された方，団体の内訳は．定時制の適正配置の科学的な根拠は何か．教育委員会で今までどのような議論が何回行われてきたのか．募集停止に伴う通学の困難さを保障する具体的な措置は何か等々）．
- 個々の教育委員に懇談を申し入れ，私たちの考えを再度伝える．
- 県教委定例会の席で，私たちの意見陳述の場を要求する．
- 教育委員に地域と定時制の実状をきちんと視察するよう要請する．
- 再度定時制の存続を求める反対集会を地域で開催し，集会の内容を県知事，教育委員全員，教育長に送付する．

　すべてが実現したわけではないが，私たちが強く要求した県教委定例会のなかでの意見陳述は，定例会前に教育委員全員を前にした意見陳述として場が設定され，意見を述べることができた．

　しかし，継続審議となった後，2回にわたる県教委定例会での議論のすえ，11月の定例会では，県教委事務局から提案された以下の募集停止後の定時制充実策を十分と認め，募集停止を再度決定してしまった．

　始業前講座，放課後講座，長期休業中講座，習熟度別講座，TT，学校外の学習の単位認定，シラバスの作成・配布，地域外部講師の活用，NPOとの連携・協力，相談態勢と一人ひとりに寄添った指導（複数担任制，憩いの部屋等の設置，メールによる相談，メールによる情報の発信，チューター制），中高人事交流の活性化，生徒と教職員の交流，クレジットバン

キング方式等による単位認定の弾力化，2学期制，9月卒業・10月入学，多部制・単位制

　長野冬期オリンピックとダムを始めとする無駄な土建工事による県財政の悪化，生徒数の減少等を理由に，統廃合計画の貫徹を決めていた県教委は募集停止後の対応策，周辺定時制の充実策をバタバタと提案し，既定方針通り募集停止を押し通してしまった．一方，県知事は教育委員会と県議会とで意見が対立するなか，困難な県財政を理由に最後まで沈黙を続けた．

　統廃合に伴い他校の定時制でどんなにすばらしい充実策が取られようとも，さまざまな困難を抱えた定時制の生徒にとっては近くにある，小規模で家庭的な地域の学校がどうしても必要である．家から出ること，近くの学校に通うことさえ困難である子どもたちから教育を受ける権利を奪うことは絶対に許されないと確信している．

今回の運動を通して感じたこと，得られた財産

- ダム工事を始めとする土建工事と同様，教育行政も一旦走り出したら止めることができない，困難さを痛感した．
- 県教委は常に「学校の方針やあり方などについては広く社会に理解を求めながら，家庭や地域社会と課題を共有していくことが重要である」と述べているが，自ら地域に出向いて，生徒，保護者，地域の声を真摯に聞こうとする姿勢はなく，「意見を聞く」という形式的な手続きのみに終始した．
- 県教委定例会が十分な議論の場になっておらず，活性化の必要性を痛感した．教育委員は名誉職ではない．学校の統廃合など重要な課題については県教委事務局からの提案をただ鵜呑みすることなく，自ら学校や地域を訪問して懇談するなど勉強して，積極的に議論してほしいものである．
- 自分たちの問題，地域の問題として自主的に，進んで運動に取り組む保護者，地域の方々のエネルギーに感動するとともに，運動を通して地域に貴重なネットワークを構築することができたことが最大の財産となった．
- 上から押しつけられてくる学校の統廃合に反対する地域の運動をみるとき，

日頃から地域と共に歩む共存関係の学校づくり，地域を教材化した授業実践，地域を創る学校づくり，地域に開かれた学校づくりなどの実践が大きな力になることを確信した．

　今回の私たちの運動により，生徒，保護者・地域住民・教職員の声が生かされる地方教育行政の実現がかすかにみえてきたように思われる．

　教育委員会は地域の声を聞きながら施策を進めるべきであり，生徒，保護者，地域住民，教職員が直接教育委員に意見を述べることができる場，意見を聞く機会がさらにきちんと確立され，教育委員会が活性化されることを願い，今後とも運動していきたいと考えている．

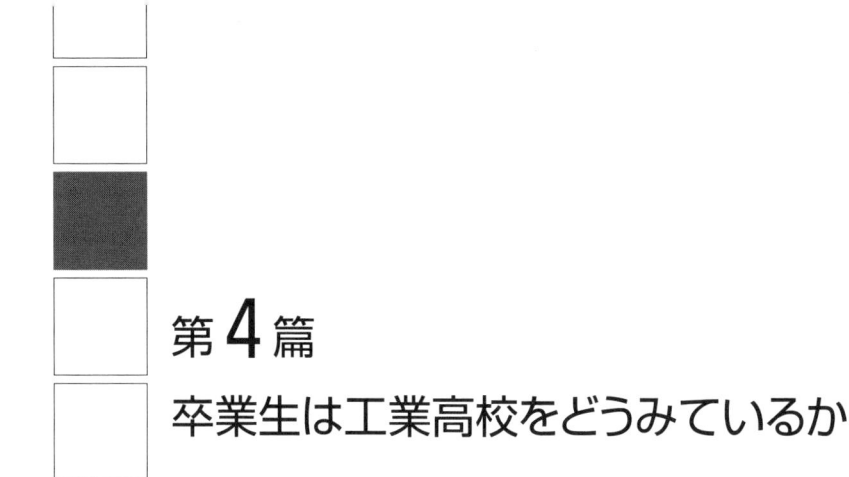

第4篇
卒業生は工業高校をどうみているか

第1章 工業に従事する卒業者は工業教育の内容をどう評価しているか

…………………… 長谷川雅康・佐藤　史人・三田　純義

はじめに

　1970年代半ばに，原正敏は「高校工業教育の有効性の検討」をするために工業高校卒業生の追跡調査を北海道と東京都を中心にして広範に実施した．その結果，工業学科卒業者の相当数が「技術的デスクワーク」についており，工業高校の専門教育を積極的に評価する者がかなりいた．また，採用側の企業に対する調査も合わせ行い，工業教育の意義がかなり支持されていると報告している．一方，高校職業教育と就職との関連については，佐々木享が比較中等教育制度論の面からその特質を論究している．

　また，最近では寺田盛紀らが愛知県を対象に，高等学校専門学科と就職との関連の実態，職業高校教育課程の専門性の存在様式を専門学科の教育課程と就職指導・実績との関連の視点から実証的に研究している．1994年度の総合学科の新設という状況のなかで，高等学校専門学科の専門教育機関としての役割とそこにおける専門性のあり方を追究している．

目的

　筆者らは，これまでの工業教育が培ってきた積極面と限界ならびに課題を客観的に把握することが緊要と考え，工業科卒業生を対象にした調査研究を試みた．今回高校工業学科を卒業し，現在産業界で工業技術にかかわる人々が，高校工業学科で受けた教育内容とくに工業教科の内容をどのように評価しているかを追跡調査することにした．4校での調査結果を踏まえ，基礎教育型の工業教育ではなく，目的意識の明確な生徒に専門性の高い工業教育（専門教育）を行うための教育課程開発の基礎資料を得ることを目的とする．

　本稿では，調査した東京工業大学工学部附属工業高等学校（2000年度），大阪市立都島工業高等学校・大阪府立今宮工業高等学校（2001年度），鹿児島県立鹿児島工業高等学校（2002年度）の4校について全体的に検討し，とくに学科による分類での分析結果の概要を報告する．

方法

（1）調査対象と標本の抽出方法

　高等学校学習指導要領の1956，1960，1970，1978年改定に対応する年代から2学年ずつを選び，調査校設置の機械・電気・工業化学・建築・土木などの学科卒業生のうち調査校同窓会が住所を把握している卒業生を調査対象とした．

（2）調査項目

　以下の調査項目について調査した．

　Q1：高校卒業後の進路　Q2：就職後経験した仕事（部署）　Q3：就職当初の仕事の内容と高校における専門教育との関連　Q4：中堅の頃の仕事の内容と高校における専門教育との関連　Q5：仕事への高校専門科目の有用性の評価　Q6：社会生活への高校教育の影響　Q7：就職後の学習歴，取得資格　Q8：高校工業教育への考え（専門教育の教育課程，教育内容，「専門教育」の解釈）

（3）調査方法

選出した調査対象者に調査票を当該の教育課程表とともに郵送し，回答後返送していただいた．なお，督促を一度行って，調査票の回収をした．

（4）実施期間

調査は，2000年7月から2002年8月下旬までの間に実施した．

（5）回答者数と回収率

各調査校それぞれの回答者数（回収率）は，東工大附属工高510名（58.7%），都島工高435名（20.7%），今宮工高367名（21.1%），鹿児島工高377名（17.5%）であった．総計1,689名の有効回答を得た．

（6）回答者の学科構成

全回答を学科別に分類すると下表のようになった．

学 科	機械科	電気科	建築科	工業化学科	土木科	電通・電子科	機械電気科	合計
合 計	457	391	392	184	148	90	27	1,689

（7）結果の分析方法

ここではとくに学科による特徴と進路による特徴をみるために，回答者全体（以下，全体と略記）から中堅になってから工業高校の専門教育と何らかの関係のある仕事をする人（以下，専門と略記）を抽出し，さらにそれらを以下のように分類して検討した．学科による分類すなわち機械科，電気科，建築科，工業化学科，土木科の5学科を抽出して分析した．

学 科	機械科		電気科		建築科		工業化学科		土木科		専門合計
	全体	専門	全体	専門	全体	専門	全体	専門	全体	専門	
合 計	457	349	391	331	392	343	184	119	148	136	1,278
専門(%)		76.4		84.7		87.5		64.7		91.9	81.3

結果

Q1 あなたは工業高校卒業後どのような進路を取られましたか．

当該の5学科の回答者1,278名の内，イ「すぐに就職し，現在に至っている」が65%強，ロ「すぐに就職し，後に大学等にも学んで，現在に至っている」が13%強で，合わせて78%強が工高卒業後すぐ職場に入っている．

第Ⅱ部　工業高校における教育実践

一方，上級学校に進学した割合は22％弱であり，内16％が高校での専門と同系列に進学してから就職している．

Q2　あなたは就職して，どのような仕事（部署）を経験されましたか．複数の場合は，それらすべてをお答え下さい．また，そのなかで現在の仕事（部署）については年数もお答え下さい．

図1のように，全体では，ニの「設計・製図・見積りや現場監督・技術研究部門など主として技術的デスクワークについている．」が圧倒的に多く，全数の42％強を示す．次いで，トの「その他」で20％，イの「生産ライン」の9％強などと続き，大差はない．なお，ここで％で示す数値は回答数合計（全数）2,070に対する各選択肢の回答数の割合を示す．

学科別では，ニが建築で85％，土木で71％を示し，とくに大多数をしめる．それに対し，機械で33％，電気で32％と他の仕事を凌ぐが，大多数とはいえない．さらに，工業化学ではニが17％弱と少なく，トの27％弱をか

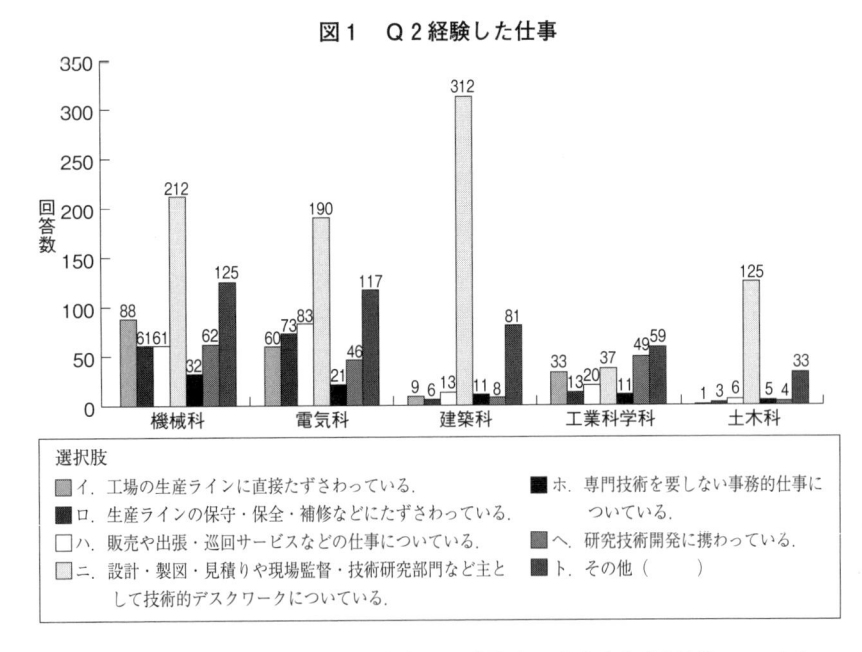

図1　Q2経験した仕事

選択肢
- イ．工場の生産ラインに直接たずさわっている．
- ロ．生産ラインの保守・保全・補修などにたずさわっている．
- ハ．販売や出張・巡回サービスなどの仕事についている．
- ニ．設計・製図・見積りや現場監督・技術研究部門など主として技術的デスクワークについている．
- ホ．専門技術を要しない事務的仕事についている．
- ヘ．研究技術開発に携わっている．
- ト．その他（　　　）

なり下回る．機械，電気でもトが2位であり，かなり多い．

Q3　就職した当初の仕事の内容は，高校で受けた専門教育との関連が深かったでしょうか．

Q4　就職し，中堅といわれるころ（就職後10年位後）の仕事の内容は，高校で受けた専門教育と関連が深かったですか．

まず，就職当初では，全体としてハの「専門教育を受けなくてもできる仕事であるが，専門教育を受けたことが役立つ仕事であった」が37％，イの「専門教育を受けなかったらできない仕事であった」が32％弱，次いでロの「専門教育を受けなかったらかなり苦労する仕事であった」が27％の順である．一方，中堅時では，ハが44％，ロが30％，イが27％の順であり，ロとイが逆転している．

学科別にみると，機械・電気・工業化学はハが最も多いという点などでほぼ同傾向を示す．一方，建築・土木はイが最も多く，次いでロ，ハの順となり，就職後の仕事と工高での専門教育とが強く関連していると考えられる．

Q5　あなたは就職後の仕事で，高校の専門科目の何が役立っていると考えますか．以下の項目のうち，5．大変役立った　4．役立った　3．どちらとも言えない　2．役立たなかった　1．全く役立たなかった，から一つだけ番号を○で囲んで下さい．

図2のように，各学科とも平均して3点台後半を示し，専門科目の有用性を認めていると考えられる．また，各項目毎にみると，ホの「専門科目で学んだ理論の基礎」とニの「専門科目で学んだ実際的技術的知識」が学科の別なく，高い評価を得ている．また，ハの「製図で習得した技能，技術的知識」は学科により評価がかなり異なるが，建築・機械そして土木で非常に高い．他方，ロの「実験・実習で習得した段取り」は工業化学を除き，3点台半ばと相対的に評価が低く，イの「実験・実習で習得した技能」も工業化学・土木以外ではさほど高くない．

学科別では，土木・機械・建築・工業化学などで高い評価となっている．

表　Q5専門科目の有用性の評価

	大変役立った	役立った	どちらとも言えない	役立たなかった	全く役立たなかった
イ．実験・実習で習得した技能	5	4	3	2	1
ロ．実験・実習で習得した段取り（仕事の見通しをつけること）	5	4	3	2	1
ハ．製図で習得した技能，技術的知識	5	4	3	2	1
ニ．専門科目で学んだ実際的技術的知識	5	4	3	2	1
ホ．専門科目で学んだ理論の基礎	5	4	3	2	1
ヘ．その他　具体的に書いて下さい．（　　　　　　　　　　　）					

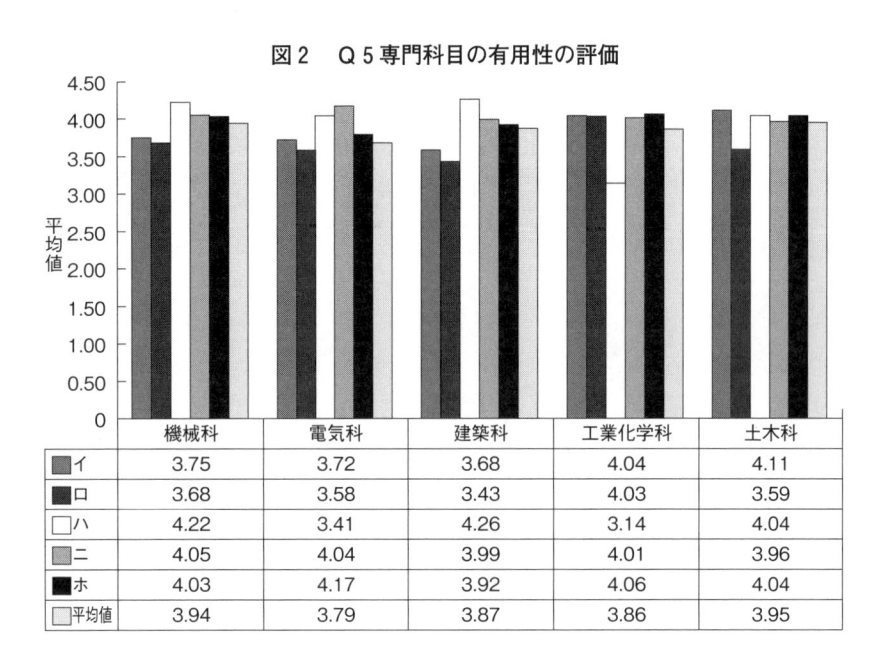

図2　Q5専門科目の有用性の評価

	機械科	電気科	建築科	工業化学科	土木科
イ	3.75	3.72	3.68	4.04	4.11
ロ	3.68	3.58	3.43	4.03	3.59
ハ	4.22	3.41	4.26	3.14	4.04
ニ	4.05	4.04	3.99	4.01	3.96
ホ	4.03	4.17	3.92	4.06	4.04
平均値	3.94	3.79	3.87	3.86	3.95

学科の教育課程における専門の内容への力点が異なることを反映しているとみられる.

Q6　あなたは就職後の社会生活で，高校教育の影響と感じられることがありますか．影響と考えられることを以下の選択肢から選んで下さい．（複数回答可）

　全体としては，トの「具体的な体験を通じて，関連分野の技術的イメージが構成しやすくなった」が20%，イの「15歳からの技術・技能教育によって技術的なセンスが身に付いた」が19%，ロの「個性豊かな友人や先生に出会え，いろいろな人とコミュニケーションが自然にとることができるようになった」が16%，ハの「15歳から専門的な勉強ができ，事実に基づいて考えるようになった」が14%，以下ハが12%，ホが7％の順になっており，工業教育に固有の特性が裏付けられているとみられる．総じて，15歳からの具体的な体験に基づく技術・技能教育により技術的なセンス・イメージを獲得したことが多く認められている．

Q7　あなたは就職してから，仕事に必要なことをどのように習得しましたか．下の回答欄の選択肢の記号に○を付けて下さい．複数の場合，順にお答え下さい．（省略）

Q8　高校教育は子どもから大人につなげる大切な段階の教育です．しかし現実には，様々な課題があるとみられます．そこで，高校教育についてとくに工業高校（専門高校）のあり方に関するお考えをお書き下さい．

① 工業高校などの専門教育について

　全体では，ロの「普通教育と専門教育とのバランスをとって行う」が34%，ホの「生徒たちが選択できる幅を増した教育課程を用意する」が33%，イの「専門教育をもっと充実して行う」が29%とかなり接近し，3分している．学科別では，機械・電気・工業化学・土木がほぼ同様の傾向を示す．建築も類似しているが，イを重視する面もみられる．

② 今後工業高校では，どのような教科，科目を充実させる必要があると

考えますか．できるだけ具体的にお答え下さい（複数回答可）．

図3のように，全体では，イの「体験を通して学べる実験や実習」が24％で1位，次いでニの「課題研究などによる課題解決能力の育成」が21％，ホの「情報技術」が20％と接近して続く．学科別にみると，電気以外はイが最も多く，電気はニを重視し，ホも重視している．建築は，イに次いでへの「インターンシップ（就業体験）」を重視し，現場経験を重んじている．

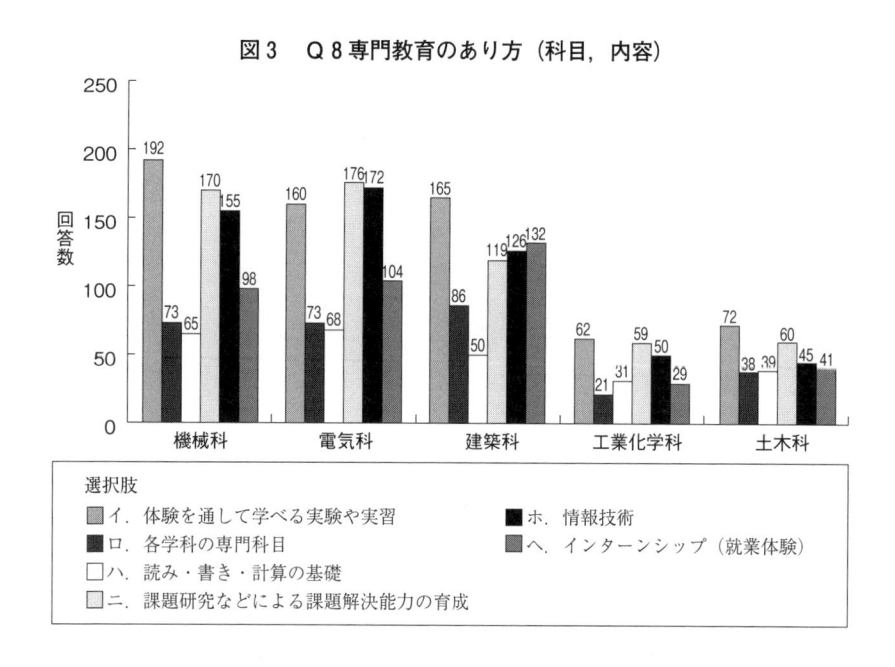

図3　Q8専門教育のあり方（科目，内容）

選択肢
- イ．体験を通して学べる実験や実習
- ロ．各学科の専門科目
- ハ．読み・書き・計算の基礎
- ニ．課題研究などによる課題解決能力の育成
- ホ．情報技術
- ヘ．インターンシップ（就業体験）

機械科：192, 73, 65, 170, 155, 98
電気科：160, 73, 68, 176, 172, 104
建築科：165, 86, 50, 119, 126, 132
工業化学科：62, 21, 31, 59, 50, 29
土木科：72, 38, 39, 60, 45, 41

（3）専門教育に関する自由記述の特徴

専門教育の意味内容や範囲を定義して，回答を求めたわけではないので，「専門教育」観について多様な意見がみられた．高校教育段階の工業教育について，①学問領域・分野，②レベル・程度，③専門的職業人としての必要な能力などとの関連で述べている．

①学問領域・分野：工業分野の技術革新の速さや産業・経済構造の変容に対応して，現在の教育内容を再考・更新すべきであり，専門教育の内容を質的に変化させる必要性が強調されている．

②レベル・程度：新しい教育内容の導入とともに，高校教員の資質向上（専門・研究職や企業人など外部の人材の登用も含め），施設・設備の更新・導入を望む意見もある．ただし，高度な専門教育を高校3年間で行うことには限界があるとして，修業年限の延長，高専化，専門学校化，大学化など教育制度の抜本的改革が提案されている．

③専門的職業人としての必要な能力：卒業後の職業生活に実際に役立つことが重要である．この点は学科を問わずみられ，公立3校に共通してみられる特徴と考えられる．これに関連して資格取得を専門教育の内容の一部として位置づけている意見も多くみられる．

　まとめ・考察

以上のように，本調査で得られた回答から高校の専門教育と何らかの関係のある仕事をする人々の回答を抽出し，学科による分類をしてみられる特徴を検討した．その結果，以下の諸点が明らかになった．

機械科では，就職後の仕事と高校の専門教育との関係については「専門教育を受けなくてもできる仕事であるが，専門教育を受けたことが役立つ仕事であった」が最も多い．就職先がかなり多分野にわたっているため，高校での専門が直接役立てられないことが多いためと考えられる．その一方で，専門科目の有用性の評価は土木科とほぼ並んで最も高い．とくに製図への評価が高く，仕事をする上で製図で学んだことが直接役立っているとみられる．また，専門科目での実際的技術的知識や理論の基礎への評価が高く，永く職業生活を送る上で，理論の基礎の学習が基盤になることを示している．

電気科は多くの点で機械科とかなり類似した傾向を示している．専門科目の有用性の評価については，専門科目での理論の基礎が最も高く評価され，さらに実際的技術的知識も高い評価を示している．ただ，平均値は他の学科

に比べ低い．専門教育のあり方（科目，内容）については，「課題解決能力」や「情報技術」を強く推奨している．

建築科では，経験した仕事は，「技術的デスクワーク」が抜きん出て多く，また，就職後の仕事と高校の専門教育との関係も，「専門教育を受けなかったらできない仕事」が最も多い．さらに就職後の学習についても「高校や大学などでの専門に関連したことをさらに勉強した」が非常に多いなどの点で，他学科とかなり異なり，専門への傾斜が強いことを示している．

土木科でも，経験した仕事は「技術的デスクワーク」が建築科に次いで多く，就職後の仕事と高校の専門教育との関係も，「専門教育を受けなかったらできない仕事」が最も多い．このように多くの点で建築科と類似した傾向を示している．

工業化学科では，建築科などと対照的な傾向を示している．まず，進路状況がかなり異なり，すぐに就職することが少なく，進学が多い．しかも専門と関連しない分野に進んでいる割合も多い．また，就職後の仕事もその他が最も多く，各種の仕事に広く分散している．さらに，専門教育のあり方に関しても，独自の傾向を示す．すなわち「専門教育をもっと充実して行う」がかなり少ないなどである．しかし，その一方で専門科目の有用性の評価は製図以外は低くなく，むしろ高い．理論の基礎，実験・実習での技能や段取りなどを高く評価している．大学等に進学し，さらに就職してからの実務に具体的に役立っているためと考えられる．職業社会との接続の仕組みを再検討する必要があると考えられる．

（なお，この章は科研費による調査研究の成果の一部である．もとになった研究報告書は残部があるので，ご希望の方は長谷川雅康にご連絡下さい．）

第2章　高校工業教育の専門性は生きている

　　　　　　　　　　　　　　　　　　　　　　　　　　　永田　萬享

　現在，専門高校の再編・縮小，総合学科への転換をはじめ，高校の再編問題が各地で進行しているなかで，これまでになく専門高校，とりわけ工業高校への風当たりが一層強く感じられる．ものづくりの重要性が声高に叫ばれているにもかかわらず，こうした動きは理解に苦しむところがある．

　ここでは，専門性を生かした就職の可能性をさぐるなかから工業高校の存在意義を検討して，工業高校の位置について考察しておこう．

　日本では熟練の社会的格付けやそれに基づく横断的な労働市場や，賃金制度が形成されなかったがために，欧米にみられるような職業資格制度が成立しなかったと同時に，それを目指した公的な職業教育が発展してこなかった．しかし，特定の職業に対応するのではなく，幅広く対応する教育として工業高校は機能していた．そこでは「技術員」「中堅技術者」なる養成目標が掲げられていた．原正敏によれば，1960年代前半までは工業高校はそうした目標を達成していたという．しかし，60年代後半以降，その機能は変化しはじめる．

　進学率の上昇にともなう中卒労働力の枯渇のなかで，工業高校卒業者が「技能工・生産工程作業者」として吸収されだしたことによって，技能工・生産工程作業者に従事する割合を急速に高めていったと同時に，そのことは所期の目標である「技術員」「中堅技術者」養成から乖離しはじめたことを意味する．

　1960年代後半以降，工業高校の機能の変化はいかなる要因によるものなのか．ひとつは，大学進学に有利な高校普通科志向が高まり，入学者が本人の希望，適性とは無関係に，いわゆる偏差値によって輪切りにされて各高校へ送り込まれるようになったことである．このことが工業高校生の学力低下

に拍車をかけたと同時に，企業の採用基準が専門教育よりも「やる気」「真面目さ」重視に至る遠因になった．今ひとつは，企業側の事情によるもので，能力主義管理の進展とともに，企業は特定の技能を備えた能力形成ではなくて，ひとつの技能や仕事に固執しないフレキシブルな働き方を求めたことによるものと考えられる．そのためには「学力」偏差値が高い適応性に富む人材が好まれる．こうして，工業高校は学卒労働市場の変化とあいまって，所期の目標であった「技術員」「中堅技術者」の養成機能を低下させていく一方で，企業側においても普通科志向を高め，専門教育重視から「やる気」「真面目さ」重視へと転換していった．

それでは，もはや工業高校の存在意義は消失したのだろうか．普通高校となんら変わることはないのだろうか．否，そうではないだろう．このことを検証してみたい．

前述したように，日本の職業教育は欧米的なかたちでは発展しなかったが，専門基礎教育としての意味合いは有していた．したがって，そうであるがために，工業高校における教育だけでは完結できず，企業内教育を不可欠なものとしたのである．しかし，70年代以降においてさえ，工業高校の地位の低下は免れないにしても，依然として高校工業教育の有効性は保持し得ていた．

たとえば，1975年の文部省「工業高等学校の卒業者等に関する調査」によると，工業高卒者を採用した企業は76％で，工業高卒者の採用に重点をおいた理由の57％が専門分野についての知識・技術を有しているからだと述べていた．また，75～76年にかけて行われた原正敏の調査によれば，主として技術的デスクワークに従事している工業高卒者は，60年より半減しているものの，36％を維持していたという．その場合，生産技術部，品質管理部，保全の業務等に就いていた．さらに2003年の長谷川雅康らによる「高校工業教育の教育内容に対する工業に従事している卒業者の評価に関する事例研究」（科研報告書，2003年3月）によれば，工業高卒者で「設計・製

図・見積りや現場監督・技術研究部門など主として技術的デスクワークについている」ものが58％を占めていた．

　それに対して，「技能工・生産工程作業者」として従事している場合はどうであろうか．これらの職種では専門性の発揮される度合いは低くなると思われるが，ことメンテナンスマンや電気関連業務作業者に限っては必ずしもそうではない．たとえば，保守業務を行う検査サービス会社の事例では電気科を卒業した人を高く評価していた．鉄鋼業の事例では，連続化された生産ラインの維持のためには設備の信頼性やトラブルの少なさが求められ，予防保全という故障する前に保全することが不可欠になっている．そのためメンテナンスマンは故障しないように設備を維持する能力が必要であり，この種の能力の形成には機械，電気についての知識が不可欠であり，その意味では工業高校卒業者が重宝がられている．

　ところで，1960年代以降工業高校生の就職先として急増したのは確かに，ラインオペレータを含むところの「技能工・生産工程作業者」であった．1991年の学校基本調査報告書によれば，工業高卒者で「技能工・生産工程作業者」に従事している者の割合は68％に達している．しかし，この「技能工・生産工程作業者」に就いた者には，専門性を強く要求されるメンテナンスマンや電気関連業務従事者が多数含まれていることに注意しなければならない．そして，この種の職種は労働過程の技術的変革が進み，高度な自動化の展開過程のなかでその比重を増大している．もっとも，そうした職種に就くのは全高卒者からすれば一定の割合にとどまっているけれども，その大半は工業高卒者が占めている．普通高卒者，商業高卒者，農業高卒者はもっぱら，ラインオペレータに配属される．

　以上のように，工業高卒者の労働市場は，かつてに比べると専門性を生かしうる労働市場部分は狭まっているとはいえ，今なお，普通高卒者などに比べて広い専門性を発揮しうる労働市場を有しているといってよい．

　工業高卒者の最大の進学先は専門学校であるが，その場合多くは高校時代

とは無縁な学科に進学している．その限りでいえば，専門学校は工業高校の継続教育の場として十分に機能しているとは思えない．それに対して，厚生労働省管轄の職業能力開発大学校および短期大学校（愛称ポリテクカレッジ等と呼称されている）は入試の多様化によって専門高卒者が多数入学している．入学者の半数は専門高校卒であり，そのうち4分の3は工業高卒者が占めている．そのため，専門高校との接続性を強めていると同時に，工業高校の継続教育の場として重要な役割を担い始めていることを強調しておきたい．

　普通教育偏重のもとで現れている高校職業教育の否定論と労働市場において求められている有効性の議論を区別して考えることが肝要であり，そのことは高校職業教育を含めた職業教育全体のあり方を構想する場合には欠かせないことである．

第III部
工業高校ミニ事典

第1章　世界の中等工業教育

1．ドイツ

.... 吉留　久晴

前期中等教育における職業準備教育

　ドイツでは前期中等教育修了後（9年ないし10年間の義務教育修了後），青少年の大部分が初期職業教育・訓練を受ける．したがって，その前段階にあたる前期中等教育学校（とくに職業教育・訓練希望者が多く在籍している学校種）で，青少年に対して労働・職業世界への手ほどきが行われている．一般に労働科と呼ばれる教科（群）が，その役割を中心的に担っている．各州が設置している労働科は，①技術や経済などの労働世界に関わる教科学習，②企業実習，③職業選択学習といった，おおむね3つの学習活動で構成されている．こうした学習活動を通して，青少年の普通教育学校制度から初期職業教育・訓練制度への円滑な移行のための基盤が培われている．

初期職業教育・訓練

（1）デュアルシステム

　ドイツの初期職業教育・訓練制度の主要な形態は，デュアルシステムという名で世界的に知られている．前期中等教育学校修了者のうち，直ちにデュアルシステムでの職業教育・訓練に移行する者の割合は60％以上にのぼる．このデュアルシステムは，定時制職業学校と企業の2つの場所で，職業教育・訓練を並行して行う点に特色のひとつがある．ちなみに，デュアルシステムでの職業教育・訓練を受ける青少年は，職業学校では「生徒」，企業では「訓練生」という2つの身分を有することになる．

　青少年が訓練を受けることができる職業部門は商工業，手工業，農業，自由業などで，公認の訓練職種数は約350種類におよぶ．2001年の状況を確認してみると，これらの訓練職種のうち，男子は自動車整備工，塗装工，電

気設備工，女子は事務員，医師助手，理容・美容師の順に訓練生数が多くなっている．全体の教育・訓練期間は，訓練職種によって若干異なるものの，ほぼ3年前後である．

• 職業学校における教育

青少年は通常，職業学校に週1日ないし2日通学し，12時間程度教育を受ける．職業学校の教育は，各州（全16州）の文部省によって管轄され，各州で作成される学習指導要領に則して実施される．職業学校での授業のうち，訓練職種に対応した専門教育（理論教授）が全体の約3分の2を占める．残りの約3分の1は，ドイツ語，経済，体育といった普通教育である．なお，前期中等教育学校修了後に初期職業教育・訓練を希望する青少年は，職業学校に就学する義務があるため，希望者全員が当該学校に在籍することができる．

• 企業における訓練

青少年は職業学校に通学する一方で，通常企業に週3日ないし4日通い，実践的訓練を受ける．企業での職業訓練は連邦政府によって管轄され，訓練職種ごとの訓練規則に則して実施される．企業における職業訓練は現場での訓練（OJT）だけでなく，現場から切り離され，設けられた作業場などで系統的訓練が実施されることもある．後者の訓練方法は，大企業で採用される場合が多い．その他，手工業分野ではしばしば個別企業ではなく，企業共同職業教育施設で訓練が実施されている．

訓練期間は，2001年で平均36.9ヵ月である．訓練生は企業で職業訓練を受けているにもかかわらず，その企業から訓練期間中に手当をもらうことができる．その金額は訓練職種によって異なるが，2001年の月額平均で，西ドイツ地域が580ユーロ（1ユーロ＝130円で計算した場合，約7万5000円），東ドイツ地域が497ユーロ（約6万5000円）となっている．

• 企業での訓練場所の確保

ところで，デュアルシステムでの職業教育・訓練を希望する青少年は，職

業学校の在籍とは異なり，企業での職業訓練があらかじめ保障されているわけではない．希望者は，自ら前期中等教育学校在学中に，企業で訓練を受ける場所（訓練ポスト）を探さなくてはならない．書面で訓練生契約を結び，訓練ポストを得ることができた者のみが，企業での職業訓練を開始することができる．実際，青少年が希望する企業ないし職種で訓練ポストを得ることは，それほど容易ではない．

　2001年の状況を確認してみると，数字の上では訓練ポストの需給関係のバランスはなんとか保たれていたものの，青少年が希望する訓練職種と企業から提供される職種が必ずしもマッチしていたわけではないことが浮かび上がってくる．2001年には最終的に24,535もの訓練ポストが余ったのにもかかわらず，20,462人の青少年が訓練ポストを獲得できなかったという事態が生じている．たとえば，小売店員や銀行員といった訓練職種の場合，毎年訓練希望者が多く，訓練ポストがかなり不足する状況にある．このように数字の上で需給関係のバランスがとれていても，訓練ポストが得られなかったり，不本意な訓練ポストを選ばざるを得ないケースもみられる．

・修了試験・就職

　以上のような状況下で訓練ポストを得て，一定の訓練期間を終えることができた訓練生は，訓練職種ごとに修了試験を受験するに至る．修了試験は，会議所，労働組合，職業学校などの各代表者で組織される試験委員会が実施する．試験内容は，筆記試験と実技試験から構成される．試験合格者には該当する職業資格が付与されることになる．2001年における初回での修了試験合格率は86.1％であった．すなわち，約14％の訓練生が1回目の試験で合格できなかったわけである．修了試験は2回まで受験することができる．結局，再試験合格者も含めて，2001年の合格率は全体平均で95.9％であった．

　修了試験に合格後，青少年は就職問題に直面することになる．平均36.9ヵ月間，ある企業で職業訓練を受けたからといって，訓練生全員が同一企業

でそのまま就職できるわけではない．2001年の訓練生の採用率は，西ドイツ地域が58.8%，東ドイツ地域が42.7%であった．企業規模別にみると，西ドイツ地域では企業規模が大きくなればなるほど，訓練生の採用率が高くなっている．従業員500人以上の大企業の採用率が76.9%と最も高い．一方，東ドイツ地域では，中小企業や零細企業の採用率が40%台であるのに対して，従業員500人以上の大企業の採用率は35.9%であり，最も低くなっている．最終的に，全職業訓練修了者のうち21.8%（西ドイツ地域では16.9%，東ドイツ地域では39.6%）が，職を得ることができないという事態が生じている．

（2）学校型職業教育

ドイツにはデュアルシステムの他に，学校形態の初期職業教育制度も存在する．それには，職業基礎教育年や職業準備年なども含まれるが，ここでは職業専門学校での職業教育についてのみ触れておきたい．

職業専門学校は，上述した職業学校とは異なり，全日制の学校である．教育期間は最短1年，最長3年である．近年，職業専門学校の生徒数は増加の一途をたどっている．2001年には425,371人の生徒が職業専門学校に在籍していた．とはいえ，同年のデュアルシステムの訓練生が総勢約1,700,000人であることからもわかるように，職業専門学校による初期職業教育・訓練は少数派であるのが実情である．

職業専門学校は3種類に大別される．第1は，公認訓練職種の修了証を付与する職業専門学校である．第2は，その通学が公認訓練職種の訓練期間に算入される職業専門学校である．第3は，学校教育で組織化される職業訓練を行う職業専門学校である．これらのうち，第2のタイプの職業専門学校での職業教育が多数派を占めている．1年ないし2年の職業専門学校への就学は，デュアルシステムでの職業訓練の期間の1年ないし1年半として算入されることになっている．実際，1年ないし2年の職業専門学校の生徒の多くは，当該学校修了後，引き続きデュアルシステムでの職業教育・訓練を受け

るケースが多い．すなわち，こうした職業専門学校は，前期中等教育学校修了後にデュアルシステムでの職業教育・訓練を希望しながらも，訓練ポストを得ることができなかった者のための，いわば「待機場所」的な性格も有しているのである．

　第3のタイプの職業専門学校の中心は，化学技術助手や生物技術助手，情報技術助手といった助手職の養成を担う職業専門学校で，高等職業専門学校とも呼ばれる学校である．これらの助手職は，デュアルシステムでの職業訓練では養成されない職種である．こうした助手職を養成する高等職業専門学校には，大学入学資格（アビトゥーア）を持つ青少年が比較的多く在籍している．

　職業専門学校の教育は，各州で作成される学習指導要領に準拠して行われる．ここでは，ノルトライン・ヴェストファーレン州の高等職業専門学校の化学技術助手のカリキュラム例を紹介しよう．授業科目は，普通科目と専門科目から構成される．授業時数・週36時間（年間授業週数は約40週）のうち，有機化学や化学テクノロジーなどの専門科目の授業が，全体の約5分の4を占める．残りの約5分の1は，ドイツ語や数学，経済といった普通科目の授業である．全日制の学校での職業教育であるため，生徒はデュアルシステムのように企業で職業訓練を受けることはない．ただし，企業実習（8週間）は行っている．こうしたカリキュラムを履修し，化学技術助手の資格を取得した者の多くは，国や大学の研究所，食品や環境関係企業の実験施設などに就職している．

　以上がドイツの初期職業教育・訓練制度の概要である．デュアルシステムであれ，職業専門学校であれ，細分化された職種（職業資格）に対応した専門教育に比重が置かれている点に，ドイツの初期職業教育・訓練の特徴のひとつがあるといえよう．

2. フランス

　　　　　　　　　　　　　　　　　　　　　　　　　　　堀内　達夫

はじめに

　経済的不況と雇用不安の中で，わが国の高校教育ないし中等職業教育は岐路に立たされている．周知のごとく，普通教育および専門教育によって編成される高校教育の構造と機能は，高学歴化，情報化，サービス経済化，グローバル化，ハイテク化等々の社会的な影響を受けて大きな変動を余儀なくされている．これは，わが国のみならずフランスを含む欧米各国にも共通する現象であろう．

　さて，工業教育を含むフランスの技術・職業教育には，学校体系の各段階に対応して職業資格・免状が設けられおり，それが教育と雇用を繋ぐ重要な役割を果たしてきたという特徴が指摘できる．とくに，高等教育や労働市場との間で，これまでフランスの高校（リセ）教育は比較的透明な接続関係を築いてきた．そこで，フランスの中等教育と高等教育あるいは労働市場との結節点の役割を果たすバカロレアをひとつの視点として，広く技術・職業教育の動向を紹介する．

フランスの中等教育

　まずフランス学校体系における技術・職業教育の位置と役割を一瞥しておこう．いわゆる複線型（分岐制）をとるフランスの中等教育において，4年制の中学校（コレージュ）の上に，基本的には2年制職業高校（職業課程）と3年制高校（普通・技術課程，特別課程）とが分かれて設置されている．どちらの高校にも工業系・商業系などの諸コースが用意されているが，前者は熟練職（水準Ⅴ）に，後者の3年制コースはテクニシャン・中間職（水準Ⅳ）にそれぞれ導く専攻を置いている．これを図式化すると図のようになる．

　図中の(1)(2)のコースは，普通・技術バカロレア（BacG, BacT）およびテクニシャン免状（BT）を準備する3年制のコースであり，(3)は，職業適格証（CAP）ないし職業課程免状（BEP）への準備を目的とする短期のコー

図　フランスの複線型（分岐制）中等学校における技術・職業教育

```
         （第1学年）    （第2学年）   （第3学年）
中    ⑴ 普通・技術1年──普通2年──普通3年→文学,科学,社会・経済の3種普通Bac
学                              技術2年──技術3年→工業,実験,第3次産業,社会・医療など7種BacとBT
校    ⑵ 特別1年────特別2年──特別3年→ホテル,音楽・ダンスの2種BacとBT
                              適応級（技術・特別課程編入）
      ⑶ 職業1年────職業2年──BEP・CAP→2年制→職業バカロレア（工業,サービス計56専攻）
```

スであり，後者⑶の課程修了者には原則として大学入学資格（Bac，バカロレア）が与えられない．なお，前者の普通・技術課程第1学年については，原則として生徒をコース内各科に振り分けることをしないことになっている．そして，進学に関する短期コースの袋小路を是正するために，職業課程と技術・特別課程との間に「橋渡し」的機能をもつ「適応級」が技術課程の第2学年に設置・拡充されている．これは，欠員補充の編入学とは異なり，修得した専攻を前提として進学を促進するためのものである．さらに，80年代半ばの高校改革によって，短期の職業課程修了生を対象とする2年制の職業バカロレア（BacP）準備コースが開設され，職業高校生に対する進路の袋小路が大幅に緩和されるとともに，その教育のレベルアップが図られたことは注目に値する．

バカロレアの二重性

　近世大学に端を発した学位としてのバカロレア（baccalauréat）は，19世紀初めのナポレオンによる帝国大学編成において，中等教育の修了と同時に大学入学資格を認める学位（GU）として制度化された．以来，2世紀にわたってこの基本的な性格は変わっていない．実業界に開かれた特別中等教育バカロレアも19世紀末に試みられたのだが，短命に終わった．

　職業資格（QP）を認める免状としての性格は，戦後になってはじめて付与されたものであり，技術バカロレア（1965年設置1985年改称）および職業バカロレア（1985年設置）がそのために設けられた．これらの取得は，就職の際に職種とそれに対応する賃金を保証する条件となりうる他の職業免状

(DP) と同等の価値があると多くの労働協約や法令で定められている．職業資格といっても，それは公共の福祉等の観点から就業・営業制限を設ける日本の場合とは異なり，広く熟練・技術・専門職に就くための条件であり，労使官代表からなる業種別協議委員会（CPC）がそれら新設・改廃などに関与している．むろん，医療や教育などの専門職に関しては，日本と同じく免状取得者のみに入職が制限されている．それから，資格試験の出題が狭く専門知識・技能に限られる日本に対して，フランスでは普通教科を含む各科専攻の知識・技能が審査される．その意味で，学歴と資格の境は不明瞭である．

職業免状の専攻別種類については，CPC の情報（2002, 1999）によると，職業適格証で 221 種，職業課程免状で 38 種，職業バカロレアで 61 種，技術バカロレアで 19 種，テクニシャン免状で 18 種（1999），上級テクニシャン免状（BTS）で 109 種となっている．ここ 10 年間で職業課程の CAP, BEP 両専攻数が大きく減少しているのに対して，同じ課程の上級にある職業バカロレア（BacP）は増加傾向にあり，全般的に資格を得るまでの教育歴が上昇している．

他方で，普通バカロレアは，専ら高等教育進学のためのパスポートとなっており，最近ではその取得者のほぼ 100％が，大学，グラン・ゼコール（GE），技術短大等（IUT, STS）へ進学している[1]．この普通バカロレアを準備するリセ普通課程は，技術や職業の課程ほどではないがある程度専門分化しており，80 年代末まで次の 6 科に分かれていた．すなわち，文学（A），社会・経済（B），数学・物理学（C），数学・自然学（D），農学・技術（D'），科学・技術（E）であり，さらに文学科は 3 つの選択を用意していた．90 年代初め，ジョスパン教育相の「リセ教育革新（RPL）」によって，工業系や商業系等の技術課程が改組されるとともに，普通課程は科学（S），文学（L），社会・経済（ES）の 3 科に再編統合された．これは，英米流の多様化策を避けて，社会的な公平と効率の観点からバカロレア各科間の序列・格差（社会階層再生産，学力格差）を緩和しようとする措置であった．90

表 バカロレア各科試験合格者数の推移

西暦		1990	比率	1994	(改組)		1995	1998	2001	比率
普通課程 (A〜E科)		247.2	64.4	273.1	普通課程		281.0	268.1	258.8	51.8
技術課程	F科 (工業系等)	41.9	10.9	51.3	技術課程	工業科	34.2	33.7	35.7	7.2
	G科 (第3次産業)	70.2	18.3	73.5		実験科	4.8	6.1	6.1	1.2
	H科 (情報学)	0.4	0.1	0.1		社会・医療科	13.0	17.6	19.2	3.8
職業課程		24.1	6.3	59.5		第3次産業科	76.4	74.3	78.4	15.7
合計		383.9	100.0	457.5		農産科	2.2	4.7	5.5	1.1
(単位 千人)						その他	3.7	4.2	3.1	0.6
					職業課程		65.2	79.3	92.5	18.5
					合計		480.7	488.1	499.2	100

備考:F科(工業系F1〜F10,社会・医療F8,音楽F11,ダンスF11',応用芸術F12),G科(G1〜G3),95年以降の普通課程(L, ES, S)
出典:MEN, Repéres et références statistiques, éd. 2002.

年代を通じて各科バカロレア取得者数の変化には,普通バカロレアの相対的減少と職業バカロレアの相対的増加の特色があり,技術バカロレアには大きな増減がみられない(表参照).

カリキュラム改革と技術・職業教育

90年代末,保革共存政権下のアレーグル教育相は,新世紀に向けた高校(リセ)教育の基本方針である「21世紀のリセ」(1999年3月)を提示して実施した.今後のリセ教育の動向を知る上で参考になろう.これによると,「リセの教育内容は,教科や職業の領域で段階的に専門化することを促すとともに,それなくしては成人となっても,責任をもち,聡明で,批判的で,思慮深い市民の役割を十分に果たせないような基本的知識の総体を獲得することに貢献すべきである」.そして,「リセの各課程は,それぞれの特殊性をもちつつ,そのカリキュラムの中に普通・技術・職業教育の要素を含むべきである」.「多様化の期(cycle)」にあたるリセでは,よく理解された上での進路選択,生徒すべての教育水準向上,教育機会平等の促進が肝要である.学校は,共和国の市民として「権利と義務を学び,民主主義の必要を次第に発見する場でなければならない」ともいう.ここには専門性を備え,市民的教養を身につける統一的なリセ像が再構築されている.

カリキュラム改革を具体的に挙げる．まず普通・技術課程では，①授業時間を普通課程で26時間，技術課程で30時間に限定し，代わりに選択科目が履修できる．②1年次に学習困難な生徒のために「個別支援」を，2・3年次には自律的な学習を促し，また情報技術を利用しつつ，学際的な学習の場としての「指導付き個別学習（TPE）」をそれぞれ新設する．次に職業課程については，教育システムへの統合をさらに進めるとともに，就業体験等を通じて専門に対応する職業との協調関係を築き，そして教科横断的な「職業的学際プロジェクト（PPCP）」を設ける．最後に，普通，技術，職業の各課程に共通して，市民性と民主主義を学ぶ「市民法律社会（ECJS）」を導入する．要するに，生徒の自律性と創造性を育成する目標をもつ総合的な学習の導入が，このカリキュラム改革の特色をなすといってよい．とくに学際的で総合的な学習では，同教科および異教科の教師間協力とそのための研修が欠かせない．全国的なカリキュラム基準（programmes）の枠内ではあるが，教育実践を選ぶために教員により大きな自由裁量が与えられるという．

フランスの技術・職業教育では，産業界の協力を得て運営される職業資格・免状の堅持とともに，学校における教科間の協同による普・職カリキュラム改革が始まりつつある．

〈注〉
（1）同じく進学資格を認める技術科と職業科のバカロレア取得者の進学率は，それぞれ80％，17％である．MEN, *Note d'information*, 2002, p.37

〈参考文献〉
- 堀内達夫・伊藤一雄「フランス専門リセにおけるカリキュラム編成の現状」『技術教育研究』No.61, 2003年
- 伊藤一雄・佐々木英一・堀内達夫編『専門高校の国際比較』法律文化社，2001年

3．アメリカ

　　　　　　　　　　　　　　　　　　　　　　　　　　　横尾　恒隆

アメリカ合衆国の職業教育の特徴

　アメリカ合衆国（以下アメリカ）の場合，近年「バウチャー・システム」「チャータード・スクール」等の形で学校選択の自由を拡げる動きが拡がり，それが公教育制度に与える影響についてさまざまな議論を引き起こしているのは事実である．しかし職業教育の多くは公立学校で行われてきており，また依然として今日でもそうであるといえる．アメリカ教育学会の『教育学研究事典　第6版』[1]によれば，アメリカの職業教育は，フランスのそれとともに「学校による解決法」に含まれている．しかしフランスの場合，職業技術学校が高等教育進学をめざす中等学校とは別に組織されているのに対し，アメリカにおける職業教育の特色のひとつは，中等教育段階では「総合制ハイ・スクール」において，職業教育が「アカデミックな教育」と並行して施されている点にあるとされている．アメリカの場合，ハイ・スクールについては，公立の比重が圧倒的に大きい．また1963年職業教育法の制定後，総合制ハイ・スクールなどに加えて，近隣のハイ・スクールから通学する地域職業センター（area vocational center，最近では，多くのところで地域キャリア・専門センター（area career and technical center）と改称されている）も発達しているが，これも公立の教育機関である．さらに中等後段階の職業教育において，コミュニティ・カレッジなど公立の職業教育機関の比重が大きい．

中等段階の職業教育の動向

　アメリカの場合，普通高校と専門高校が分離している日本の場合と異なり，単独の職業ハイ・スクールの数は少なく，総合制ハイ・スクールや普通ハイ・スクールにおいて職業に関する科目が開設されている．このこともあってハイ・スクールの生徒の多くが職業に関する科目を履修している．西美江の論文によれば，1998年時点でハイ・スクールの生徒が在学中に取得する

職業教育関係の科目の単位数の平均値は，4単位（日本の高等学校では20単位に相当する）となっており，この単位数は母国語である英語のそれに次ぎ，社会科や数学のそれよりも多くなっている．また同じ1998年に職業教育関係の科目の単位数を3単位（日本の高等学校では15単位に相当する）取得している生徒の割合は，43.5％に上っている．1983年に出された『危機に立つ国家』に代表される，1980年代初頭以降のアカデミック科目重視の傾向のなかで，ハイ・スクールの生徒が履修する職業教育関係の科目の選択は，減少の傾向にある．また本格的な職業教育が，中等段階から中等後段階（コミュニティ・カレッジや工業短大，営利学校などで行われるもの）に，移行してきたといわれている．それに伴い中等段階の職業教育に関しては，①ハイ・スクール段階の技術教育や職業教育とコミュニティ・カレッジなど中等後段階の職業教育の結合をめざしたテック・プレップ（tech prep），②総合制ハイ・スクールのなかに「学校内学校」として組織されたキャリア・アカデミー（career academy）など，卒業後すぐに職に就くことよりも，生徒の進路選択の援助や中等後段階の職業教育の基礎的な教育を行うことを目的としたプログラムが，発展してきている．

　しかし依然として総合制ハイ・スクールや地域職業センター／地域キャリア・専門センターでは，従来型の職業教育も行われている．地域職業センター／地域キャリア・専門センターにおける職業教育の例としては，2003年秋に，筆者自身が訪問したデトロイト近郊のウィリアム・D・フォード・キャリア・専門センター（William D. Ford Career-Technical Center）の例を挙げることができる．同センターでは，①工業関係（自動車技術，コンピュータ援用製造／機械加工，建設技術，電子など），②ビジネス・情報関係（会計／計算，ビジネス／コンピュータ技術，グラフィック・アーツ，メディア制作），③対人サービス関係（保育，美容，料理など），併せて22種類のプログラムを提供していた．先述のように，ハイ・スクールの卒業要件において取得を要求されるアカデミック科目（すなわち英語，数学，社会科，科学

など)の単位数が増加していることもあり，総合制ハイ・スクールの職業教育プログラムが削減される傾向にあるなかで，地域職業センター／地域キャリア・専門センターの職業教育プログラムが，公教育としての職業教育制度に占める比重はむしろ増大しているということができる．

また総合制ハイ・スクールで充実した職業教育を行っている例としては，やはり筆者が2003年に訪問したデトロイト近郊のサリン・ハイ・スクールを挙げることができる．同校では，技術・職業教育に関するプログラムとして，①普通教育としての技術教育，②職業教育，③普通教育としての技術教育と職業教育としての工業教育の中間的な性格をもつ「産業技術教育」の3種類を提供している．これらのうち②の職業教育としては，自動車，溶接など工業関係の他，コンピュータ・グラフィックス，農業，給仕，保健，保育など，先述のウィリアム・フォード・センターと同様にさまざまなプログラムが置かれていた．また③の「産業技術教育」については，CAD／設計，電子工学，溶接，オートメーション，コンピュータ・グラフィックスなどの科目が教授されていた．⁽⁶⁾

中等後段階の工業教育

次に中等後段階の職業教育についてみることとする．アメリカの場合，中等後段階の職業教育は，①コミュニティ・カレッジ，②工業短大，③専門分化された中等後学校，④中等後段階の学生を対象とした地域職業センター／地域キャリア・専門センターが，存在している．これらのうち②のなかには，私立の営利学校（proprietary school）が含まれているが，それはアメリカの中等後職業教育機関のなかでは，比較的少数派である．

中等後教育機関のなかで大きな比重を占めるのは，コミュニティ・カレッジといわれる2年制の公立総合制短大で，①4年制大学への編入をめざす「転学」プログラム，②一般教養のプログラムに加えて，③職業教育のプログラムを設置している場合が多い．地域職業センター／地域キャリア・専門センターの工業教育プログラムが，自動車修理や電気工事など，いわゆる

「ブルーカラー」養成の色彩が強いのに対して，コミュニティ・カレッジの職業教育プログラムは，テクニシャンなど「準専門職」(semi-professions) を養成するものとして位置づけられている[7]．

コミュニティ・カレッジの職業教育プログラムの例としては，筆者が1993年頃に見学したオハイオ州コロンバスのコミュニティ・カレッジを挙げることができる．このコミュニティ・カレッジでは，職業教育を目的とする「専門教育」プログラムとして，①商業および公共サービス，②保健および対人サービス，③工学技術の3部門から構成されていた．これらのうち③では，「機械工学」「電子工学」などの専攻が，また①については，「マーケティング」「コンピュータ・プログラミング」などの専攻が置かれていた[8]．

これらのうちの工業教育プログラムの特徴は，日本の専修学校（とりわけ専門課程）のそれと比較すると明らかになる．先述のオハイオ州のコミュニティ・カレッジの場合，工業教育関係のプログラムのなかには「機械工学」「電子工学」など基礎的な分野のプログラムも設置されていた．これに対して日本の専修学校の場合，私立のものが多いこともあり，「情報処理」「自動車修理」など入学希望者の多い分野に偏りがちであるとの指摘もある[9]．それに比してアメリカのコミュニティ・カレッジは，公立の教育機関であるが故に，「機械工学」「電気工学」など工業の基幹的な分野のプログラムを設けることが容易であるということができる．

おわりに

以上のようにアメリカにおける職業教育の特徴をみると，本格的な職業教育が中等段階から中等後段階に移行しているというなかで，①高等学校の専門学科が縮小される一方，②高卒後専修学校に進学する者が多くなっている日本と共通している点もある．しかしアメリカの場合，中等段階，中等後段階を問わず，公費による職業教育機関が主体であることは強調しておく必要があろう．近年中等段階でテック・プレップやキャリア・アカデミーなど，中等後段階の職業教育に接続することを前提にしたプログラムが発展してい

るけれども，これらのプログラムが可能になったのも，中等段階，中等後段階の教育の双方が公立教育機関であることによるのを見落とすことはできないであろう．

〈注〉
（1） M. C. Alkin (ed.), *Encyclopedia of Educational Research*, sixth edition vol. 4 Macmillan Publishing Company, 1992, pp. 1510-1516.
（2） 西美江「アメリカの中等職業教育プログラム」『技術と教育』第362号，2004年2月
（3） テック・プレップについては，横尾恒隆「最近のアメリカ合衆国におけるテック・プレップの動向」『産業教育学研究』第31巻第2号，2001年，佐藤浩章「連邦職業教育法におけるテック・プレップの形成過程」『北海道大学大学院教育学研究科紀要』第85号，2002年，同「アメリカにおける1990年代前半のテック・プレップ・プログラムの全国状況」『技術教育研究』第58号，2001年を参照されたい．
（4） キャリア・アカデミーについては，金子忠史「キャリア・アカデミーの成立」現代アメリカ教育研究会編『学校と社会との連携を求めるアメリカの挑戦』教育開発研究所，1995年，西　美江「米国カリフォルニア州における中等職業教育」『産業教育学研究』第34巻第2号，2004年が詳しい．
（5） 横尾恒隆「アメリカの技術・職業教育の動向（2）」『技術教室』第620号，2004年3月
（6） 同上論文
（7） 新田照夫「コミュニティ・カレッジとは何か」『技術教育研究』第31号，1988年
（8） 横尾恒隆「中等段階と中等後段階の職業教育の関連」『岩手大学教育学部年報』第57巻第2号，1998年
（9） 現代職業訓練研究会『現代職業能力開発セミナー：課題と展望』社団法人雇用問題研究会，1991年，pp. 184～189, p. 195

4．韓国

　　　　　　　　　　　　　　　　　　　　　　　　　　　　　　金　　永鍾

工業教育の歴史

大韓民国（以下，韓国と表記）では，古代・中世社会には，日常生活およ

び生産的活動を通して，職人たちの経験と技能を伝授する教育・訓練が行われた．高麗時代には，14の手工業官庁から派遣された技術監督者が一般職人たちと見習いを指導し統制した．朝鮮前期には13歳から30歳までの寺奴・官奴・良人から選抜した伝習奴子などを対象にして，職人の予備的訓練が行われるなどした．朝鮮後期には大同法の実施により，職人たちは税金を払って賦役動員から解放され，それにより市場生産（民間手工業）が発達した．

韓国の工業教育を時代的に分類してみると，①胎動期（1899～1906），②抑制期（1906～1945），③形成期（1945～1961），④発展期（1962～1979），⑤転換期（1980～1988）の5つに分けることができる．

韓国初の工業教育機関である商工学校が設立（1899）されてから閉校（1906）するまでは，実学思想を基礎にした商工業振興策とともに，実業教育も積極的に推進された．大韓帝国（1897～1910）の工業教育政策は，学部次官を派遣しながら教育の実権を完全に掌握するという大日本帝国の次官政治実施により中断された[1]．

1906年に設立された官立工業伝習所は，その後の大きな成長を成し遂げる契機となった．その後，日帝時代を経て，1948年8月15日には韓国政府が樹立された．1949年12月5日には教育法が公布され，教育人的資源部（日本の文部科学省に相当）で行う工業教育は広義の実業教育の範囲のなかに含まれた．そして，中学校・高等学校（以下，高校）で全教科の30％以上実業科目を行う学校は，実業中学校または実業高校と称することができる（教育法第156条）として実業系中等学校を別に設立する必要性がないようにした．また，実業教育に関する教育目的を別の教育法で定めることがないようにした．ここで実業教育の範囲が広がり，農業，工業，商業および水産業に分けて各科の知識と技能を習得できるようにすることが実業教育の目標とされた．

1962年から始まった第1次経済開発5ヵ年計画により，工業高校教育は

韓国の産業発展，特に工業発展の牽引車の役割を果たした．工業教育は，私たちの生計手段を伝統的な農業から工業に転換し，所得を増大させ，国民大多数を貧困から解放させる一翼を担った．1970年代には，技能人材の中東地域進出と技術人材需給を効率的に満たすための工業高校育成法も樹立された．その結果，国内産業は大きく成長し，経済が復興した．

工業教育の制度

韓国における工業教育は，教育人的資源部管轄の学校教育における工業教育（正規教育制度）と労働部（日本の厚生労働省に相当）管轄の職業訓練における工業教育（非正規教育制度）の2種類がある．ここでは，学校教育における工業教育を中心に述べることとする．

韓国は，日本と同様，単線型の6-3-3-4制の学校制度を採用しており，初等教育を行う6年制の小学校，中等教育を行う3年制の中学校と高等学校，高等教育を行う4年制の大学校（大学）等が設けられている．このうち，高等学校は一般系高等学校，実業系高等学校等に分かれている．

学校教育における工業教育には，小学校での実科，中学校での技術・家庭科，一般系高等学校での工業科等，普通教育ないしは予備的職業教育として行われる工業教育と，実業系高等学校の1種である工業系高等学校で職業技術教育として行われる工業教育の2種類がある．

韓国の場合，職業技術教育としての工業教育だけでなく，普通教育ないしは予備的職業教育としての工業教育が一般系高等学校の教育課程に位置づけられていることが特徴的である．

一般系高等学校における工業教育の教育課程の変遷

一般系高等学校の教育課程は，日本の学習指導要領に相当する「教育課程」により規定されており，これまでに6回の改定があった．普通教育としての工業教育の教育課程は，これまでに以下のような変遷を辿った．

① 第1次教育課程（文教部令第46号，1955.8.1）：教科名は「実業・家政」，科目名は「工業」（選択科目のひとつ，以下同様），各学年（1—3学年）

105時間,「工業」科目の設定,性格と指導上の注意点を規定.
② 第2次教育課程（文教部令第121号,1963.2.15）：教科名は「実業」,科目名は「工業一般」,14単位,科目名を「工業一般」へ変更し単位制を採用（韓国の2単位が日本の1単位),「一般管理」を新設（男女共通必修).

（文教部令第251号,1969.9.4）教科名は「実業」,科目名は「工業」,6単位,実業科と家政科に分離,「技術」と「基礎工学」を新設（これらは共通必修,8単位),「一般管理」は「産業一般」に名称変更.
③ 第3次教育課程（文教部令第350号,1974.12.31）：教科名は「実業」,科目名は「工業」,8—10単位,「産業一般」と「基礎工学」を廃止し,「実業・家政科」に統合,「実業」総計で18単位履修.
④ 第4次教育課程（文教部告示第442号,1981.12.31）：教科名は「実業・家政」,科目名は「工業」,8—10単位,性別履修区分を廃止.
⑤ 第5次教育課程（文教部告示第88-7号,1988.3.31）：教科名は「実業・家政」,科目名は「工業」,8単位.
⑥ 第6次教育課程（教育部告示第1992-19号,1992.12.30）：教科名は「実業・家政」,科目名は「工業」,6単位,9つの選択必修科目のなかから自由に選択して履修.
⑦ 第7次教育課程（教育部告示第1997-15号,1997.12.31）：中学校1年から高等学校1年まで「技術・家庭」が必修とされ,年間102時間履修.高等学校2・3年では専門教科の中の科目「工業」を選択履修（8単位以下).

現在（2005年）は,1997年12月30日付けで改定・告示された第7次教育課程に基づいて教育活動が行われている.

工業系高等学校の性格と目標

工業系高等学校における工業教育に関しては,韓国では,1998年時点で,200余りの工業系高等学校が存在し,316,828名の生徒が在学している.こ

れは，韓国の高等学校在籍生徒の13.6％にあたる．

　工業系高等学校は，従来，基幹的な技能労働者を養成・排出する基礎的職業教育機関として，その役割を果たしてきた．その教育課程は，完成教育に比重を置きつつ，特定の職種に対する職業準備をしながら，各専攻（学科）別に専門的な技術教育を行うよう編成された．

　しかし，第7次教育課程では，工業系高等学校は「世界化・情報化社会を主導する創意的技能・技術人を育成するため工業に関する基礎専門教育を実施する職業教育機関」であると規定された．そして，その教育は「工業分野の基礎技能・技術を習得させる完成教育的性格と基礎技能・技術を土台に職業の全生涯にわたり専門技能・技術を継続的に学習できるよう継続教育的性格をもっている」と規定された．

　すなわち，第7次の工業系高等学校教育課程は，基礎的な技能・技術の習得に焦点がおかれ，完成教育と継続教育の性格をもつものとされた．そして，工業系高等学校の性格は，特定の職業よりも種々の職業に従事するために必要な能力の開発に改められた．工業系高等学校教育は，変化する職業世界に能動的に対応できるよう，生涯教育や継続教育体制に組み込まれたかたちになったといえる．

　工業系高等学校の専門教科は，「工業分野の生産的実務を効率的に遂行するのに必要な基礎技能・技術を習得し，工業分野の産業現場に従事し自我を実現し，国家産業の発展に寄与できる有能な技能・技術人を養成する内容で構成された教科」と規定された．こうした性格に適合させるには，工業系高等学校の教育課程を就職目的と進学目的とに区分し，それぞれ編成する必要がある．

　また，第7次教育課程では，工業系高等学校の基準学科として，土木科，建築科，機械科，電子機械科，金属科，資源科，電気科，電子科，通信科，電子計算機科，産業デザイン科，化学工業科，セラミック科，食品工業科，繊維科，印刷科，自動車科，造船科，航空科，環境工業科の20学科があげ

られており，各学校は，地域の実情や特性に応じて学科を開設し運営している[2]．

大学修学能力試験における職業探求領域の新設

2001年11月5日，教育人的資源部長官は，実業教育育成法で2005年度大学修学能力試験に職業探求領域を新設することを発表した．これは，政府がこれまで大学入学試験政策で実業系高等学校を疎外してきたことを認めたものといえる．

従来は大学修学能力試験に職業探求領域がなかったため，実業系高等学校の生徒たちは，学校で学んだ専門教科の代わりに一般系高等学校の文科や理科の生徒が選択する社会探求領域の試験や科学探求領域の試験を受けなければならなかった．大学修学能力試験に職業探求領域が新設されたことにより，考査危機にあった実業系高等学校の生徒たちの進学機会は拡大することになる．

他方では，一般系高等学校の生徒たちが，大学修学能力試験で職業探求領域を利用することのないよう，実業専門教科を82単位以上履修しなければ，職業探求領域の試験を受験することができないとされた．

職業探求領域は，17科目設けられており，そのうち3科目を選択することになっている．しかし，特定の分野だけを選択することのないよう，選択科目は表1のように，2つに分けられている．ひとつは，農業情報管理，情

表1

修学能力職業探求領域	
選択科目（択1）	選択科目（択2）
農業情報管理，情報技術基礎，コンピューター一般，水産海運情報処理，などコンピュータ関連4科目のなかで1科目を選択	農業理解，工業入門，基礎製図，会計原理，海洋一般，食品と栄養，デザイン一般，プログラミング等，13科目中，2科目を選択

表2

全国大学現況							
大　学	教育大学	専門大学	産業大学	放送大	技術大学	大学（校）	総計
学校数	11	158	18	1	1	171	360

資料：教育人的資源部（2004），教育統計年報

報技術基礎,コンピュータ一般,水産海運情報処理などのコンピュータ関連4科目であり,これらのなかから1科目を選択することになっている.いまひとつは,農業理解,工業入門,基礎製図,会計原理,海洋一般,食品と栄養,デザイン一般,プログラミング等の13科目であり,これらのなかから2科目を選択することになっている.ちなみに,こうした職業探求領域の受験を要求する大学は,上位圏大学よりは実務教育を重視する中下位圏大学と専門大学が多いといわれる.

表3　実業系高等学校卒業者進学・就職率

年　度	卒業者	進学者	就職者	軍隊入隊	進学率(注1)	就職率(注2)
1965	47,289	7,919	16,674	945	16.7	43.4
1975	126,141	11,048	63,437	2,060	8.8	56.1
1985	276,535	36,910	143,214	2,528	13.3	60.4
1990	274,150	22,710	210,113	1,402	8.3	84.0
1995	259,133	49.699	190,148	333	19.2	90.9
2000	291,047	122,170	149,543	523	42.0	88.8
2001	270,393	121,411	130,968	481	44.9	88.2
2002	231,127	115,103	104,138	347	49.8	90.0
2003	189,510	109,234	72,212	251	57.6	90.2

注) 1　進学率＝当該年度卒業者中進学者／当該年度卒業者×100
　　2　就職率＝就職者数／[卒業者数－(進学者数＋軍隊入隊者数)]×100
資料：簡単な教育統計2003,教育人的資源部,韓国教育開発院

表4　実業系高校系列別在生徒数比率推移

年　度	農業高	工業高	商業高	水産・海洋高	計
1965	42,853 (28.5%)	36,980 (24.5%)	67,614 (4.9%)	3,162 (2.1%)	150,609 (100%)
1975	42011 (11.6%)	123,571 (33.9%)	190,208 (52.3%)	7,849 (2.2%)	363,639 (100%)
1985	51,842 (8.1%)	198,354 (30.9%)	380,267 (59.4%)	10,030 (1.6%)	640,493 (100%)
1990	40,646 (6.6%)	191,980 (31.3%)	370,889 (60.5%)	9,336 (1.6%)	612,851 (100%)
1995	21338 (3.2%)	273,683 (41.6%)	355,504 (54.1%)	6.791 (1.1%)	657,316 (100%)
2000	17,874 (3.2%)	265,837 (47.3%)	272,650 (48.5%)	5.607 (1.0%)	561,968 (100%)
2001	16,792 (3.5%)	231,716 (48.2%)	227,710 (47.3%)	5,016 (1.0%)	481,234 (100%)
2002	16,408 (3.8%)	206,518 (48.1%)	201,849 (47.0%)	4,619 (1.1%)	429,394 (100%)
2003	16,322 (4.0%)	196,496 (48.7%)	186,284 (46.2%)	4,538 (1.1%)	403,640 (100%)

資料：教育統計年報　各年度

なお，2003年度までの実業系高校卒業者の進学状況等は，表3，表4を参照．

〈注〉
（1）盧泰天・金永鍾・金正植「100年の歴史から見る韓国の工業教育の発展方向」『産業教育学研究』第33巻第1号，2003年
（2）盧泰天・李龍淳・李炳郁「韓国における工業系高等学校の教育課程運営の改善方向 上・下」『技術教育研究』第54，55号，1999年，2000年

5．中国

……………………………………………………… 黄　　学哲

はじめに

中国の学制は，おおむね日本と同じであり，小学校6年，中学校3年，高等学校（以下，高校）3年，大学4年となっている（ただし一部は小学校5年，中学校4年，高校2年，大学5年になっており，完全に統一されているわけではない）．中国での中等職業教育も，おおよそ日本と同様であり，中学校教育を受けた後に行われている．中等職業教育を実施する学校には，日本の専門高校と同様の「職業高校」，政府労働部門管轄の「技工学校」，旧ソビエト連邦の中等専門学校に相当する「中等専門学校」の3つがある．

職業高校は，一般的にひとつの職業高校のなかに工業学科，商業学科等，数種類の学科が併存している．技工学校は，名称のように熟練労働者の育成を目指している学校であり，専ら工業教育を実施する学校である．中等専門学校は，工業教育を実施する技術学校，商業系学校（財政学校・銀行学校等），師範学校，医療学校，芸術学校等から成っている．現在は，これら3種類の学校を一括して，「中等職業学校」とよんでいる．ここでは中等職業学校で行われている中等工業教育について紹介する．

ちなみに，上記の学校以外でも職業教育は実施されている．たとえば，普通の中学校も労働技術教育を実施している．[1] 高校課程基準上では普通高校で

も技術教育を実施することになっている．しかし，実際に行われているのは，ほとんどが情報科目である．

中国での中等工業教育の歴史

中国において，学校での工業教育が発足したのは，19世紀後半である．当初は「実業学堂」等と称し，1911年の辛亥革命以後は「実業学校」等と称するようになった．当時の実業学校の学制に関する法規の主要なものとしては，1903年の「奏定実業学堂通則」・「奏定中等農工商実業学堂章程」，1913年の「教育部公布実業学校令」・「教育部公布実業学校規程」等，1932年の「職業学校法」，1935年の「教育部公布修正職業学校規程」がある．この時期は，戦乱が続いたため，学校教育全般の普及率が低く，実業・職業教育もほんの一部にしか及ばなかった．

1949年の革命後の中国の教育は，旧ソビエト連邦をモデルとしたものであったといえる．この時期には，工業教育を実施する学校として中等専門学校が設置された．ここでの中等専門学校とは，中国での「中等専業学校」を指している．この中等専門学校は，もともと中学校卒業生を対象にして2～5年間教育する課程と，高校卒業生を対象として2～3年間教育する課程の2種類があったけれども（現在はほとんどが中学校卒業生を対象として3年間教育する），教育目標，卒業生の配属および卒業生に対する待遇は同一であった．中等専門学校の新入生募集は，かつて，国家統一計画に基づく全国統一的なものであり，どの専門で何年に何名募集して何年に何名卒業させるかが計画されていた．1990年代以前は，卒業生配分も国家統一計画に従い，国家により配属された．中等専門学校の卒業生は，労働者というより，生産現場の技術者として活躍し，その待遇も労働者ではなく現在の公務員に相当する「国家幹部」として扱われた．1980年代に入って職業高校が大量に設置されるまでは，中等専門学校が中等職業教育の主な柱であった．[(2)]

この時期，一部には工場で労働しながら学習する，いわば「半工半読」の「工業中学校」と「職工学校」も存在した．しかし，それらの学校は長期間

存続せず，工業教育の主流となるには至らなかった．その他，政府労働関係部門あるいは各企業が設置する技工学校があり，同校は中学校卒業生を対象にして2～3年間の工業教育を施し，熟練労働者を育成した．

1976年，いわゆる「プロレタリア文化大革命」の終焉とそれに次ぐ「改革・開放」により，経済建設が重要視され，各地で職業高校が相次いで設立された．この職業高校は，中学校卒業生を募集して2～3年間の職業教育を実施する学校であり，その教育課程は普通科目が40～60%，専門科目が60～40%という割合になっている．

中国での中等工業教育の現状

以上のように，中等工業教育を施す学校には，中等専門学校，技工学校，職業高校の3つがあり，それぞれ成立の由来，管轄部門，教育目標が異なっていた．これらのうち，中等専門学校がその歴史も最も長く，教師陣・設備・経費・卒業生待遇等の面でも優遇され，中等工業教育の王者として君臨してきた．しかし，現在はその優遇策もほとんどなくなり，管轄権も中央あるいは地方の産業管轄行政部門から地方の教育行政部門に移され，職業高校との差異がほとんどなくなった．技工学校もかつては政府労働部門管轄であり，卒業生配置等の面で優遇されたけれども，現在は国営企業の不振等により，その優勢はみられなくなった．そのため，3つの学校の差異は少なくなくなり，現在は一括されている．

中国での中等工業教育の全盛期は，1980年代後半と1990年代前半であったといえる．一時期は，中等職業学校の在学生徒数が高校段階教育を受ける生徒数全体の半分を越える勢いで伸びた．学校数と生徒数の激増により，教師，特に専門教科を担当する教師の欠乏を解消するため，全国に8校の「職業師範大学」を新設して，職業学校専門教科教師を育成するようになった[3]．

このすさまじい発展ぶりは，1990年代末頃になって下火になったように思われる．中等職業学校の生徒数・学校数ともに大幅に減少するようになった．こうした現象は当面の中国経済の発展ぶりに合わないようにみえるかも

しれない．こうした現象の要因としては，主に次の2つのことが考えられる．

ひとつは，中国では1999年以降，大学入学者の枠を大幅に拡大させたことである．それに従い，普通高校の入学枠もいちじるしく拡大した．その結果，大量の中学校卒業生が普通高校に進学し，中等職業学校は新入生の募集に苦しんでいる．改革・開放が遅れている中西部地域では，半分以上の職業高校が合併されたり他の類型の高校に変換したりしている．たとえば，中国東北にある吉林省梅河口市では3つの職業高校（第一職業高校・第二職業高校・第三職業高校）がひとつに合併され，職業高校・技工学校・中等専門学校「三位一体」の総合的な中等職業学校に転換した．同省柳河県でも2つの職業高校（第一職業高校・第二職業高校）が合併され，「職業培訓センター」に転換された．

いまひとつは，卒業生配置と経費予算等の面での優勢がなくなったことである．これにともない，中等職業教育の主力であった中等専門学校も新入生募集と経営難に陥り，生徒数・学校数ともに激減している．設備が良く，教師陣が強かった多数の中等専門学校が「職業技術学院」，「高等技術学院」等の名称で専科大学（学制上では日本の短期大学に似ている）に転換した．以前から比較的に弱かった，残りの中等専門学校の大半は，定員を大幅に下回るわずかな在学生により学校を何とか維持するか，あるいは一部では廃校にまで追い込まれている．たとえば，吉林省通化市では，市直轄だけでもかつては石炭学校，建築学校，農業機械化学校，工業中等専門学校，農業学校，林業学校，衛生学校，商業学校，銀行学校，師範学校，幼児師範学校の11校の中等専門学校があった．ところが，師範学校および幼児師範学校は師範学院と専科師範学院に昇格し，石炭学校は他の地方に移転して専科大学となった．衛生学校および商業学校は，他の大学と連携して専科大学教育を実施するようになった．工業中等専門学校は職業高校と合併した．建築学校・林業学校・銀行学校は廃校になった．農業学校は在学生数が教職員数を下回る状態で実際にはすでに合併され，農業機械化学校はもう何年間も在学生がい

ない状態で校長と何人かの教師が管理をしている．したがって，中等専門学校のなかで，目下，実際に工業教育を実施しているのは中等専門学校および職業高校が一体化した工業中等専門学校1校のみである．

　また，中国の中等工業教育は，量の面で減っているだけではなく，教育課程・教育内容にも問題がある．中等職業学校の教育課程基準では，専門科目とそれ以外の普通科目（中国では「文化課目」と称している）の割合および理論講義と実践の時間の割合の規定がある．しかし，それらが適切に実施されているとはいえない．多くの中等職業学校は，生産現場の技術労働者育成を目指しているのではなく，中等職業教育の本来の教育目標から離脱して大学入試の指導に力を入れている．中国の大学入試は，中等職業学校卒業生も受験できる国家統一大学入試の他，専ら中等職業学校卒業生向きの学科別の大学入試がある．これが中等職業学校の人気を上げ，学校系統上で中等職業学校の格上げの効果があることは否定しないけれども，大学入学が中等職業学校の主な教育目標になっては本末転倒といえるのではないか．

中国における中等工業教育の課題と展望

　このように，中国における中等工業教育は，産業の発展に相応しく十分に発展することができないまま，衰退の傾向をみせている．その代わり，大学専科レベル（日本の短期大学に相当する）の「職業技術学院」などが数多く新設され，高級技術者の育成を教育目標として，高等工業教育も含む「高等職業教育」を実施している．それにより，生産現場が必要とする大量の熟練労働者を育成すべき中等工業教育は空洞化し，職業教育をほとんど受けていない中学校卒業生が「農民工」（農民から募集した労働者の意味）の名で産業に従事するようになっている．

　以上の分析をまとめると，中国での中等工業教育の課題について以下のことが考えられる．

① 中等職業学校の教育目標を考え直す必要がある．大学教育の普及率が10％台の現状からみて，一部の卒業生が大学に進学するのもよいが，中

等工業教育の教育目標はあくまでも生産現場の技術労働者に置くべきではないか．
② 今までの中等職業学校，特に技工学校と職業高校の生徒募集は，都市部が中心であったけれども，人口が大半を越えながらほとんど空白になっている農村向きの中等職業学校を大幅に発展させる必要があると考える．
③ 中国の沿海地域と内陸地域の中等工業教育は，いちじるしい差異をみせている．沿海地域では中等工業教育を含む中等職業教育がずいぶん盛んであるけれども，内陸地域では中等職業学校が減少している．しかもその数少ない中等職業学校も会計・外国語・観光・ホテルサービスなどの学科が主流である．このような学科設置は見直す必要がある．

中国の産業は，いまだ発展途上の段階にある．この産業発展にあわせる意味でも，中等工業教育を弱化させるのではなく，急速に展開させる必要がある．この数年間，普通高校にだけ視線が注がれてきたけれども，最近は中等職業教育重視の声も聞かれるようになった．中国で最も早く発展したのは簡単加工産業に属する衣類縫製・靴生産・家電組立てなどと建築業だったけれども，今後の産業のさらなる発展には，工業教育を受けた，より技術レベルの高い労働者が大量に必要になることが見込まれる．

〈注〉
（1）詳細は『技術教育研究』2002年7月号の小論「中国における中学校技術教育の教育課程基準の現状と課題」を参照されたい．
（2）中等専門学校の詳細については，『産業教育学研究』2002年1月号の小論「中華人民共和国における中等専門学校の成立と変遷」を参照されたい．
（3）これについては『産業教育学研究』2003年7月号の小論「中国における中等職業学校専門教科担当教師の育成」を参照されたい．

6．ロシア

長谷川雅康

はじめに

ロシアでは，1917年以降続いたソビエト連邦が1991年に崩壊して，社会のあり方が大きく転換しつつある．教育システムも相応の変化を余儀なくされている．1992年のロシア連邦法「教育について」（以下「ロシア連邦教育法」）で，新生ロシアにおける教育システムのあり方が決められた．その前文で，教育とは個人，社会，国家のために目的をもって組織される教授および教育の過程のことであり，国が定めた教育水準（教育資格）に学習者が到達したことが認定されなくてはならない，と謳われている．

この教育とは，普通教育と職業教育とを指しており，教育課程は普通教育と職業教育に分類されている．職業教育の教育課程は初級，中級，上級，高等後職業教育に分けられ，これらに対応して職業教育機関も初級，中級，上級の3タイプがある．

ところで，義務教育年限は6・7歳から15歳までの8～9年間とされ（地区により異なる），その内10歳までを初等教育，それに続く中等教育の15歳（第9学年）で義務教育を終えて，初等中等普通教育学校の第10・11学年にそのまま進むコースと職業技術学校（初級職業教育機関）または中等専門学校（中級職業教育機関）あるいはカレッジに進むコースがある．中等専門学校は初等中等普通教育学校第11学年修了後入る課程が約80％を占めて，主流である．卒業後は高等教育機関の第2・3学年へ編入もできる．また，職業技術学校にも同様の課程がある．これらは，いずれも専門分野により修業年限が異なる．

表1は，中等教育の状況を示すため，ロシア教育統計（2002年版）から作成した．学校数では，90年代以降初等中等普通教育学校と中等専門学校は大きくは変わっていないが，職業技術学校は減少傾向にある．生徒・学生数（％）でみると，初等中等普通教育学校が総生徒数の上で，90年代以降80％

台を維持している．その他を中等専門学校と職業技術学校が受け入れているが，後者が減少気味である．

ロシア連邦の職業教育システム

前述したソビエト連邦の崩壊による教育システムの変革以前の流れを少し振り返ろう．世界的な教育改革が進行するなかで，ソ連邦ではペレストロイカが始まる直前の1984年4月に「普通教育学校および職業学校の改革の基本方針」がソ連邦最高会議などで決定された．6歳児入学とともにすべての者に10～11年の後期中等教育を保障すること，かつ，あらゆる者が何らかの職業資格をもって卒業することをその内容とした．その実現を目指して，ソビエト政権は諸施策を実施した．たとえば，普通教育学校生徒の技術・労働教育の充実とそのための教育生産コンビナートの増設や職業技術学校の中等化の推進などである．

その後，政変に伴う改革のなかでも，職業教育は普通教育と並ぶ重要な柱と位置づけられている．初級職業教育は，約300種の職種に対応した有資格労働者の養成を目的とするものであり，主に職業技術学校という機関で行われるほか，学習・研修コンビナートや学習・生産センターなどでも受けることができる．

一方，中級職業教育は従来からある中等専門学校で基本的には行われてい

表1　教育統計

教育段階	学校種類名	設置者別	修業年限	通常在学年齢	学校数(校)				学生・生徒数(千人)			
					1980/81	1990/91	1997/98	2001/02	1980/81	1990/91	1997/98	2001/02
初等中等	初等中等普通	公	11(10)	6(7)～16	26490	32835	37330	37330	14435	17996	19379	17488
		私			0	0	365	500	0	0	39	57
中等	職業技術学校	国公	2～3	15～16(17)	4045	4328	4050	3872	1947	1867	1667	1649
	中等専門学校	国公	3～4	15～17(18)	2505	2603	2593	2595	2642	2270	2011	2410

資料：Российский статистический ежегодник, 2002

表2 初級職業教育機関の分野別職業資格取得卒業者数

	1994年	1998年	2001年
全職業資格取得卒業者数	877.9	784.8	758.6
工業	182.5	132.0	230.9
・冶金工業	7.5	2.9	2.1
・化学工業	10.1	6.3	1.0
・機械工業，金属加工業	27.4	11.6	11.8
・林業，木材加工業，紙パルプ工業	13.2	11.8	12.1
・建設資材	1.7	0.9	0.3
・軽工業（繊維工業，縫製業，製靴業）	98.9	77.6	67.7
・食料品工業	10.1	8.2	9.2
農業	123.8	107.9	96.5
建設	116.5	97.8	88.1
運輸	123.5	109.5	95.3
通信	5.7	5.2	4.1
商業，公共食堂	99.8	102.0	109.2
サービス部門	30.0	45.6	14.8
経済部門共通の職業	181.2	166.8	61.2

（単位：千人）

資料：Российский статистический ежегодник, 2002

る．中級職業教育の修了者には，中級職業教育修了証書と「専門員」の職業資格が与えられる．

これら初級・中級職業教育の主な機関としての，職業技術学校と中等専門学校について以下に述べよう．

職業技術学校

ソ連邦時代の職業技術学校は，重工業を主とする国営企業の労働者養成を行ってきた．職業技術学校は企業の配下にあって，具体的な職場で必要とされるきわめて狭い専門性を身につけさせる教育で，設備も企業の財源に主に依存していた．ソ連邦崩壊後，企業自身の存続が困難な状況のなかで，新しい職業技術教育のあり方が模索されている．連邦と地方の関係の調整，企業との関係の構築など種々の課題が存在する．とはいえ，国の経済活動を担う資格を持った労働者は不可欠であり，その養成は困難を抱えつつも，続けられている．表2は，初級職業教育機関からの分野別卒業者数を示す．同国の経済の立ち直りを反映してか，資格取得者は工業分野が急増し，農業分野・運輸分野・サービス分野などが減少している．ただし，初級職業資格の取得

がそのまま社会での就業につながるとはかぎらない面もある．

実例として，2000年に水谷邦子氏が訪問されたハバロフスク第30番初級職業学校の概要を述べる．同校は，教職員70名（校長1，副校長3，教師19，技術指導員24，心理士1，司書1，教授法研究者1，その他），生徒500名（男女半々）．30年前にハバロフスク造船工場の付属職業学校として創設．溶接，指物，旋盤，記念品製作，ガラス吹き，刺繍，インテリア，保母などのコースを置く．9つの作業所（マステルスカヤ）をコース毎にもつ．完全中等教育学校11年卒業者は芸術のコースで1年間．同9年修了者は労働者の職業コースに入り，3年間で完全中等教育の科目と職業資格を習得．職業コースの卒業者はほぼ全員ハバロフスク造船工場に就職．一部は高等教育機関（大学）やテフニクムに，一部は軍隊に．市場経済の時代になっても造船工場との絆は強く維持されている．

初級職業学校卒業者の取得する資格（国家資格は1～6級ある）は，一般的に2級か3級で，4級は稀．しかし，同校では2000年に4級卒業者が12％あった．なお，最終資格試験委員は，企業の代表，技師，高資格労働者などの外部者である．試験後さらに学校における実習が義務づけられている．

中等専門学校

中等専門学校は，各分野における中堅要員を養成するソ連邦時代に確立された教育機関である．日本の工業高校あるいは高等専門学校に対応する学校と考えられる．養成する専門分野は工業・建設，農業，運輸・通信，経済・法律，保健・体育・スポーツ，教育，芸術・映画の7つに大別される．これら専門分野のなかで，工業・建設，農業，運輸・通信，経済・法律までを養成する学校を，とくにテフニクムと呼んでいる．

表3には，専門分野別の学生数の推移を示す．やはり，ロシアの経済社会の状況を反映して，工業分野が回復し，農業分野が後退し，その他の分野は一進一退を示している．総数で240万人余りの専門的素養を持つ人材を養成する教育機関はきわめて重要である．

表3　中等専門学校の専門分野別学生数の推移

専門分野	1980/81	1990/91	1997/98	2001/02
工業・建設	1140.4 (43.2)	864.6 (38.1)	840.1 (41.8)	1066.3 (44.2)
農業	429.5 (16.3)	301.8 (13.3)	251.3 (12.5)	274.9 (11.4)
運輸・通信	246.8 (9.3)	188.1 (8.3)	172.6 (8.6)	200.0 (8.3)
経済・法律	270.8 (10.3)	215.5 (9.5)	198.0 (9.8)	299.3 (12.4)
保健・体育・スポーツ	249.4 (9.4)	309.2 (13.6)	231.3 (11.5)	250.9 (10.4)
教育	241.0 (9.1)	341.0 (15.0)	264.9 (13.2)	263.0 (10.9)
芸術・映画	63.7 (2.4)	49.8 (2.2)	52.9 (2.6)	55.4 (2.3)
合　計	2641.6	2270.0	2011.1	2409.8

(単位：千人, カッコ内は％)

資料：Российский статистический ежегодник, 2002

さらに，専門の内訳をみると，専門グループとして，次の23グループがある．自然科学（0.5），人文・社会科学（55.8），教育（67.9），保健（68.1），文化・芸術（17.5），経済・経営（178.4），地質学と有用鉱物探査（0.8），有用鉱物採掘（3.5），エネルギー工学（5.6），冶金学（2.7），機械工学と材料加工（14.8），技術的機械と備え付け（34.8），電気工学（11.5），機器製造（0.8），電子技術・ラジオ技術・通信（11.4），自動化システムと管理（6.7），情報工学・計算技術（11.4），運輸機関の運転（11.7），化学技術（4.4），食料品技術（10.5），日用品技術（6.4），建設・建築（26.8），農業・漁業（29.5），その他（11.7）．括弧内は2001年の各グループの資格を得た卒業者数を千人単位で示す．合計数は593.2千人である．

なお，中等専門学校は昼間制，夜間制，通信制および検定試験制（1995年度から）の教育形態をもって運営されているため，働きながら学習を進め，職業資格を高めるための生涯教育的側面を有している．ちなみに2001年の場合，入学生850.8千人の内，昼間制623.9千人，夜間制30.4千人，通信制192.7千人および検定試験制3.8千人であった．

まとめにかえて

1992年の「ロシア連邦教育法」は，市場経済体制への移行を前提に，自由主義的な傾向を強く持ち，教育の脱イデオロギー化を通じて，あくまで一個の人間として成長発達を重視した多様性のある教育の実現を目指している．

この目標は，普通教育と職業教育の両面で実現が図られ，職業教育は補充教育を含め，あらゆる世代のニーズに対応した教育：生涯学習体系の構築を目指している．各級の職業教育機関がいかに応えているかであるが，実質的にはソ連邦時代のシステムが，市場経済社会の必要を満たす工夫をこらしつつ，根強く生きているとみられる．今後の展開を注目したい．

　本稿の執筆に対し，芦屋大学の水谷邦子先生ならびに藤女子大学の高瀬淳先生から重要な助言と資料を提供して頂きました．ここに記して，深謝の意を表します．

〈参考文献〉
- 川野辺敏監修，関啓子・澤野由紀子編『資料ロシアの教育』新読書社，1996年
- 文部科学省生涯学習政策局調査企画課『諸外国の初等中等教育』教育調査第128集，2002年
- 遠藤忠（研究代表者：宇都宮大学教育学部教授）『ロシア極東・ザバイカル地域の教育・文化政策及び施設・活動に関する総合的調査研究』最終報告書，2002年

第2章 技術・職業教育のグローバル・スタンダード

1．ユネスコの技術・職業教育

尾高　進

ユネスコ（UNESCO）とは，United Nations Educational, Scientific and Cultural Organization（国際連合教育科学文化機関）の略称である．国際連合の専門機関のひとつとして1946年に発足した．ここでは，ユネスコが技術・職業教育に関して行った活動のうち，主なものを紹介する．

技術・職業教育に関する改正勧告および条約

「技術・職業教育に関する改正勧告」は，1974年11月19日，パリで開かれたユネスコ第18回総会において採択された（以下，「改正勧告」と表記）．

改正勧告の構成は次の通りである．前文／第1章　範囲（1～4条）／第2章　教育過程との連関における技術・職業教育：目的（5～8条）／第3章　政策，計画および行政（9～18条）／第4章　普通教育の技術・職業的側面（19～23条）／第5章　職業分野への準備としての技術・職業教育（24～44条）／第6章　継続教育としての技術・職業教育（45～53条）／第7章　職業指導（54～62条）／第8章　教授・学習過程：方法と教材（63～71条）／第9章　スタッフ（72～92条）／第10章　国際協力（93～100条）．

「技術・職業教育に関する条約」は，1989年11月10日，パリで開かれたユネスコ第25回総会で採択された（以下，「条約」と表記）．

条約は，前文および15条の条文とから構成されている．仮に各条文の標題をつけると次のようになろう．前文／第1条（技術・職業教育の定義）／第2条（準拠すべき一般原則）／第3条（プログラム）／第4条（定期的な再検討）／第5条（スタッフ）／第6条（国際協力）．なお，第7条以下は諸手続の規定なので省略する．

改正勧告および条約における技術・職業教育論

　改正勧告および条約の趣旨と背景はそれぞれの「前文」に表現されている．そこに掲げられた理念は，人権としての技術・職業教育であり，その根底には，労働権と教育権との統一的把握があるといってよい．たとえば，「世界人権宣言」(1949年) の精神を尊重して，条約第2条第1項は次のようになっている．「締約国は，子どもおよび成人が，経済および社会の発展，並びに，社会における個人の人格的および文化的完成にとって不可欠である知識および実用的方法を獲得することを可能にするために，各国それぞれの教育制度の枠組みの中において，子どもおよび成人のための技術・職業教育に関する政策を立案し，戦略を定め，かつ，各国の必要と資源に応じて，プログラムおよび教育課程を実施することに同意する」(なお，労働権という点からいえば，ILOが種々の勧告・条約を採択している．次節，第Ⅲ部第2章2．の「ILOの技術・職業教育」の項目を参照されたい)．

　これらの改正勧告および条約では，技術・職業教育は，a) 普通教育の技術・職業的側面，b) 職業分野への準備としての技術・職業教育，c) 継続教育としての技術・職業教育，という3つの側面においてとらえられている．

　このなかで注目すべきは，普通教育における技術・職業教育の位置づけの重さである．たとえば改正勧告第7条は，次のようになっている；

　技術・職業教育は一般的・基礎的な職業教育から始められるべきである．それによって教育制度内および学校と雇用との間の水平的および垂直的接続が促進され，あらゆる形態の差別を排除するのに寄与する．そのため，技術・職業教育は，技術および労働の世界への手ほどきの形をとり，すべての人のための基礎的普通教育の不可欠な部分として計画されるべきである．

　さらに，第19条と第21条では，技術および労働の世界への手ほどきが目指すべき到達点について，次のように述べる；

　技術および労働の世界への手ほどき (An initiation to technology and to the world of work) は，それがなければ普通教育が不完全なものとなるそ

の本質的な構成要素となるべきである．この手ほどきによって，積極的および消極的な特質の両方を含んだ，現代文化の技術的な面を理解すること，実際的な技能が要求される労働を正当に評価することが獲得されるべきである．さらにこの手ほどきは教育の民主化のための改革や変化における主要な関心事になるべきである．この手ほどきは初等教育で始まり中等教育の初期何年間かに継続する，教育課程の不可欠な要素となるべきである（第19条）．

青年期の普通教育における技術・職業教育の手ほどきは，青年の関心と能力のあらゆる範囲における教育的な要求を満たすべきである．それは主に次の3つの機能を果たすべきである．

(a) 材料，道具，生産方法ならびに生産・流通・管理の全過程を探求することを通して，労働の世界および生産技術とその所産の世界への手ほどきとして役立つことによって，教育的視野を拡大すること，そして実際的経験を通しての学習過程を広げること．

(b) 興味と能力のある者を，ある職業分野への準備としての技術・職業教育へ，もしくは正規の教育制度の外にある訓練へと方向付けること．

(c) いずれかの段階で正規の教育から去る者で，特定の職業上の目的も技能も持たない者に対して，自分の素質や潜在能力を高めることとなるような，そして職業の選択や最初の就職を容易にするような，また，彼らが職業訓練や個人的な教育を継続することを可能とするような，精神的構えや思考方法を助長すること（第21条）．

わが国の，とりわけ普通教育における技術・職業教育の現状（実質的にこれを担っているのは中学校の技術・家庭科の技術分野のみ）を考えるとき，これらの勧告・条約のもつ意味を深くとらえることの意味はけっして小さくないと思われる．

近年の動向——ユネスコ・ユネヴォック（UNESCO-UNEVOC）プロジェクト

近年，ユネスコにおいて，ユネヴォックという国際プロジェクトが進行し

ている．これは，技術・職業教育（1999年からはそれに訓練が追加された）の強化のためのプロジェクトで，その構想は1987年につくられ，ユネスコ総会でプロジェクトの着手が決定されたのは1991年である．

ユネヴォックプロジェクトは，すべての人に教育を（Education for All）運動の一環として，質のよい技術・職業教育および訓練（Technical and Vocational Education and Training; TVET）を生涯にわたってすべての人に，という方針で行われている包括的なプロジェクトである．

このプロジェクトでは，TVET制度の発展，TVETへのアクセスの改善，TVETの質の確保，持続的発展可能な社会のためのTVET，人的資源開発の投資への打撃であるHIV（Human Immunodeficiency Virus）とのたたかい，紛争後の国とTVETなどの課題に取り組んでいる．

2．ILOの技術・職業教育

山崎　昌甫

職業訓練勧告およびこれと関連する条約・勧告の推移

ここではまず，職業訓練勧告およびこれと関連する条約・勧告の推移をみておこう．

①職業訓練に関する勧告（第57号）1939年採択　②徒弟制度に関する勧告（第60号）1939年採択　③職業指導に関する勧告（第87号）1949年採択　④身体障害者を含む成年者の職業訓練に関する勧告（第88号）1950年採択　⑤身体障害者の職業更正に関する勧告（第99号）1955年採択　⑥職業訓練に関する勧告（第117号）1962年採択　⑦雇用政策条約（第122号）1964年採択　（同勧告＜第122号＞）　⑧有給教育休暇に関する条約（第140号）1974年採択（同勧告＜第148号＞）　⑨人的資源の開発に関する職業指導及び職業訓練に関する条約（第142号）1975年採択（同勧告＜第150号＞）　⑩人的資源開発：教育，訓練および生涯学習に関する勧告（第195号）2004年採択

ILO の技術・職業教育の基本的考え方

　上記の勧告・条約のなかで，主題の「ILO の技術・職業教育」の基本的考え方は，1939 年の「職業訓練に関する勧告（第 57 号）」（以下，上記の条約・勧告を「39 年 57 号勧告」に準じて略記する）の定義においてであろう．それは次のように表明されている．

　「総会は，次の勧告をする．／第 1 部　定義／1　この勧告において，／（a）『職業訓練』と称するのは，技術的又は職業的知識を習得し又は向上させることができるすべての訓練方法をいい，訓練が学校において施されると作業場において施されるとを問わない．／（b）『技術及び職業教育』と称するのは，職業訓練のために学校において施されるすべての程度の理論的及び実地的教育をいう．／（c）『徒弟制度』と称するのは，使用者が契約により年少者を雇用すること，並びに予め定められた期間及び徒弟が使用者の業務において労働する義務ある期間，職業のため組織的に年少者を訓練し又は訓練させることを約束する制度をいう」

　この文言から，テーマを「ILO の技術・職業教育」に限定すれば定義の（b）を指すものと考えることができる．（b）と（a）（c）との共通点は，ILO の立場からこの 3 つの教育訓練は，「職業訓練」概念に包括されていることである．ただ注目すべき相違点は，学校における「技術及び職業教育」が「理論的及び実地的教育」とあるように，理論的教育と実地的教育の両者を含んでいることである．作業場および徒弟制度として行われる教育訓練では，実地的教育はそれぞれの場所で行われるので，「技術的又は職業的知識を習得し又は向上させること」に重点が置かれている．1962 年の「第 117 号勧告」では，第二次世界大戦後の経済的，社会的状況の変化に対応して内容が大幅に変えられるが，基本的考え方はほぼ同一の意味の提言を行っている．

　この「39 年 57 号勧告」でいまひとつ注目しなければならない点は，「第 3 部　事前の職業的準備」に触れていることである．

「3 (1) 性質上全然一般的であるべき義務教育は，一般教育の必要欠くべからざる一部であって且つ将来の職業指導を容易にするところの筋肉労働の観念，これに対する趣味及びこれを尊重する念を発達させる準備をすべての児童に対して提供するものでなければならない．(2) 右の準備は，実際の作業により児童の眼と手を訓練することを特に目的としなければならないが，この作業の重要度と性質は，義務教育の一般目的と両立するものでなければならない．実際の作業の計画を樹てるに当たっては，その地方の主要産業の性質を考慮しなければならないが，職業訓練の企図は，これを避けなければならない．(3) 右の準備は，少なくとも1年間の期間にわたるべく，遅くとも13歳に始め，且つ義務教育の終了までこれを継続しなければならない．……4 (1) 児童の職業的能力を決定し，且つ将来の労働力を供給する上において選択を容易にするため，長期間の職業訓練を必要とする職業に就かんとする児童に対し，一般教育より職業教育へ移る事前の準備を利用することができるようにしなければならない．(2) 右の準備は，義務教育機関の終了後これを行わなければならない．尤も当該国における現行の法令または規則が14歳以上の卒業年齢を定める場合には，右の準備は，義務教育の最後の年中にこれを行うことができる．……(4) 右の準備のための科目については，実際の作業に特別の重要性をおかなければならないが，右の作業は，理論的課程又は一般的課程以上に出てはならない．実地的及び理論的教育は，相互に補足し合うようにこれを按配しなければならない．準備は生徒の知的及び筋肉能力の一般的発達を目標とし，且つ不当な専門化を避けることによりこれらの生徒が充分な訓練を受けるのに最も適する職業集団は何であるかを決定することを可能ならしめるものでなければならない．実地的及び理論的教育は，上の事前的準備とその後の職業訓練との間の継続性を確保するようこれを按配しなければならない」とし，「第4部 技術及び職業教育」の冒頭の「5 (1) 各国において学校網を作るべく，右は，数，場所及び科目に関し，各地方の経済的要求に適合するようにし，且つ労働者にそ

の技術的又は職業的知識を発達させるのに充分な機会を与えるようにしなければならない」と，あくまで労働者の置かれている条件，立場，要求に配慮している．

　この事前の職業準備についての提言を1930年代という当時の産業経済の発達状況，労働市場の動向を視野に入れなければならないが，第二次世界大戦後のわが国の中学校における教科－技術・家庭，高等学校の職業課程での指導のあり方が，すでに明示されているように思われる．ただILOの条約，勧告が労働者の社会的，経済的立場を尊重することを目的に決議，決定されていることを前提にしている．

第二次世界大戦後の条約・勧告内容の主要な変化

　第二次世界大戦後の条約・勧告には，「39年57号勧告」にみられるような「技術及び職業教育」に限定した内容はないが，次の諸点についての変化を指摘することができる．

（1）技術の発達にともなう訓練段階の拡大

「50年88号勧告」では，「成年者の職業訓練は，雇用市場の状況及び趨勢，生産を改善しまたは増加しようとする努力，並びに被訓練者を適当な職業に吸収する可能性に従って，研究し，実施し及び発展させるべきである」とし，「訓練は，特に昇進を容易にするため，成年者が習得している職業及び就職を希望している産業に関した基礎的知識を成年者にできるだけ与えるべきである」と，「監督者の訓練」について1項を設け，さらに「経済活動のあらゆる分野における雇用（最初のものであると否とを問わない），または昇進の準備または再訓練を目的とするすべての訓練（この目的のために必要とされる一般的，職業的及び技術的教育を含む）について適用する」としながら，はっきりと「管理者の地位にある者の訓練または工業において職長より上の監督者の地位にある者若しくは経済活動の他の分野においてこれらのものと同等の地位にある者の訓練」は「除外する」としている．

（2）訓練範囲の拡大

1）まず身体障害者に対する職業訓練については，「訓練の原則，措置及び方法は，医学的及び教育的条件が許すかぎり，すべての身体障害者に適用すべき」であり，「可能な場合には，身体障害者が身体障害のない労働者と同等の条件で通常の労働をするのに必要な熟練を習得するまで続けるべきである」とする．

2）「訓練及び雇用における女子及び男子の機会の均等の促進」について，「女子の雇用状態を改善するために政府によってとられるすべての経済的，社会的及び文化的措置の不可分の一部をなすべきであり」，「家庭及び職業生活における女子及び男子の役割に関する伝統的な態度を変える必要について教育すること」を強調している．

3）とくに「75年150号勧告」では，国内・国際的労働市場における労働力需要の拡大にともなって，①国際的には，移民労働者の問題について，「移民労働に対する職業指導及び職業訓練は，移民労働者が受け入れ国の言語についてわずかの知識のみを持っていることがあることを考慮に入れ」，さらに「労働者に関係ある国際労働条約及び勧告の関係規定に考慮を払うべきである」とする．②国内的には，「傾斜しつつある又は活動を転換しつつある産業及び企業」，「旧式化しつつある技術及び作業方法を用いている経済活動部門」，「新規産業」など産業技術，作業環境の変化にともなって（ア）「就学したことのない者又は中途で退学した者」について，（イ）中高年労働者が遭遇する困難に対処するための措置として，「自己の職業または他の職業における別の職であって自己の才能及び経験を利用できるものを提供すること」，「非現実的な年齢制限により職業訓練から除外されないこと」を強調する．（ウ）言語上等の少数集団に対して，その構成員は，雇用の状況，すべての関係者の権利及び義務並びにそれらの集団構成員の特定の問題を解決するために利用しうる援助について，それらの者の言語若しくはそれらの者が熟知している言語により又は，必要な場合には，通訳を通じて情報を提供

する職業指導を利用する機会を有すべきである」としている.

(3) 職業指導

「49年87号勧告」では,「『職業指導』と称するのは,個人の特性とその職業的機会に対する関係とを適切に考慮し,職業の選択及び進歩に関する問題を解決することにおいて個人に与えられる援助をいう」とし,また「75年150号勧告」では,職業指導および職業訓練の定義を次のように述べている.「『職業』という語による『指導』及び『訓練』という語の限定は,指導及び訓練が生産的で満足すべき労働生活を行いうる人的能力の確認及び開発を目的としており,かつ,各種の形態の教育とともに個人が労働条件及び社会的環境を理解し並びにそれらのものに個人的にまたは集団的に影響を及ぼす能力を改善することを目的としていることを意味する」としている.

(4)「75年150号勧告」に代わって2004年6月17日に採択された「人的資源開発:教育,訓練および生涯学習に関する勧告(第195号)」

ここでは「加盟国は,社会的対話に基づいて,経済政策,財政政策,社会政策と一貫性がある,国の人的資源開発,教育,訓練ならびに生涯学習の政策を作成,適用し,かつ見直すべきである」とし,とくに「エンプロイアビリティー」を単なる雇用可能性と理解する傾向に対して,この勧告の目的を達成するひとつのキーワードとして定義していることは注目すべきであろう.「『エンプロイアビリティー』の用語は,ディーセントワークを保障かつ保持し,企業内および仕事間で昇進・転進し,技術および労働市場の条件の変化に対応するため,利用可能な教育および訓練機会を活用する個人の能力を強化する,可搬性のある能力および資格に関係するもの」としている.

他の国際機関,とくにUNESCOの技術教育・職業教育に関する勧告・条約との関連

「62年117号勧告」,「75年150号勧告」では,前者が「国際連合教育科学文化機関が技術教育に関する勧告を準備していることに留意して,次の勧告を1962年6月27日に採択する」とし,後者では「1974年の国際連合教育

科学文化機関第18回総会が技術教育及び職業教育に関する勧告を採択したことに留意し，国際労働機関及び国際連合教育科学文化機関が，両機関の文書が調和した目的を追求し，かつ，重複及び抵触を回避することを確保するために緊密に協力してきたこと並びに両機関がそれらの文書の効果的な実施のため引き続き緊密な協力を行うことに留意し」……「次の勧告を1975年6月23日に採択する」として，両機関の技術・職業教育訓練について緊密な相互関係があることを明らかにしている．「04年195号勧告」では，明示はしていないがUNESCOのみならず，OECD/CERIの「リカレント教育」に関する一連の見解をも含みこんでいるように思える．

第3章　中等工業教育史

　　　　　　　　　　　　　　　　　　　　　　　　　　佐々木　享

1．戦前日本の中等工業教育

中等実業教育の意義

　旧学制下の工業学校の教育は，商業学校，農業学校などの教育とともに，学校制度上は実業学校令による実業教育と位置づけられ，中等学校とは別種の学校とされてきた．しかし他面で戦前（正確には旧学制下）の日本では，早くから工業学校，商業学校，農業学校などの実業学校令に準拠した実業学校の教育を中等教育の一環とみなす概念・慣行が生まれ，これらをしばしば「中等実業教育」（これらの学校を中等実業学校）と称した．「中等工業教育」もそのひとつである．

　1943年に制定された中等学校令は工業学校等の実業学校をも制度上は中等学校の一種と位置づけたので，中等実業教育概念はたんなる慣行ではなく，制度概念となった．

　ここでは，このような概念・慣行が成立した歴史的な経過を説明する．

日本の中等教育の特質

　戦前の日本では，「中等学校」と呼ばれた学校は，19世紀の西欧諸国の例にならって，厳密には（旧制の）中学校と中学校から進学する（旧制の）高等学校のみであった．よく知られるように，この（旧制の）高等学校の卒業者は原則的に無試験無選抜で帝国大学に進学できた．つまり，その学校を終えて大学にまで進学できる学校のみを「中等学校」と位置づけていた．ただし，西欧諸国の中等学校の学科課程がラテン語，ギリシャ語などの古典語を中心として構成していたのに対して，日本の中等学校ではこうした西欧の古典語が教えられることはほとんどなく，母国語，古典語としての漢文，英語を中心とした近代外国語，数学，理科（近代的な自然科学）を中心的な科目

に据えた．このような特質に注目して，谷口琢男のように，戦前日本の中等教育を「実学主義中等教育」と称すべきだとする論者もある．

こうして日本の場合，「中等学校」を男子のみの中学校に限定する根拠はやや薄弱だったので，高等女学校令に準拠する女子のみが進学する高等女学校をも女子の中等学校とみなす慣行が早くから生まれた．また「中等教員」という制度・概念は，中学校，高等女学校と（中学校とほぼ同程度とみなされていた）師範学校の教員のみをさしていた．

19世紀末から20世紀初頭のいわゆる世紀転換期には，初等教育6か年修了後にすすむ学校制度しては中学校令，高等女学校令，実業学校令が揃い，日本の中等程度の学校制度は3本立てで構成されると称されるに至った．

実業教育の特質

実業学校が「中等学校」と見なされなかったのは，その学校制度の特質に由来すると考えられた．実業学校の学科課程については，中学校，高等女学校とは異なり，その構成についての法的基準がなく，実業に関する教育を施すという本旨から実習などそれぞれの学校に固有の専門科目を多数含んでいた．実際に実業学校の学科課程は学校設置者が独自に制定したのでその構成は同種の学校でも学校ごとに甚だ多様であった．しかし戦後の高等学校とは異なり，実業学校の学科課程も中学校，高等女学校のそれと同じく文部省の許認可を必要としたので，しばしば変更されることはなかった．実業学校の教科書には，検定制度もなかったので，教師がそれぞれ市販の書物や自作のものを用いていた（例外的に修身，国史，公民の教科書についてのみ，1930年代に入って検定制度が採用された）．また実業学校教員の資格は，「中等教員」のそれとは別個に制度化されていた．

ところで，それぞれの実業学校は，入学資格や修業年限が中学校，高等女学校とほぼ同じである甲種と修業年限の短い乙種とに区分されており，工業，農業，商業，水産等の甲種実業学校については，入学資格や修業年限は中学校，高等女学校とほぼ同じであった．

中等実業教育の観念の成立

　工業，農業，商業等の甲種の実業学校は，入学資格と修業年限の面では中学校とはほぼ同等であったし，その学科課程は実習をふくむ専門教科を重視していたとはいえ，英語をふくむ多数の普通教育科目をふくんでいたから，実業学校だけを差別的に扱うことには無理があり，早くから中学校と同等の社会的特権を与えるべきだという要求があった．そこでまず，1年志願兵制度や徴兵延期など兵役の特典の面で甲種実業学校（工業学校を含む）卒業者は中学校卒業者と同等の扱いを受けることになり，次いで社会的威信の高かった官吏への登用試験の面でも甲種実業学校卒業者は中学校卒業者と同等の扱いを受けることになった（これらの経過は森川治人により解明された）．さらに1903年に専門学校令が制定されると，専門学校入学資格の面で，甲種実業学校卒業者は中学校卒業者と同等の扱いを受けることになり，実際に高等工業，高等商業，高等農業などの実業専門学校には甲種実業学校卒業者が多数入学するようになった．実際の入学者がきわめて少なかったとはいえ，高等学校への入学資格も認められた．その結果，とくに高等商業学校，高等農業学校では入学者のほぼ3分の1が甲種実業学校卒業者で占められていた．その意味では，実業学校からの進学がほぼ絶対的に不可能だった西欧諸国とは異なり，日本の実業学校は一部でいわれるほどの袋小路の学校ではなかった．

　こうした経過を受けて，すでに明治末年には，「中等工業教育」，「中等商業教育」などの観念や言葉が広く一般化した．周知のように，大正年間に始まった中等学校野球優勝大会（第二次世界大戦後の甲子園の高等学校野球全国大会の前身）は最初から中学校のほかに甲種実業学校と師範学校とを参加校に加えていた．これは，中等実業教育の観念が大衆的に広まっていたことを示唆している．日本においてこのような観念，慣行が成立するについては，西欧諸国と異なり小学校教育の制度が完全に一本化されていた制度的背景があったことも見逃せない．

中等実業教育の制度的成立

1943年の中等学校令は，教育制度上はじめて，中学校，高等女学校および実業学校を統一し（くわしくいえば，中等学校令の制定により，中学校令，高等女学校令および実業学校令は廃止され），実業学校をも中等学校の一種として位置づけた（ただし師範学校は同じ1943年から専門学校程度の官立学校となったので，中等学校から外された）．これにより，「中等教員」には実業学校教員もふくまれるようになった．また中等学校令に基づく実業学校規程により，実業学校についても歴史上はじめて標準的な学科課程が制定された．こうして，わずか数年後には制度的には後期中等教育を高等学校として一本化し，実業教育を施す課程をその学科として位置づけることになる，戦後教育改革の歴史的前提が構築された．

2．新制高校の教育課程
教育課程の基準の変遷［その1］
（1）教育課程とは何か

新学制の高等学校においては，各教科・科目とホームルームなどの特別活動を合わせた教育計画の総体を「教育課程」と称している．1999年の高等学校学習指導要領以後はこれに「総合的な学習の時間」が加えられている．「特別活動」は，一時期の高等学校学習指導要領では「特別教育活動」あるいは「教科・科目以外の特別活動」と称されたこともある．なお，小・中学校の教育課程には，以上の他に「道徳」の時間が加えられている．これに対して旧学制においては各教科・科目の構成を「学科課程」と称していた（くわしくいえば，1943年の中等学校令の下では，これに「修練」が加えられていた）．

なお新学制では，男女共学をふくめて後期中等教育制度を単一化した．すなわち，新制高等学校の発足にさきだち1948年1月に制定された「高等学校設置基準」は，学科の種類を「普通教育を主とする学科」（いわゆる普通

学科）と「専門教育を主とする学科」（いわゆる専門学科）に2大区分し，旧学制の工業，農業等の実業学校を専門学科の中の学科として位置づけ，それらを一括して職業学科と称することとした．各学科の教育課程の基準は，この区分にそって高等学校学習指導要領に規定されている．

　新学制の高等学校については，戦前の旧学制とは異なって地方分権の趣旨が徹底しており，教育課程は，文部省が示す「高等学校学習指導要領」に準拠して，地域の特徴等を考慮して各学校が定めるものとされている．各学校は，学習指導要領改定の際などに，県立学校においては都道府県教育委員会に各学科の「学科課程」の表を提出するが，これは，基本的には届け出文書であり，旧学制下のように認可を要する文書ではない．届け出に際して教育委員会があれこれ注文をつけるのは，基本的には「高等学校学習指導要領」に準拠させその枠内に収めさせようとする「指導・助言」である．

　以下には，工業に関する学科に焦点を合わせて，教育課程編成の基準である「高等学校学習指導要領」の変遷を略述する．

（2）高等学校学習指導要領の発表形式の変化

　戦後最初の「高等学校学習指導要領」は，通達の形式で示された．その後は，『一般編』と各『教科編』がそれぞれ独立した冊子形式の文部省の刊行物として発表された．通常の教育史の書物では『一般編』の刊行年月を以て改定年次としているが，各『教科編』の刊行年月はしばしば『一般編』のそれよりずれていた．

　「高等学校学習指導要領」は，1960年改定以後（小・中学校の場合は1958年の改定以後），現行のように一括して文部省告示として『官報』に発表されるようになった．これ以後，学習指導要領の国家基準としての性格が強められた．書物の形で市販されているものは，『官報』をまる写しにして編集しているに過ぎない．

　高等学校学習指導要領は，通常，改定が発表されて2〜3年後から学年進行で実施されるので，全学年の教育課程が変わるのは，さらにその3年後

(全日制の場合）ないし4年後（定時制の場合）となる．以下では便宜のため改定年次で示す．

（3）初期の高等学校学習指導要領の概略

発足直後の高等学校の教育課程の基準は，1947年4月7日の「新制高等学校の教科課程に関する件」，1948年10月の「新制高等学校教科課程の改正について」，1949年1月の「新制高等学校教科課程中職業教科の改正について」の一連の通達および1949年4月に刊行された文部省学校教育局『新制高等学校教科課程の解説』により示された．これにより，単位制の採用，教科・科目への大幅な選択制の導入，高校卒業の要件は全生徒に必修の国語，社会，数学，理科，保健体育の計38単位をふくむ計85単位以上修得とする，専門学科の場合はそのなかで専門の教科・科目を35単位以上を修得することなどの，高等学校教育課程の基本的な枠組みがつくり出された．

工業について最初に刊行された学習指導要領である『高等学校学習指導要領　工業科編（試案）　昭和26年（1951）』は，工業科については実習を中心に据え，それ以外の科目をその関係科目として位置づけるというやや特異な教育課程を推奨していた．

なお高等学校についても，小・中学校と同じく全面的に教科書検定制度が採用された．工業に関する学科についても，機械，電気，建築，工業化学など学科数が多く，いわゆる市場性のある科目については相次いで学習指導要領に準拠した検定教科書が出回るようになったので，学習指導要領は検定教科書を通して教育現場に大きな影響を与えるようになった．検定教科書は，原則として学習指導要領の改定ごとに全面改定されている．

（4）国家基準としての性格を強めた高等学校学習指導要領——1960年改定

この学習指導要領は，必修の教科・科目を普通学科と職業学科とで別個に示して，普通学科と職業学科とを分離させる傾向を強めた．専門学科については，機械科など各小学科ごとの目標をしめし，各科目の内容等も詳細に規定した．

この学習指導要領は，週34単位時間を標準とし，「原則として38単位時間をこえないようにする」としていた．しかし職業学科の専門に関する教科・科目については，「事情の許す場合には，40単位以上とすることが望ましい」としたので，標準とされた時間数を大幅に上回る単位数を設定した学校が多い．実際，この学習指導要領に基づく教育課程の総単位数とそのなかの職業科目の単位数を，単位数減少を推奨した後述の1978年改訂のそれと比較すると表1の如くであった．

　実習については，後述の改定とは異なり，「職業に関する教科・科目は，それぞれの教科・科目の履修に必要な実験・実習などを含めて組織されているものであるから，理論と実際が遊離しないように取り扱うこと」という抽象的な規定にとどまっていた．

　この学習指導要領は，工業に関する学科の小学科としては機械科など16の科をしめすに過ぎなかったが，その中には電子科，化学工学科など従来になかった学科もふくまれ，いわゆる学科多様化の動きを促進する出発点となった．

教育課程の基準の変遷［その2］

（1）各学科の専門性を強化した高等学校学習指導要領——1970年改定

　この学習指導要領は，基本的には，前回改定の特色をいっそう強化するものであり，履修させる単位数も多かった．また歴史上，進路・特性に応じて

表1　工業学科の単位数の変遷（公立高校全日制）

開設していた単位数*とその単位数を開設している学校の比率(%)	1963年度入学者用		1985年度入学者用	
	開設していた総単位数			
	111 (40.7)	108 (22.7)	96 (38.2)	102 (35.2)
	職業科目の単位数			
	49 (13.5)	51 (13.2)	35 (16.7)	38 (16.0)

＊開設されている頻度が最大と2位の単位数

コースあるいは教育課程の類型制を強化するいわゆる能力主義と高校教育の多様化を促進したことで知られる．

実習については，「学科の目標や類型のねらいを達成するために，実習及び製図に関する科目を中核として指導計画を作成するものとする」という前述の 1951 版学習指導要領を彷彿とさせる記述がみられた．

詰め込み主義を基調としていたから，教育現場の多くの側面で矛盾も激化したことが各種の調査で明るみに出された．そのため，この学習指導要領は，実施に入った初年度である 1973 年には早くも教育審議会に改定が諮問されるなど，結果としてはきわめて短命な学習指導要領であったことが知られている．

（2）専門の教科・科目の科学的基礎を軽視した高等学校学習指導要領
—— 1978 年改定

この改定は，1970 年改定の反動で，「ゆとりと充実」を標榜し，全日制の週当たり授業時間を「32 時間を標準とする」とし，卒業に要する必修得単位を従来の 85 単位から 80 単位に切り下げた．これにより，授業時間を減少させた高校が急増した．また従来 35 単位以上とされていた専門教科も「30 単位を下らないものとする」とした．

「工業技術の科学的根拠を理解させ，その改善進歩を図る」という 1960 年の学習指導要領以来の工業科の目標中の文言が消えたことは，この改訂の性格を象徴していた．

科目構成の面では，「工業基礎」「製図」「実習」「工業数理」を工業に関するすべての学科の原則履修科目としたので，工業教育の専門性が弱体化したことは否めない．

なおこの改定から，実験・実習重視の抽象的な規定にとどまらず，「工業に関する学科においては，原則として工業に関する科目に充てる総授業時数の 10 分の 5 以上を実験・実習に充てるものとする」という規定が現れたことは注目に値しよう．農業科の場合はこの種の規定は従来からみられたが，

工業科の場合，実験・実習は「実験」あるいは「実習」と名付けられた科目で（のみ）実施するものという理解が広まったことに対して改めて注意を喚起したのかもしれない．この規定は以後の高等学校学習指導要領に継承される．

この学習指導要領は，1973年に高校進学率の全国平均が90パーセントを超えるに至った状況に対応しようとしたものともいえる．

（3）必修単位数を削減した高等学校学習指導要領——1989年改定

この学習指導要領は，基本的には，前回改定のそれを踏襲していたが，工業に関する学科については，「工業基礎」「実習」「工業数理」「情報技術基礎」および「課題研究」をすべての学科の原則履修科目としたことが注目された．これにより，学科に固有の専門教育を深めることがいっそう困難になったことは否めない．この難点を避けるために「工業基礎」を学科固有の実習の基礎として実施している学校も少なくない．

なお，「家庭一般」女子のみ必修という従来の方式は，日本も批准した女子差別撤廃条約に抵触するとして撤廃され，「家庭一般」「生活技術」「生活一般」のうち1科目を男女の必修とした．この必修方式は，工業科の専門教育を弱体化する傾向に拍車をかけた．筆者は，これらの科目を必修ではなくすべての生徒の選択科目とすべきだったと考えている．

（4）必履修単位削減の動き

1980年代に入って中途退学者の増加が注目されるようになったこともあり，文部省は，90年代に入り，履修させる単位数を減少させるとともに修得を要する単位数も減少させて生徒の負担を軽くするよう指導を強化した．このため週当たり授業時間数を33時間以下とする学校が急増した（表2）．そのなかで，履修する教科・科目をすべて修得させる方式を改め，必修得の単位数を減少させて学習指導要領が規定する最低の80単位に近づける傾向がすすんだ（表3）．このため，生徒からみれば，履修しても修得しなくて済む単位が増加した．

表2　全日制課程の専門学科の週当たり授業時数

週当たり授業時数		31以下	32	33	34	35以上
その学校数（%）	1984年	0.1	11.3	20.	61.6	6.7
	1988年	0.5	9.5	20.	60.8	9.1
	1994年	8.4	30.1	28.	28.0	5.3

表3　全日制課程の専門学科における卒業に要する修得単位数

修得を要する単位数		80	81〜85	86〜90	96以上
その学校数（%）	1984年	1.6	3.9	16.4	55.8
	1988年	1.5	4.1	13.5	63.9
	1994年	10.2	15.0	31.6	22.2

また1990年代には，次項にのべる「総合学科」制度創設の影響で，工業科では，従来の専門学科を解体し，1年次に生徒を一括募集し2年次以降にコースあるいは系に分化させる「総合技術高等学校」などと称する学校が増加してきた．しかしこのような学科については，系統的な専門教育がますます曖昧になるという批判がある．

（5）総合学科の創設

臨時教育審議会答申（1985〜1987年）により，1990年代には，単位制高等学校の創設など高等学校制度にもさまざまな改革が実施され，その一環として，普通科，専門学科に並ぶ第3の学科として「普通教育及び専門教育を選択履修を旨として総合的に施す学科」と定義される（「高等学校設置基準」）「総合学科」が創設された．この学科では第1学年で「産業社会と人間」を必修とし，「課題研究」「情報に関する科目」をふくむ原則履修科目とそれ以外の多数の選択科目で構成する．この学科は，文部（科学）省の推奨にしたがって多数新設され，また従来の職業学科解体に活用されるなどにより，急増している．

（6）完全5日制の下での高等学校学習指導要領——1999年改定

卒業に要する最低必履修単位は80から74単位（全日制の場合の週授業時間は30時間）に減少し，共通履修科目も31単位に減少し，その共通履修科目にも選択制が導入された．こうした中で，小・中学校と同じく「総合的な

学習の時間」が導入された．新設された教科「情報」についても「情報A」「情報B」「情報C」から1科目が必履修科目とされたが，工業科では専門科目の「情報技術基礎」で代替できる．

　専門学科については，専門教科に当てる最低必履修単位は30から25単位へ減少し，原則履修科目も削減され，工業科の場合は「工業技術基礎」と「課題研究」のみとなった．なお工業科の場合は，「総合的な学習の時間」は「課題研究」で代替できる．

〈参考文献〉
- 谷口琢男『日本中等教育改革史研究序説——実学主義中等教育の摂取と展開』第一法規，1988年
- 森川治人『明治期における商業教育の教育課程の形成と展開』雄松堂出版，日本博士論文登録機構，2004年
- 佐々木享「中等教育の一環としての高校職業教育」『名古屋大学教育学部紀要——教育学科』第42巻第2号，1996年

第4章　高校工業教育の教育課程

1．工業高校の教育課程

門田　和雄

　2003年4月から1999年改定の学習指導要領が実施されている工業高校では，機械科や電気科など各専門学科で25単位以上の専門科目を履修することになっている．各学科の内容については，原則履修科目とされている「工業技術基礎」と「課題研究」以外は，学習指導要領に指定されている科目のなかから各学校ごとに教育課程を編成している．ここでは，多くの学校で履修されていると思われる専門科目の内容について簡単に紹介する．

各科に共通する専門科目

（1）工業技術基礎

　工業に関する基礎的技術を実験・実習によって体験させ，各分野における技術への興味・関心を高めるため，主に1年生で設定される科目である．従来の実習科目が各学科の専門内容に特化していたのに対して，本科目では機械，電気，建築，工業化学など，工業の各分野を扱うような教科書が作成されている．実際には各学科の専門科目を中心に各学校では構成されているようである．

（2）課題研究

　工業に関する課題を設定し，その課題の解決を図る学習を通して，専門的な知識と技術の深化，統合化を図るとともに，問題解決の能力や自発的，創造的な学習態度を育てる科目である．内容は，作品製作型，実験型，調査型，資格取得型など，各学校の特長を出す形で取り組まれている．なお，課題研究の成果については，発表する機会を設けるように努めることとされており，プレゼンテーション能力や文章作成能力なども必要になる卒業研究的な科目となっている．ほとんどの学校で3年次に履修されている．

（3）実習

工業の各専門分野に関する基礎的な技術を実際の作業を通して総合的に修得させるための科目である．生徒たちは，ほとんどの授業で作業着や白衣を着て取り組む，専門学科の中心的な科目である．取り扱う内容は学科によってさまざまであるが，授業形態は 10 人程度のグループをローテーションしながら，少人数で取り組むようになっている．たとえば，機械科では旋盤実習，溶接実習，材料実験，流体実験などを順番に行っている．授業の評価は試験ではなく，毎回のレポートを中心として行われることが多い．

（4）製図

製図に関する日本工業規格および各専門分野の製図について基礎的な知識と技能を習得させる科目である．主に機械科における機械製図，建築科における建築製図などがあり，最近はコンピュータを活用した CAD なども積極的に取り入れられている．

（5）工業数理基礎

工業の各分野における事象の数理処理に関する知識と技能を習得させ，実際に活用する能力と態度を育てる科目である．面積や体積の計算から，単位の換算，有効数字など，専門科目の学習には欠かせない内容になっている．

機械科における専門科目

（1）機械設計

機械設計に関する基礎的な知識と技能を習得させる機械科の中心科目である．具体的には，機械力学，材料力学，機械要素，機構学などを総合的に取り扱っている．通常の授業は一クラスの一斉授業で行われるが，製図室を活用したり，簡単なものづくりを取り入れた授業なども行われている．数学，物理とも深く関連した科目であり，大学工学部機械工学科で学ぶ内容とほぼ同じである．

（2）機械工作

機械工作に関する基礎的な知識と技能を習得させる科目である．通常の授

業は一クラスの一斉授業で行われており，実習で取り組んだ切削加工や塑性加工，機械材料などについて理論的に深めたり，学校で取り組むことができない加工について扱っている．今回の改訂で消失した「計測・制御」の主に計測分野については，今後この科目で扱うようになった．

（3）原動機

原動機の構造と機能に関する知識と技能を習得させ，原動機を有効に活用するための科目である．いい換えると，主に流体力学と流体機械であるポンプや水車，熱力学と熱機関を扱う内容である．通常の授業は1クラスの一斉授業で行われるが，原動機に関する実験は実習科目で取り扱われているため，進度が一致しないなど履修形態には問題を抱えている．数学，物理とも密接に結びついた内容であり，大学工学部機械工学科で学ぶ内容とほとんど同じである．

電気科・電子科における専門科目

（1）電気基礎

電気に関する基礎的な知識と技能を習得させるための科目であり，直流回路，交流回路，電磁気などを扱う電気科の中心科目である．

（2）電気機器

電気機器および電気材料に関する基礎的な知識と技能を習得させるための科目であり，発電機，変圧器・誘導機・同期機，導電材料・磁性材料・絶縁材料などを扱っている．

（3）電力技術

電力技術に関する基礎的な知識と技能を修得させるための科目であり，発電，配電と屋内配線，自動制御，照明・電熱などの電力応用，電気関係法規などを扱っている．

（4）電子技術

電子技術に関する基礎的な知識と技能を修得させるための科目であり，半導体と電子回路，通信システムの基礎，画像通信，音響機器などを扱ってい

る.

(5) 電子回路

電子回路に関する基礎的な知識と技能を修得させるための科目であり,ダイオード・トランジスタなどの素子,増幅回路など電子回路の基礎を扱っている.

(6) 電子計測制御

電子回路に関する基礎的な知識と技能を修得させるための科目であり,シーケンス制御,フィードバック制御,制御装置とインターフェースなどを扱っている.

(7) 電子情報技術

電子回路に関する基礎的な知識と技能を修得させるための科目であり,論理回路,コンピュータの構成と機能,制御プログラミング,ネットワークシステムなどを扱っている.

(8) プログラム技術

コンピュータのプログラムに関する基礎的な知識と技能を修得させるための科目であり,コンピュータによる問題処理手順やプログラミング技法などを扱っている.

(9) ハードウェア技術

コンピュータのハードウェアに関する基礎的な知識と技能を修得させるための科目であり,ハードウェアの構成や通信技術,制御技術などを扱っている.

(10) ソフトウェア技術

コンピュータのソフトウェアに関する基礎的な知識と技能を修得させるための科目であり,オペレーティングシステムやアプリケーションプログラムの運用などを扱っている.

建築科・土木科における専門科目

(1) 建築構造

建築物の構造および建築材料に関する基礎的な知識と技能を修得させるための科目であり，鉄筋コンクリート構造や鋼構造，建築材料の種類と特徴・規格と性能などを扱っている．

(2) 建築施工

建築施工に関する基礎的な知識と技能を修得させるための科目であり，施工方式や工事契約，仮設工事・基礎工事・主体工事・仕上工事，建築積算などを扱っている．

(3) 建築構造設計

建築構造設計に関する基礎的な知識と技能を修得させるための科目であり，はりやラーメン・トラスなどの構造計算を扱っている．

(4) 建築計画

建築計画に関する基礎的な知識と技能を修得させるための科目であり，建築の歴史，建築と光・音・熱・色彩などの環境，建築の設備，各種建築物の計画，都市計画などを扱っている．

(5) 建築法規

建築法規に関する基礎的な知識と技能を修得させるための科目であり，建築基準法など各種建築法規を扱っている．

(6) 測量

土木測量に関する基礎的な知識と技能を修得させるための科目であり，平面の測量や高低の測量，地形図などを扱っている．

(7) 土木施工

土木施工に関する基礎的な知識と技能を修得させるための科目であり，土木材料やコンクリート工・基礎工・舗装工・トンネル工などの施工技術，土木工事管理などを扱っている．

（8）土木基礎力学

土木構造物や土および水の基礎力学に関する基礎的な知識と技能を修得させるための科目であり，はりやモーメントなど構造力学の基礎，土質力学や水理学の基礎などを扱っている．

（9）土木構造設計

土木構造設計に関する基礎的な知識と技能を修得させるための科目であり，鋼構造や鉄筋コンクリート構造物の設計，基礎・土留め構造物の設計などを扱っている．

工業化学科における専門科目

（1）工業化学

工業化学に関する基礎的な知識と技能を修得させるための科目であり，酸と塩基，酸化と還元，石油と化学，材料と化学などを扱っている．

（2）化学工学

化学製品の製造に関する基礎的な知識と技能を修得させるための科目であり，化学工場と化学プラント，物質とエネルギーの収支，計測と制御，化学プラントの安全などを扱っている．

この他，数は少ないが材料系の学科で扱う科目として，セラミック技術，セラミック化学，繊維系の学科で扱う科目として，繊維製品，繊維・染色技術，染織デザイン，インテリア系の学科で扱う科目として，インテリア計画，インテリア装備，デザイン史などの科目がある．

2．機械科の教育課程編成

………………………………………………… 小嶋　晃一

1970年の高校学習指導要領改定の前は，機械科に限らず，工業の専門教育の科目は一応「工学」の体系に沿う形で設けられていた．しかし，70年改定で，従来の数科目をひとつの大科目に括る大転換が行われた．

機械科では，従来の「応用力学」と「機械設計」が統合し「機械設計」に，

「機械材料」と「機械工作」「工場経営」等（その後「計測と制御」も）が統合して「機械工作」となった．高校3年間の総単位数の削減が進むなかで，実験・実習以外の専門教育の科目，いわゆる「座学」の各科目に当てられる履修単位数が数単位となると，ひとつの大科目の内容をすべてきちんと教授することが不可能となる．すべての内容を網羅するとなると，薄っぺらなカタログ的な知識になる．精選となると，その精選の仕方によっては，同じ科目を履修しても履修内容が大きく異なる．

　したがって，工業の教育課程編成においては，内容の精選まで含めて検討しなければならない．工業の各小学科における基礎・基本は何かを明らかにし，その基礎・基本を踏まえて，どの科目のどの内容をどんな順序で教授するのかを検討して，教育課程編成を行う．

　ここでは，機械科における教育課程編成について検討する．

　（1）発達した機械は，原動機，伝動機構，作業機から成り立っている

　すなわち，機械は外部から動力を取り入れ，それを伝動機構を通して作業部分に伝えて作業するものである．したがって，機械の学習では，力学の学習が必要不可欠である．まず，はじめに，「静力学」と「動力学」を学ぶ．この2つの力学と「材料力学」「機構学」の基本を学んでから，狭い意味での「機械設計」に進むのが一般的である．また，「静力学」「動力学」の学習は，「原動機」の学習の前提ともなる．

　このように，「静力学」と「動力学」は，物理と連携するなどして，すべての生徒にきちんと教えることが重要である．ここで，注意すべきことは，与えられた公式に数値を代入して計算するだけの学習にならないようにすべきことである．まず力学の法則・内容をきちんと理解させることが重要である．これは，工夫すれば，数式を使わなくても教授可能である．普通高校の生徒に対しては，ここまでの学習ですむこともあるが，工業では，ここまででは不十分である．工業では，実際にものをつくり上げるのだから，公式を使ってきちんと数値が出せるなど，理論を活用できるところまで学習させる

必要がある．しかし，生徒の学力の状況などから，まず公式等を使って，簡単な機械部品の設計などに繰り返し取り組ませ，後から，理論の内容，その理論が使える条件などを教えていくこともあると思う．

（2）ものづくりの知識と理論を学ぶ「機械工作」

まず「材料」の学習が大切である．ものづくりは，労働対象に働きかけるものであり，この労働対象である材料の性質を知ることがものづくりではきわめて重要だからである．時間数の制約上，個々の機械工作法については，実習のなかで教授し，実習のなかだけでは教授できない内容だけを「座学」で行うなどの工夫も必要であろう．

フランス革命のなかで誕生したエコール・ポリテクニクの生徒用教科書「図法幾何学」のなかで，モンジュは，フランスが外国産業の依存から解放されるためには，まずフランス国民に「図法幾何学」を身につけさせることを強調しているが，機械の学習において製図の学習は必要不可欠なものである．機械科卒業生にとっては，「図面が読める」ということが大きな武器となっている．機械科ではどんな生徒でもせめて「図面が読める」ようにするようにしたい．CAD（Computer Aided Design）システムの活用については，「CADを教える」のではなく，「CADで製図を指導する」という観点で指導することが大切である．

（3）計測と制御

さらに，機械科にとって，重要な内容に「計測と制御」がある．ノギスやマイクロメータの使用法，測定値には誤差が含まれていること，有効数字等々は実験・実習のなかで指導した方がよいであろう．公差とはめあいについては，「製図」の学習のなかだけでなく，機械加工実習などのなかで指導することがよいであろう．機械科にとって，コンピュータは制御の手段のひとつとして扱っていったらよいであろう．

（4）公害と環境問題

機械技術者にとっても重要な課題である．ものをつくる段階でも，それを

使う段階でも，使用後廃棄するときでも，公害や環境破壊を起こさないように，設計の段階から考慮することの指導が必要である．この指導は，機械科の授業のなかだけでなく，普通教科とも連携し学校教育全体のなかで指導していくことである．地球規模の環境破壊が深刻化し，平和の問題も深刻になっている今日，工業高校では，工業の専門だけでなく，普通教育でも重視すべきだと思う．

（5）実験・実習

紙数の関係上，詳しくは述べないが，ME化，情報化ということで，コンピュータがどんどん入ってきているが，生徒たちが直接労働対象に働きかける実習を重視すべきである．コンピュータには人間の手業のノウハウが入り込んでいる．この手業のノウハウを知っていくことはコンピュータを使う上でも大切である．鋳造・鍛造が実習から省かれる学校も少なからずあるが，金属が溶けて凝固する様子，また鉄は加熱すると鍛造しやすくなることを実際に生徒に触れさせることは，自動化のなかで体験できないからこそ大切なのではないか．

3．電気科の教育課程編成

.... 荻野　和俊

教育課程の変遷

1970年告示の学習指導要領までは，工業の目標に「中堅の技術者に必要な知識と技術を習得させる」とあり，「実習」「製図」にも，それぞれ「電気実習」「電気製図」と学科の名称がつけられ，内容も記述されていた．ところが目標から「中堅の技術者」という記述が消えた1978年告示の学習指導要領から，学科の名称がつかない「実習」「製図」となり，内容についての記述も消え，専門性の希薄化が始まった．

上記以外の電気科の専門科目については，「電気工学Ⅰ～Ⅲ」「電気機器」「発送配電」「電気応用」が，1978年には「電気基礎」「電気技術Ⅰ～Ⅱ」と

なり，原則履修の「工業基礎」「工業数理」が導入され，専門性が弱まることが危惧された．次の1989年にはまた元の形のように「電気基礎」「電気機器」「電力技術」「電子技術」「電力応用」となったが，原則履修科目に「情報技術基礎」「課題研究」が追加され，ますます専門性が弱められる傾向になった．1999年には原則履修科目が「工業技術基礎」「課題研究」の2科目に減ったが，科目の内容は回を追うごとに浅く広くなっている．

資格認定と教育課程

電気科の教育課程編成で大きな要因となるのは，電気主任技術者の認定要件である．第三種電気主任技術者の資格は，国家試験以外に，経済産業大臣の認定校で所定の単位を修得し，3年以上の実務経験によって取得できる．認定校となるためには厳しい条件をクリアしなければならず，電気科の教育内容はこれによって大きな影響を受けている．「電気電子工学の基礎」（6単位以上），「発電，変電，送電，配電，電気材料，電気法規」（3単位以上），「電気電子機器，自動制御，電気エネルギー，情報伝達・処理」（5単位以上），「電気電子実験・実習」（10単位以上），「電気電子設計・製図」（2単位以上）という内容を履修し，条件を満たす施設設備を持つ必要がある．これを1999年告示の学習指導要領の科目に置き換えると，「電気基礎」（6単位以上），「電力技術」（3単位以上），「電気機器」「電力技術」「情報技術基礎」（計5単位以上），「電気実習」「工業基礎」「課題研究」（計10単位以上），「電気製図」（2単位以上）となる．

「電気事業法の規定に基づく主任技術者の資格等に関する省令」を経済産業省が変更するのは，各校で教育課程編成がすんだ後であるため，各校は見込みで編成をする必要に迫られる．たとえば，1999年告示の学習指導要領にあわせた「省令」の変更は2002年3月であった．

この認定基準に含まれない1978年から導入された原則履修科目「工業数理」や，その単位数の一部しか認められない「工業基礎」「課題研究」は，各校での教育課程編成に困難をもたらした．

電気科を卒業したことにより取得できる資格にはもうひとつ第二種電気工事士の筆記試験免除がある．高等学校の場合，電気科の卒業により第二種電気工事士の筆記試験が免除され，実技試験に合格すれば，電気工事士の免状を得ることができる．この資格は，その認定基準が電気主任技術者の認定基準に包摂されており，教育課程編成に大きな影響を与えてはいない．

教育課程編成の視点

第三種電気主任技術者の国家試験の合格率は十数％といわれており，卒業後3年間の実務経験でその資格が取得できることは魅力的である．しかし，認定につながる実務経験の仕事の分野は限られており，卒業者の多くがその要件を満たすわけではない．つまり相当数の卒業生は電気科を卒業したとしてもこの恩恵にあずかるわけではない．したがって電気主任技術者の資格取得だけを前面に掲げた教育課程編成は，多くの生徒の教育的な要求を満たすものにならない．資格取得の要件を確保しつつも，それぞれの学校の抱えている課題—基礎学力や学習意欲の低下，モノづくりに興味を示さない，さまざまな生活体験の不足，等々を一歩でも改善していくためのとりくみを教育課程編成を機会にいかに進めるかという議論がぜひとも必要である．その際大事なことは，生徒の現状からの出発である．生徒の状況をあるがままに受け止め，"過去の栄光"に頼ることなく，そこから課題をみつけることが何よりも求められる．

授業実践をどう進めるか

「電気基礎」をしっかり身につけてほしいと思うのは，電気科の教師ならば共通の願いであろう．ところが意に反して，生徒への定着は思わしくなく，理解していると思われた生徒も実習と関連させるとほころびがボロボロ出てくる．この問題は電気科に限ったことではないが，計算問題を解くという手続きができれば内容を理解できたとみなす傾向に問題がある．計算問題が解けたとしても，それが必ずしも概念形成につながっていないため，定着しないし，他の科目との関連がうまくとれないのである．

以前から私はこのような教科書に疑問を持ち，できるだけ概念形成ができるような授業を重視してきた．「電気基礎」で学ぶさまざまな現象がなぜ生じるのか，しくみは何かなどを生徒たちが今まで学んできた知識や経験を総動員して理解できるようこころがけた．授業にはできるだけ実物や実験道具を持参し，目の前で現象を見せたり，実物に触れさせたりして，観察させ，考えさせるようにした．今の生徒たちは生活体験が不足しており，私たち教師の体験と相当ギャップがあり，"電気が流れると発熱する"とか，"磁石の同極は反発する"とかいっても感覚的にわからない生徒が多い．

　このように授業に実物や実験を持ち込むと，相当時間がとられるので，授業内容を思い切って精選しなければならないが，効果は絶大で，寝ている生徒は起きるし，つまらなそうな顔をした生徒の興味を引く授業になることは間違いない．

　「電気実習」についても，同様に測定に重点が置かれすぎていると思われる．測定し，計算し，グラフを描くことで理論を実際に確かめるには理論をしっかり理解していることが前提である．多くの生徒がそこまで達していない現実のなかでは，理論を理解させるための助けになるような実習内容の再構築こそが今必要だと思う．「電気基礎」のなかで，生徒に直接体験させたいテーマを選んで，体験させるような実習が今の生徒には求められているように思う．

4．土木科の教育課程編成

　　　　　　　　　　　　　　　　　　　　　　　　　　　三浦　基弘

はじめに

　「土建屋」という言葉がある．土木と建築の仕事をしている職業人のことである．建築の仕事の内容は主に建物が対象であるが，土木の対象物は幅広い．橋，道路，トンネル，ダム，上下水道，鉄道，港湾など公共工事に関することはほとんど土木の仕事といって過言ではない．「建築」は以前「造家」

といっていた．これに関して残っている言葉は「造船」，「造園」くらい．「造兵」は死語になった．工業高校の建築科はほとんど科名変更はないが，土木科は科名変更しているのが少なくない．東京都では「建設科」と「都市工学科」である．全国に目を向けると，「土木システム科」，「土木情報科」，「環境土木科」，「建設システム科」，「土木環境システム科」，「環境建設科」などの科名がある．ここ十数年をみてみると「環境」という語が増えてきている．一方，大学でも「土木工学科」の名は消え，「社会環境工学科」，「社会基盤工学科」などの名に変わってきている．

科名を変更してきた理由は以前と比べ，少子化にともない，いわゆる優秀な人材が集まりにくくなってきたからである．

「建築」を英語で"architecture"というが，「土木」は"civil engineering"という．1771年にジョン・スミートンが名づけた言葉で"military engineering"に対してできた言葉であった．もともと土木の仕事は軍事に結びついていたからである．

土木科の授業内容

先ほど述べたように土木の対象物が広いだけに勉強する内容も多い．わかりやすいように記述すると，「測量学」，「構造力学」，「土質力学」，「水理（水力）学」，「橋梁工学」，「鉄筋コンクリート工学」，「道路工学」，「トンネル工学」，「鉄道工学」，「港湾工学」，「衛生（上下水道）工学」，「土木施工法」，「都市計画学」，「発電水力学」，「図学」などである．

現在の高校の土木教科書は，「測量」（上記の科目では「測量学」に該当．以下同じ），「土木基礎力学1」（「構造力学」），「土木基礎力学2」（「水理学」，「土質力学」），「土木構造設計」（「橋梁工学」，「鉄筋コンクリート工学」），「社会基盤工学」（「道路工学」，「トンネル工学」，「鉄道工学」，「港湾工学」，「衛生工学」，「都市計画学」，「発電水力学」），「土木施工」（「土木施工法」），「土木製図」（「図学」），「工業技術基礎」，「情報技術基礎」の9種類である．

どう精選するか

　筆者が教員になった頃と比べ，授業時間数，生徒の状況もかなり変化してきた．上述のように生徒が教わる内容はかなりある．ここで筆者の管見であるが，生徒にこれだけは教えたいという土木の「読み，書き，そろばん」であるミニマムエッセンシャルズを紹介したい．

　それは「測量」と「構造力学」である．「測量」は「地表の位置，高さ，面積などを測定する」ことの基本を学び，「構造力学」は「橋，ダムなど構造物を設計する基本的な静力学」を学ぶ．最低この2教科の基本的なことを生徒に学んでもらうと，あとは応用力がつくのではないかと思っている．

教える内容をしぼる

　十数年前，機械科の教員と力学談義をしたことがある．「水理学」（機械科では「水力学」）で教える内容をどう精選するかを話し合ったとき，「最低，生徒にベルヌーイの定理だけは理解してもらおう」ということを納得し合ったことを思い出す．その観点から述べてみたい．

「測量」

　距離測量，角測量，トラバース（緯距，経距，方位，方位角）の計算

「構造力学（設計）」

　単純梁の計算（剪断力，曲げモーメントの値を求め，剪断力図，曲げモーメント図を描く）．

　以前筆者は，簡単な不静定梁まで教えたが，授業数が減った現在，割愛している．

おわりに

　どのような内容でどのような生徒に育てていくかは，これからの若い教員の新しい模索と実践分野である．

第5章　高校工業教育の再編

1．高校工業教育の新動向

　　　　　　　　　　……………………………………………………　林　萬太郎

　少子化を理由とした高校統廃合・再編が工業高校にもおよび，新しいタイプの職業高校が次々と登場している．理産審答申・改定学習指導要領による教育内容の変化，再編整備による学校制度の変化，卒業生の就職難など工業高校は学校内外に多くの問題をかかえており，大きな変動期の渦中にある．東京都と大阪府の例を検証しつつ今後の高校工業教育の動向を探ってみる．

東京都における工業高校の再編整備

（1）再編整備の経過と概要

　東京都における工業高校の再編整備は，東京都教育委員会の「都立高校改革推進計画」に沿って進められている．「計画」は1997年，1999年，2003年と3回策定され，1997年度に27校あった工業高校を2011年度には19校にまで30％減らすことになっている．職業高校全体の27％減（52校から38校へ），都立高校全体の15％減（208校から178校へ）と比べて工業高校の減少率が高い．「計画」では「普通科と職業科の比率は現行比率を基本的に維持する」としているが，実際には25％（52校／208校）から21％（38校／178校）と職業科の比率は低下している．また，「計画」のベースとなった「専門高校検討委員会報告」（2002年5月）では「5年ごとの調査で状況が好転しない学校は募集停止や新たな学校への転換をはかる」としており，高校つぶしが続くとの批判が出ている．

　「報告」は職業高校を①スペシャリスト育成型，②専門能力育成型，③職業観育成型の3タイプに分けて再編するとしている．具体的には，総合学科高校（9校整備）・単位制高校（11校整備）・中等教育学校（10校整備）をはじめ，科学技術高校（2校整備．大学進学に対応した新しいタイプの工

業高校)・産業高校(2校整備.商業科・工業科にわたる専門教育を通じて,商品の生産から流通までを学ぶ)・チャレンジスクール(10校整備)などの新しいタイプの高等学校へ転換・統廃合する手法が多く取られている.

なお,「職業科35人学級」が2002年度から5ヵ年計画で進められており,2004年度には都立職業高校全校で35人学級が実現している.

(2) 東京都の特徴

① 東京都の場合,「新しいタイプの高等学校」が強調されているのが特徴である.職業高校では,産業高校・科学技術高校・新しいタイプの商業高校・デュアルシステムの4タイプを挙げているが,このうち産業高校(2007年度2校開校予定)と科学技術高校(2001年度1校開校.2010年度1校開校予定)とは東京都独自の形態であり今後の経過を注視する必要がある.

② 2004年度に都立六郷工科高校が開校し,全日制・定時制と並ぶ昼間定時制課程としてデュアルシステム科がスタートした.文部科学省も日本版デュアルシステム設置を推進しているが,その内容は長期(2週間程度)のインターンシップ導入程度にとどまっている.これに対して,「東京版」デュアルシステムは3年間で5〜7ヵ月間の長期就業訓練を行うとしており,地域・企業との連携,就職との関係など今後の経過が注目される.

③ 「計画」で「工業高校の卒業生が継続して学習するために専攻科を設置」するとしていたが,2004年度に都立科学技術高校でスタートした.「実践的技術者としての資質育成」「上級の職業資格の取得」などを目的に再編後の工業高校に増設していくとしており,今後の経過が注目される.

大阪府における工業高校の再編整備

(1) 再編整備の経過と概要

大阪府における工業高校の再編整備については,大阪府教育委員会が2003年8月に「府立高校特色づくり・再編整備計画(全体計画)」を決定した.2003年現在12校ある工業高校を,2008年度までの計画期間に9校にま

で25％減らし，3校は多部制単位制高校に改編することになっている．職業高校全体の21％減（14校から11校へ），府立高校全体の11％減（156校から139校へ）と比べて工業高校の減少率が高くなっている．

9校は「教育内容，教育システムの大幅な刷新を図り，新しい学校としてスタートする」ことから名称を「工科高校」に改める．工科高校は「専門分野の進化をめざす」「高等教育機関への接続をめざす」の2つの方向性を基本に，専門科目のまとまりである「系」を設定し，系ごとに「専科」を設置し，その下に必要なコースや選択科目を設置する．また，総合募集を行い，系および専科の選択は2年次に行う．機械系・電気系は全校に設置するが，他の学科は改変・整理を行い，複合領域を学ぶ新たな系を設置して，各学校に3～4の系を設置するとしている．

（2）大阪府の特徴

大阪府の特徴は「工科高校」への改編にある．歴史的に実習を重視し就職者が多かった大阪の工業高校が，選択決定時期を遅らせる総合募集を採り入れ，専門性をうすめる方向で再編することが，生徒・保護者の進路を保障し，地域の要望に応えることになるかどうか今後の経過が注目される．

高校工業教育の動向をどうみるか

（1）文部科学省の施策の方向性

改定学習指導要領およびそのベースとなった理産審（教課審）答申の考え方が具体化しつつある．「職業高校段階での完成教育を放棄し，継続教育に委ねる」方向性とこれに沿って各学科の専門性をうすめる方向性が，各県での職業高校再編整備計画のなかに具体化されつつあるとみることができる．

（2）統廃合・再編，多様化の進行

少子化を理由とした高校統廃合・再編の大波が工業高校にもおよび，工業高校の数が減少する傾向にある．他の職業高校に比べても普通高校に比べても減少率が高く，全体のなかに占める率も減少している．こうしたなかで，新しいタイプの工業高校への転換を含めて多様化・特色づくりが進んでいる．

多様化した工業高校の教育内容や進路保障がどうなるか，経過を注目したい．

（3）新キャリア教育への対応

　工業高校を含む卒業生の就職難に対して，政府が「若者自立・挑戦プラン」を策定し，この一環として文部科学省は「新キャリア教育」を打ち出している．このなかには，勤労観教育をはじめインターンシップや日本版デュアルシステムの推進が盛り込まれている．青年の雇用と労働をめぐる厳しい状況のなかで，生徒の自立・成長を支え励ます立場に立った労働職業教育はいかにあるべきかについて，インターンシップ問題を含めて，研究と実践が求められている．

2．高校でのデュアルシステム

　　　　　　　　　　　　　　　　　　　　　　　　　　　　　　佐々木英一

はじめに

　若年雇用状況の深刻化にともない，政府は「若年自立・挑戦プラン」を策定し，相当の予算をつけてさまざまな方策を講じている．職業教育・訓練に関するものは，厚生労働省と文部科学省の管轄する日本版デュアルシステムがある．前者は既卒者を，後者は在学者を対象としている．文部科学省は2004年度から，「専門高校における実務・教育連結型人材育成システム（日本版デュアルシステム）の推進」を掲げ，本格的実施に向け，全国15都府県20高校を指定した．

　このさきがけとなったのが，都立六郷工科高校のデュアルシステム科（東京版デュアルシステム）である．これは，都立高校の再編のなかで「ドイツにおける職業教育制度であるデュアルシステムを参考事例として」計画され，2004年4月から実施された．おそらくこの東京版デュアルシステムが，今後モデルとして全国的に普及することになると思われるので，ここでは六郷工科高校デュアルシステム科の内容を参考にして，高校段階における「デュアルシステム」を考える際に留意すべき点を整理しておく．

東京版デュアルシステムとは

六郷工科高校デュアルシステム科（昼間定時制1学年定員30名）の最大の特徴は，従来のインターンシップとは違って，長期の就業訓練を行い，これを単位として認定することにある．

現行教育課程では，1年次にいくつかの職種業種（1社10日間3社）でインターンシップを行い，適性にあった職種業種を決める．2年次は5～6月の2ヵ月8単位，3年次は，10～11月の2ヵ月（8単位）と選択で5～6月の2ヵ月（8単位）で最大4ヵ月の長期就業訓練が行われる．90単位のうち3分の1，最大30単位がインターンシップと長期就業訓練で占められる．

現在約50社の協力企業があり，3級技能士（旋盤，電子機器組立），第二種電気工事士の資格に挑戦できるとしている．

ここでは，従来にない長期の，しかも企業での長期就業訓練を，高校教育としてどう位置づけるのかが最大の問題点となる．以下，それを考える上でのポイントを挙げていく．

どのような実習内容なのか

都教委の説明では，長期就業訓練の内容は予め学校と企業が協定を結び内容を定めるとされている．デュアルシステム科は，機械，電気，情報の3系列があるが，それぞれの内容について，どの程度まで実習内容が協定で定められるのかが大きな問題である．ドイツのデュアルシステムでは，訓練基準が各職種ごとに定められており，企業はこれに沿って訓練を行い，職業資格を付与する修了試験でその内容がチェックされる仕組みになっている．実習内容を一定程度担保する職業資格取得についても，東京版デュアルシステムでは，当初の計画から後退して，資格試験に「挑戦できる」としか記されておらず，実習内容を規制するものとはなっていない．

これらの点から考えると，長期就業訓練の内容は当該企業によって，かなりのばらつきが考えられ，高校教育としての到達度が曖昧になるおそれがある．

企業での訓練は誰が行うのか

　これについては，教育担当者をおくことになっている．ただ，特にそのための資格は必要ないとされている．長期就業訓練の単位の認定は，現行法規上教員免許状を持っている者が行うことが原則になっているので，企業の担当者に報告書を作成してもらい，生徒が業務日誌をつけそれを参考に学校が単位認定を行うことになるようである．六郷工科高校では「業務内容と工業科目の履修内容とのすりあわせをして単位認定の確認を行う」としている．

　このような形での単位認定を，教師は果たしてどこまで責任を持って行うことができるのか．教師は，どこまで企業での実習に関われるのかが，今後大きな問題点となるであろう．長期就業訓練中の企業への訪問，企業の担当者との連絡，生徒指導など，解決すべき問題は多い．

生徒の「労働」への報酬，生徒の身分

　長期就業訓練中の生徒は報酬がもらえるのかどうか．この問題は，長期就業訓練中の生徒は，高校生なのか労働者なのかという問題に集約される．「デュアル」である以上両者の性格を併せ持つことになるが，わが国の現状ではこうした特別な状況にある身分についての規定はない．通常の定時制高校に通学する勤労青少年は，企業においてはもちろん労働者である．高校はそこでの労働についてはなんの関与もしない．しかし，東京版デュアルシステムでは，企業での就業は単位として認定される．正規の高校教育の内容そのものなのである．この点に関して，都教委の審議会答申では，就業訓練の「期間も教育の一環として位置づけ，生徒は被雇用者としての性格は持たない．しかしながら，——中略——生徒の就業への意欲・責任感の喚起のため，企業から何らかの報酬（手当，報奨金）の支給を受けることも可能としていく」とされている．事前のアンケート調査では，アルバイト賃金程度の報酬を出すとする企業が6割を占めている．長期就業訓練が始まった段階で実際にどうなるのかが注目される．これに関しては東京都産業教育審議会で興味深いやりとりがなされている．専門委員の「労働者としてではなく，あくま

で高校生として研修するという位置づけがいいのではないか」という意見に対し，事務局は，「雇用契約にするのか，訓練契約という言葉があるのか，日本ではわからないんですが，インターンシップと雇用契約の間の，いわゆる訓練契約．賃金ではなくて手当のような，そういうようなものが可能かどうかというところで，いつも事務局で詰まってしまうんですね」（議事録，p.30）という記述がある．

この論点は非常に重要で，デュアルシステムを理解する上でキーポイントになる．ドイツでは，訓練生の身分，訓練契約が労働者の身分および雇用契約とは別個に独自に，法的に確立しているのに対し，わが国にはそれがないので，事務局が「詰まってしまう」のは当然である．

この問題に対し，東京都産業労働局労働部長は，報酬問題に関して「ぎりぎり譲れて謝礼ぐらいなんじゃないか．ある労働の対価としてもらおうとすることについては，ちょっと許されない」と発言している（p.31）．

いずれにせよ，長期就業訓練中の生徒の「労働」の性格については，現行法制度の下では明確な位置づけはできないであろう．この点がわが国で始まろうとしているデュアルシステムの最大の問題点である．

生徒の就職

東京版デュアルシステムでの長期就業訓練がそのまま卒業後の就職と直結することは，現在の高校生に対する就職協定制度の下では，就職を前提とした見習い雇用となるので認められない．しかし，東京版デュアルシステムの本来の目的は，基本的には生徒がその企業に就職することであり，企業の方もそれを前提として生徒を受け入れるのであるから，大きな問題を孕むことになる．東京都は今後，厚生労働省，文部科学省と協議をして，「見習い雇用」の例外的認容を求める意向である．

まとめ

最後にあらためて総括的な問題を整理しておこう．

まず第1に，訓練生の身分の問題である．ドイツにおけるデュアルシステ

ムは，訓練の中心は企業での訓練にあり，学校部分の比重は低く，デュアルシステムは学校職業教育の範疇ではなく，職業訓練の領域に入る．この点が，高校教育のなかでデュアルシステムを行おうとする東京版デュアルシステムの最大の困難点となる．ドイツでは，訓練生の位置づけは労働者にほぼ準じてなされている．労働条件，賃金（訓練手当），休暇，保険等すべてにわたって労働者に準じ，しかも訓練中という条件を考慮して，訓練生独自の待遇が法的に定められている．わが国に現在法制上，訓練契約という概念がない以上，制度化には相当無理が生じる．わが国でデュアルシステムを何らかの形で実施するには，どうしても訓練生の身分について特別の規定を法的に確立しなければならない．

　第2に，企業の受け入れ態勢の問題である．東京版デュアルシステムでは，今のところ協力企業が50社近くがある．内訳はほとんどが機械・金属関係である．東京版デュアルシステムの主たる対象はこの分野にあり，当面，熟練技能者の不足に悩み，後継者養成に意欲のある機械・金属系の中小規模の企業が中心となろう．ドイツのデュアルシステムがそうであるように（ドイツでは会議所），将来的には個別企業と学校が対応するのではなく，業界団体や地域の事業主団体が大きな役割を果たす体制を目指すべきであろう．これによって，デュアルシステムはより公的な性格を帯び，個別企業での訓練の欠陥や限界を克服できる．たとえば，自分のところでできない訓練を他の企業で補いあったり，企業が倒産した場合に他の企業が引き継ぐなど，共同でカバーする体制が望ましい．

　第3に，職業資格制度の問題がある．日本版デュアルシステムでも東京版デュアルシステムでも，修了時点で一定の資格が取得できるようにカリキュラムを組むとされている．これは，教育・訓練の内容や目標を決定する上で重要な目安になるので，デュアルシステムを構築する上で不可欠である．周知のように，ドイツと異なり，職業資格の有効性の範囲が限られているわが国においては，デュアルシステムの有効な範囲は限られてくるであろう．

最後に，ここではふれなかったが，ドイツのデュアルシステムを支えている重要な社会勢力として労働組合があることを指摘しておきたい．わが国においてデュアルシステムを構想する場合にも，労働者の利益代表として労働組合が相応の役割を果たすべきである．残念ながら，これまでわが国の労働運動は，歴史的，社会的経緯のなかで，職業教育・訓練の課題にはほとんど取り組んでこなかった．しかし今日，多くの労働者にとって，職業教育・訓練は切実な要求となっている．デュアルシステム導入をはじめ，わが国の職業教育・訓練に対する労働組合の積極的な関与が望まれる．

第6章　工業高校の周辺

1．高等専門学校

.... 吉田　喜一

　高等専門学校（略称「高専」）は，高度成長のスタート時期，1962年に創設された．高専は中学卒業後5年間，教育を行う．最近はさらに2年間の専攻科もある．高専はほぼ各県に1校設置されている．設置されていない県は埼玉，神奈川，山梨，滋賀，佐賀の5県である．国立が55校（2004年度から独立行政法人国立高等専門学校機構となりいわゆる独法化され教職員は非公務員になった），公立（札幌市立，東京都立2校，大阪府立，神戸市立）5校，私立3校で合計63校ある．2004年には沖縄高専が設立された．

　高専はどう位置づけられているか．大学の解析型に対して，高専は総合型エンジニアをつくるのだと，あるいは理論先行型技術者ではなく，実践的技術者を養成する，大学のノウ・ホワイ（Know Why）型に対してノウ・ハウ（Know How）型のエンジニアをつくるのだと標榜している．最近は，課題解決型，開発型のエンジニアをつくるともいわれている．

　高専は課題解決型技術者をつくるということで，特に有名なのはNHKのアイデア対決ロボットコンテスト（ロボコンという）であろう．近年だと鳥人間コンテストとか，人工衛星設計コンテスト，プログラミングコンテスト等のコンテストがある．要するにものづくりにウエイトをおく学校といってよい．

　高専のカリキュラムは，普通高校と学部専門科目をつなぎ合わせて，「くさび形」に一般科目と専門科目を再編成している．つまり低学年から上級学年にいくにしたがって一般科目が減って専門科目が増えていく．しかしながら5年制工業高校ではない．また高校プラス短大でもない．たとえていえば普通高校プラス大学工学部マイナス受験勉強マイナス学部教養課程だといえ

ようか．学生は大学工学部の専門科目の授業時数よりはるかに多くの教育を受ける．入学したときは15歳の子どもだが，卒業するときは20歳の大人である．

　高専は子どもがいわばさなぎから蝶々に脱皮する過程にもすべてつきあうことになり，子どもの勉強から大人の学問へ飛躍させなければならない．最近は創造教育とよんで各種教育実践に励んでいる．日本高専学会，日本工学教育協会，日本機械学会等で活発に発表されるようになった．

　学生の大変さと相似して教員も多様な仕事に追われている．高専の最近のキーワードは，前述の独法化対応と専攻科設置と「創造教育」およびJABEE（日本技術者教育認定機構）による国際的技術者教育プログラム審査，そして地域，行政とのいわゆる産学公連携である．実践的技術教育の手法を活かして，高専ならではの地域中小企業への技術支援，共同研究が活発に行われるようになった．また高専教員は株式会社を経営できるようになった．2005年度中には「日本高専株式会社」を設立する予定である．高専教員が持っている各種特許等を活かして，株式会社をつくり直接社会に働きかけることになる．もう少したつと高専学生の社長が誕生するかもしれない．

2．企業内教育

永田　萬享

　教育はいくつかの機能をもっている．そのひとつに職業人の育成という側面がある．それは学校教育における専門教育であり，あるいは学校を卒業して以降のさまざまな人材育成の教育（訓練）である．わが国の人材育成システムは，学校における教育，学卒後の職業教育（専門学校，職業能力開発校），入職後の企業内教育から成り立っている．

　職業・人材育成に関わる教育は，就職の際や就職後の賃金・昇進・異動に影響を与えるが，それらは企業内のあり方やグローバルに展開する労働市場のあり方によっても規定される．また，わが国の人材育成システムは，企業

内教育のいちじるしい突出によって，企業内教育と他の教育との接合性が弱いという特徴を擁している．そのことは閉鎖的な労働市場の形成を通じて日本的な企業社会や会社人間を生み出す契機にもなっている．

　企業内教育研究では人材育成の問題を職業別・業種毎に，そして学校種毎に取りあげて，実証的かつインテンシヴな調査研究をすることが求められている．その際，教育と経済・企業社会の関係が重要なキーワードになる．たとえば，企業社会における教育システムはどのようになっているのか，学校社会での教育は職業的自立にどのように関わっているのか，あるいは企業が行う教育と学校が行う教育にはどのような連続性，断絶性があるのか，等々がさしあたっての研究課題となりうる．こうした問題へのアプローチは職業（産業）教育学，教育社会学，労働経済学，労働社会学，社会政策学などの諸成果に学びながら課題解決の糸口を見いだしていくことが必要であろう．

　さて，企業内教育といえば新規学卒者を対象として行われる新入社員教育や企業が設立する学校形態をとる社立学校を思い浮かべる人が多いと思われる．社立学校のひとつのタイプは職業能力開発促進法に基づく厚生労働省管轄の教育訓練施設であり，今ひとつは学校教育法に基づく文部科学省管轄の教育施設である．前者の教育訓練施設は訓練期間に応じて短期課程，普通課程，専門課程の各コースに分かれているが，そのうち高卒2年間の専門課程を職業能力開発短期大学校と称している．この企業内の職業能力開発短期大学校は日本の基幹産業である自動車産業や電機産業において設立されているケースが多い．後者は，専修学校の形態をとる教育施設である．いずれのタイプの社立学校においても中卒採用，高卒採用に応じて教育目標，教育内容に違いがみられる．中卒者を対象とする養成は職場の第一線監督者を目標としているが，高卒者の場合，技術（頭）と技能（腕）の両方のわかる「テクニシャン」の養成を目標としているところに今日的特徴を読みとることができる．社立学校の教育内容は業務内容に直結したものを考えがちだが，そうではない．技能者養成の場合，一般の工業高校に比べて3倍もの長い時間が

実習に費やされていた.テクニシャン・技術者養成の場合においても大学工学部と比較して,機械,電気の基礎実験を重視していた.教育内容や方法は各社それぞれ全社レベルで組織された技術教育検討委員会によって職場のニーズ調査が行われ,それを教育内容編成に反映させているのである.さらに,社立学校の年間スケジュールには多様な年間行事が過密な授業の合間を縫ってちりばめられている.たとえば,「真夏の炎天下に,2泊3日で約60キロを歩く」という耐熱行軍は「みんなとやればできるというようなことを植え付けていく」ものとして位置づいている.オリエンテーリングでは,職場の役割分担の重要性を体験体得することによって,メンバーシップ,リーダーシップの育成を狙っている.これらの教育をぬきに企業内教育を語ることはできない.企業内教育は上述した社立学校のようにフォーマルなOff JT (off the job training)としてのみ行われているわけではない.後に述べるインフォーマルなOff JTも行われている.表面的には単純にみえても複雑で錯綜しているのが現実に近い.企業内教育は通常,階層別教育,職能別教育,それらを支える自己啓発という三位一体的に編成されているからである.まず,フォーマルなOff JTからみていこう.企業内教育分析には人事制度とのつながりを無視するわけにはいかない.とりわけ,職能的資格制度とのリンクの高まりが指摘されていることも新たな動きとして注目しておきたい.

　新入社員教育や学校形式の教育を終えると,彼らを待っているのは階層別教育である.その階層別教育では職能資格や職位に応じて教育訓練コースが設定されている.たとえば,「主事」という職能資格に昇格するためには上司による推薦,面接,ペーパーテスト,論文というハードルを越えなければならない.同様に,主任という役職に就くためにはまず候補者として推薦を得ることが条件であり,その後厳しい「候補者研修」と「専科教育」をクリアする必要がある.「候補者研修」は管理監督者としての工程管理,労務管理業務に関わる内容がメインであり,「専科教育」は技術教育に関する学科の教育を指している.もちろん,こうした専科の教育を課す企業は多くはな

いけれども，業務遂行に必要な技術教育が行われていることは注目しておいてよい．昇進・昇格は階層別教育と密接にリンクして，形成・維持されてきたのであるが，今日階層別教育以外の通信教育や公的資格とのつながりを強めている．

　職能別教育は職業能力の向上を目的に職種，職務別に行われる教育のことである．したがって，階層別教育よりも技術教育，技能教育が重視されているのが職能別教育である．情報化・IT化による労働過程の技術的変革をより強く反映している鉄鋼産業に比べて，もはや成熟産業といわれる自動車産業においても「技能検定」「QC教育」「保安教育」「安全衛生教育」「環境教育」「保全教育」など技術，技能に関する教育が多様に用意されている．

　ところで，企業内教育には社立学校，階層別教育，職能別教育といった工場レベルにおいて行われているフォーマルなOff JT以外に，職場レベルのインフォーマルなOff JTが行われている．フォーマルなOff JTは経費がかさむために不況下では行われにくく縮小の傾向にあるが，インフォーマルなOff JTは経費が少なくてすむため逆に拡大の傾向にある．インフォーマルなOff JTは係・班レベルにおいて上司が部下に対して行う教育をいう．たとえば，テーマ別研修会，勉強会，職場の集合研修会などである．これらは職場の仕事に密着した内容に関するものが多く，問題解決能力のレベルアップに貢献している．

　さらに見過ごすことのできない教育として，職場のOJT（on the job training）が存在する．企業内教育全体を量的に捉えることが可能だとしたら，職場のOJTはその大半を占めているといってもいい過ぎではないほど一般的であり，企業内教育イコールOJTだと考えても差し支えないほど広範囲に行われている．この職場のOJTは技能・技術教育をはじめ，安全教育，多能工化教育など多様な分野に存在する．

　最近の動きとして，わが国熟練形成の中心であったOJTが「要員削減による時間的余裕の欠如」「商品サイクルの短縮化」「顧客ニーズの多様化」等

のために行き詰まり,行われにくくなっていることである.代わって,OJT の Off JT 化が進みつつあることを最後に指摘しておきたい.

3. 専門学校

平舘　善明

　1975 年 7 月の学校教育法改正（82 条の 2 ～ 82 条の 10 追加）により,各種学校のうち一定の規模・水準を持ち組織的な教育を行うものを取り出して整備を図る目的で,専修学校制度が創設された.専修学校は,第 1 条に掲げるもの以外の教育施設で,「職業もしくは実際生活に必要な能力を育成し,または教養の向上を図ること」を目的としている.専修学校には高等・専門・一般の 3 課程があるが,そのうち,高校卒を入学条件とする専門課程を持つものは専門学校と称することができる.

　専門学校数は 2003 年で国・公・私立を合わせ 2,962 校を数える.近年では全高卒者の約 18％が専門学校へ進学しており,高卒者の重要な進路のひとつとなっている.

　専門学校の修業年限は,1 年から 4 年以上までさまざまである.2003 年では,2 年～ 2 年 11 ヵ月の学校・学科に在籍する生徒数が過半数を占める.

　入学者数は,1992 年の 364,687 人をピークにその後はやや減少傾向にある.しかし高校新卒者の進学率からみれば,近年,大学へは 36％前後,短大へは減少を続け 10％以下であるのに対し,専門学校への進学率は微小ながら増加を続けている.この点を職業教育への学習需要の現れとする見解もある.

　専門学校の分野は工業,農業,医療,衛生,教育・社会福祉,商業実務,家政,文化・教養の 8 つに区分される.2003 年の入学者 338,264 人のうち,医療が最も多く 74,119 人,文化・教養が 65,870 人,工業が 61,069 人と続く.

　設置地域は,東京（463 校），大阪（239 校），愛知（200 校），北海道（191 校），福岡（183 校）などの大都市に集中している.

　設置者種別の点からみれば,国立の学校が 87 校（3 ％），公立が 201 校

（6％），私立が2,674校（91％）である．しかも私立のうち，学校法人によって設置された学校の割合は26％であり，準学校法人や社団法人，個人などの学校法人以外によるものが74％を占めている．

　専門学校は社会のニーズを受けて柔軟に対応し，一条校の教育を補完する面をもつ．しかし，専門学校は設置主体として学校法人ではない私立が多く，教育を商品として提供することをたてまえとしており，それらは教育を権利の保障とみなす一条校とは基本的に別の原理に依拠した学校であるといわれる．そのため専門学校はその教育の質を担保しきれているかが問われている．

　工業系をみると，修業年限は，2年～2年11ヵ月の学校・学科に在籍する生徒数の占める比重が，専門学校の全体のそれに比べて高い．

　入学者数は1991年の104,487人をピークにその後減少を続け，2003年には61,069人となり，その数はピーク時の6割に満たない．高校新卒者の進学率からみても1991年で4.5％，2003年で3.4％であり，その割合は減っている．

　設置者種別も，719校のうち，国立の学校は無く，公立は3校（情報処理2校，その他1校）だけで，他のすべての学校が私立である．私立の占める割合は，専門学校の全体でも91％とかなり高いが，工業系では99.6％とさらに高い．

　そのため，分野は偏在し，全国的均衡をとることは難しい．1991年と2003年の入学者数の内訳は，情報処理48,960人→23,158人（44％→38％），土木・建築16,532人→8,666人（16％→14％），自動車整備9,187人→13,977人（9％→23％），電子計算機8,173人→3,049人（8％→5％），電気・電子7,118人→2,188人（7％→4％），機械2,024人→610人（2％→1％），無線・通信2,001人→1,149人（2％→1％），測量1,598人→998人（15％→2％），その他8,894人→7,274人（9％→12％）である．設備費が比較的少なく済む情報処理及び電子計算機は，工業系専門学校入学者ピーク時の1991年には52％という過半数を占め，その後減少を続けるも2003

年には43％であり，依然として大きな割合を占めている．工業高校の基幹ともいえる機械と電気・電子は1991年にはそれぞれ2％と7％，2003年にはさらに減少し，1％と4％にとどまる．また，1991年から2003年にかけての割合の比較的大きな変化としては，自動車整備の増加や測量の減少をあげることができる．

4．職業能力開発促進法による職業能力開発施設

中村　信也

職業能力開発制度の沿革と能開法職業訓練施設

　職業能力開発とは，職業に必要な労働者の能力を開発し向上させることである．日本におけるその形態は，複雑，かつ多様な実体で展開しながら変遷してきたが，政府（労働関係省庁）が関与した職業能力開発としては，この始点を，1916（大正5）年の「工場法施行令」におくことができる[1]．

　その後，1958（昭和33）年に職業訓練法が成立する．当時技能労働者は100万人以上不足状況下にあったため，1961（昭和36）年に，労働省は職業訓練局を設置し，職業訓練施設運営のため，職業訓練指導員養成を目的とした中央職業訓練所を開所する．

　1985（昭和60）年に，職業訓練法が改正され，名称も職業能力開発促進法と変わった．

　職業能力開発促進法では，目的として（第1条），「雇用対策法と相まって，職業訓練および職業能力検定の内容の充実強化及びその実施の円滑化のための施策並びに労働者が自ら職業に関する教育訓練又は職業能力検定を受ける機会を確保するための施策等を総合的かつ計画的に講ずることにより，職業に必要な労働者の能力を開発し，及び向上させることを促進し，もって，職業の安定と労働者の地位の向上を図るとともに，経済及び社会の発展に寄与する」をあげている．また，職業能力開発の基本理念として（第3条），「労働者各人の希望，適性，職業経験等の条件に応じ，かつ，労働者の自発的な

職業能力の開発及び向上のための努力を助長するように配慮しつつ，雇用および産業の向上，技術の進歩，産業構造の変動，経済活動の国際化等に即応できるものであって，その職業生活の全期間を通じて段階的かつ体系的に行われること」をあげている．

職業能力開発促進法における職業能力開発施設には，公共職業能力開発施設と認定職業能力開発施設がある．公共職業能力開発施設の設置主体は，雇用・能力開発機構，都道府県，国がある．

雇用・能力開発機構立には，大学校と短期大学校があり，大学校は短期大学校の上に応用課程（2年課程）を追加した課程である．2003年3月時点で，機構立職業能力開発大学校は11校，機構立職業能力開発短期大学校は16校，また，離転職者用職業能力開発施設は，機構立職業能力開発促進センターが62校設置されている．

都道府県立では，県立職業能力開発短期大学校は7校，県立高等技術専門校が209校設置されている．

国立では，障害者職業能力開発施設が設置され，国立職業リハビリテーションセンター等は3校，国委託の国立県営障害者職業能力開発校は19校設置されている．

次に，認定職業訓練とは，事業所または事業所の団体等（協同組合などの公益的な団体）が，主にその雇用する従業員に対して，職業能力の開発および向上のために実施する様々な職業訓練のうち，職業能力開発促進法に基づいて行われる訓練であることを知事が認定した訓練を示す．認定職業能力開発施設には，認定職業能力開発短期大学校は27校，地域職業訓練センターは76施設，地域ソフトウェアセンターは20施設，コンピュータカレッジは15施設，民間施設による認定職業訓練校には，単独認定職業訓練施設，共同認定職業訓練施設があり，全国では1397校設置されている状況である．

詳しくは，ガイドブック[2][3]を参照されたい．

〈注〉
（1）田中萬年 『職業訓練カリキュラムの歴史的研究（補正版）』指導学科報告シリーズ No.12，職業能力開発大学校，1993 年，p.313
（2）『全国職業能力開発施設ガイドブック』中央職業能力開発協会，2004 年
（3）『ACCESS 全国公共職業安定所・職業能力開発施設等所在地一覧 2005』雇用問題研究会，2004 年

5．博物館と工業教育

石田　正治

　工業教育の専門教育は，一口にいえば「モノづくり教育」，つまり生産技術の学習が中心である．生徒は，教室では教科書にもとづいて現代の技術を学び，実践的，経験的な知識および技能は，実験・実習の授業で学ぶ．技術の学習には実際のモノに触れることがなによりであるから，専門学科の教育課程編成において，比較的多くの単位数を「実習」に割り当てているのは意義あることといえる．しかしながら，学校内部の実験・実習の設備による学習だけでは，現代工業の技術水準やその実態を学ぶことができない．工場見学は，現代技術や工場生産の様子を見聞するよい機会といえるだろう．工場見学とともに，学外学習として，工業教育・技術教育の授業内容を豊かなものにすると思われるものに博物館での学習が挙げられる．日本では，修学旅行や遠足などの学校行事として博物館を見学することは行われているが，高校工業教育として，博物館で授業が行われたという実践例を筆者は知らない．近年，トヨタグループが建設した産業技術記念館（名古屋市），東京電力の電気の史料館（横浜市），博物館明治村機械館（犬山市），交通科学博物館（東京，大阪）など，工業教育の教材として格好の資料を展示している企業博物館が各地に開館している．魅力ある実践的な工業教育を構築するためにもこうした企業博物館などの積極的な活用を勧めたい．

　イギリス，ドイツ，アメリカなど欧米諸国では，博物館は学術研究や資料の保存展示施設としてあるだけではなく，教育の場として積極的に利用され

ている.「ハンズ・オン」とよばれる博物館資料に実際に触れて体験学習ができるコーナーを設けている博物館も少なくない.ここでは,筆者が見聞した海外の産業技術系の博物館の内,教育としての博物館利用が最も進んでいると思われるイギリスの博物館を,これからのわが国の教育における博物館利用の模範として紹介したい.

　1988年7月,イギリスでは学校教育の活性化をめざして教育改革法が成立し,教育の国家的基準となる全国共通の教育課程,ナショナル・カリキュラムが制定された.1989年9月から各学校で段階的に実施されている.各博物館においては,このナショナル・カリキュラムにもとづいて多彩な学習テーマを設定し,教育プログラムを組んでいる.また,各地区の教育委員会にはスクール・リエゾンと呼ばれる部門があり,学校が授業として博物館を利用する場合の橋渡しを行っている.博物館のサイドでは,展示内容に応じた,生徒の学習テキスト,教師用の指導手引きなどの教材をつくっている.学校が博物館で授業を行うことを計画した場合,まず,引率予定の教師が博物館に行ってどういう授業を行いうるのか,教師自身が授業内容を理解する.その上で,博物館に生徒を引率し,教師がその場で授業を行うのである.

　写真は,イギリス,ヨーク市にある国立鉄道博物館の教師用教育資料（A Teacher's Activity Guide）「RIGHT LINES」である.その内容は,イギリスの鉄道の歴史と概要を解説した「information」,博物館のコレクションと研究,その参考文献を紹介した「sources & ideas」,

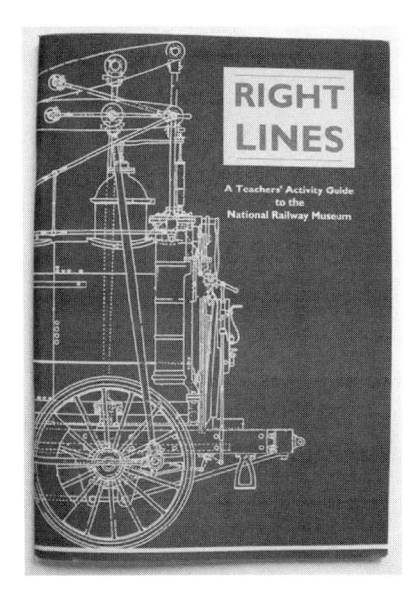

生徒用のワークシート「workseet」で構成されている．ワークシートは，自由にコピーし印刷して使えるようになっている．博物館を授業として活用するには，まず，このような教師用手引き書と生徒用ワークシートがつくられなければならない．博物館と協力して，このような教育資料を作成することが，また，私たちの力量を高めることにつながるのではないかと思われる．

6．キャリア教育

夏目　達也

「キャリア教育」はまだ新しい用語である．1970年代のアメリカで展開されたキャリアエデュケーションは，日本の教育関係者の間でも比較的なじみのある用語である．これを翻訳すれば文字どおり「キャリア教育」となるが，多くの場合キャリアエデュケーションのまま使用されてきた．そのため，この言葉は必ずしも教育学の用語として定着しているとはいえない．事実，2002年発行の『現代学校教育大辞典』（ぎょうせい）には，キャリアエデュケーションは見出し語とされているが，キャリア教育は見出し語になっていない（見出し語の解説文にも1回登場するのみ，それも高等教育関係である）．

日本の文部省関連の審議会で最初にこの用語が使用されたのは，1999年12月，第17期中央教育審議会答申「初等中等教育と高等教育との接続の改善について」である．この答申では，「学校教育と職業生活の円滑な接続を図るため，望ましい職業観・勤労観および職業に関する知識や技能を身に付けさせるとともに，自己の個性を理解し，主体的に進路を選択する能力・態度を育てる教育」をキャリア教育としている．その後，2002年11月に，文部科学省内に「キャリア教育の推進に関する総合的調査研究協力者会議」が設置され，2004年1月には同会議の最終報告書が発表されている．ここでは，「児童生徒一人一人のキャリア発達を支援し，それぞれにふさわしいキャリアを形成していくために必要な意欲・態度や能力を育てる教育」として

いる．つまりキャリア教育とは，児童・青年のキャリア発達を促し主体的な進路選択能力の育成をめざす教育ということになる．

学習指導要領には，この用語は用いられていないけれども，同様の趣旨の活動は小，中，高校の各学校段階の教育活動として規定されている．たとえば，中学校・高校では，特別活動のなかの学級活動（ホームルーム活動）の一環として，「学業生活の充実および将来の生き方と進路の適切な選択（選択決定）に関すること」で，「進路適性の吟味（理解）と進路情報の活用，望ましい職業観・勤労観の形成（確立），主体的な進路の選択（選択決定）と将来設計など」となっている（（　）内は高校に関する記述）．

進路指導，技術・職業教育との違い

キャリア教育で含意されている内容は進路指導や職業教育と重なる部分が少なくない．上記会議の報告書は，これらとの差異について以下のように説明している．従来の進路指導は，一人ひとりの発達の組織的・体系的な支援や，指導計画における各活動の関連性や系統性が希薄であるとして，進路指導の現状を抜本的に改革するための教育的取組としてキャリア教育を位置づけている．一方，職業教育については，職業従事に必要な知識，技能，態度の習得を目的に実施されるものであり，専門的な知識・技能の習得のみを重視し，生徒のキャリア発達支援の視点に立つ指導が不十分という．働くことの意義や専門的な知識・技能習得の意義を理解し，その上で科目・コース・将来の職業を自ら選択し，専門的知識・技能の意欲的習得を促す指導としてキャリア教育の必要を説いている．

しかし，キャリア教育で示される具体的内容は，進路指導や職業教育においても，従来から意識され一部では取り組まれてきたものであり，特別目新しい内容が含まれているとはいいがたい．

キャリア教育の内容と実施状況

進路選択に関わる実践の実施状況を文部省初等中等教育局『中学校における進路指導に関する総合的実態調査報告書』（1999年）によりみる．「生徒を

対象とした進路指導に関する諸活動の実施状況」を中学校3年生についてみると,「進路相談」(97.1％),「高等学校など上級学校への体験入学」(90.5％),「進路だより」などの発行による進路状況の提供 (74.0％),「高等学校など上級学校の関係者を招いて行う学校説明会」(68.9％) などはよく実施されている.これに対して,「職場の訪問や見学,職業の調査・研究 (28.0％),「職場・福祉施設等における体験学習」(42.8％),「卒業生による体験発表会」(27.8％) などは低い実施状況にとどまっている (同報告書, p. 10).従来から指摘されてきたように, 高校等の上級学校への進学に関する情報提供等の活動は熱心に取り組まれているけれども, 職業について理解したり体験するなどの活動はきわめて不十分な状態である.

　今回のキャリア教育の目玉のひとつとされている職場体験・インターンシップの実施状況をみると, 職業学科81.8％, 総合学科76.2％, 普通科32.0％であり, 参加した生徒の割合ではそれぞれ38.5％, 40.1％, 5.5％である. 全体としてみると実施校は最近増加しているとはいえ, 普通科は他学科と比べると, インターンシップの実施校は少なく, 参加生徒の割合はいちじるしく少ない. 中学校の職場体験では, 学校レベルでは実施率86.9％に達しているが, 実施期間は2日以内が全体の6割以上を占める (1日47.3％, 2日23.9％). このように, 活動はきわめて限定的に取り組まれているにすぎない.

キャリア教育推進の背景

　キャリア教育が行政レベルで取り上げられるようになった背景には, 青年の就職をめぐる状況や職業に対する彼らの行動様式の変化がある. せっかく就職しても短期間で離職する青年, 就職活動に積極的に取り組めない青年, やむなくフリーターになる青年 (一部にそれを半ば積極的に選択する青年も) の増加等である. こうした状況を放置すると, 国の経済発展や社会にも将来的に深刻な影響を与えかねないとして, 文部科学省や厚生労働省などの関係4省庁により,「青年自立・挑戦プラン」が2003年発表された. ここには, 各省庁ごとの取組が示されており, 文部科学省として盛り込まれたのが

キャリア教育・職業体験の推進である（厚生労働省との連携・協力による「日本版デュアルシステムの推進」なども含まれている）．つまり，キャリア教育は教育現場の切実な要求というよりも，上記の状況打開のための政府の総合施策の一環として提起されている．学校で将来の職業生活をふまえた指導が十分に行われていないことが就職難やフリーター増加の一因とされ，その改善のために学校教育のあり方，とくに進路指導関係の活動のあり方が問われているのである．

しかし，就職難やフリーターの増加等は，産業構造の変化や政府や企業の雇用政策こそがまず問われるべきであり，教育のみに責任があるわけではない．まして青年個人の能力や資質の問題ではない．そもそも，キャリア教育でこうした事態の改善を図ろうとすること自体に無理があるといわなければならない．インターンシップ・職場体験は，実施にあたって多くの問題を抱えているのが実情であり（学校の指導体制の整備や時間確保，受け入れ企業の確保・企業の受け入れ体制の整備等），中学校・高校で十分に普及していないこともそれが一因となっている．

概念も必ずしも明確とはいえず，多くの実施上の困難・課題を抱えるキャリア教育よりも，まず取り組むべきは小・中・高校の各段階で一貫した技術教育の実現であり，そのための条件の整備ではないだろうか．これらの点は技術教育研究会をはじめとする民間教育団体が従来から主張してきたことであるが，顧みられることなく今日に至っている．とくに高校普通科での取り組みの遅れはいちじるしい．学科別でみると，普通科は最大の高卒就職者をかかえているのであり，取り組みの立ち後れは看過できない．この厳然たる事実を直視すること，その原因を正確に分析すること，その分析に基づいて有効な対策を講ずることこそがまず求められるべきであろう．

7．工業高校と中等後教育との接続関係

....佐藤　浩章

工業高校の接続関係（アーティキュレーション）問題

「スペシャリストへの道」（1995年　職業教育の活性化方策に関する調査研究会議最終報告書）以来，高校で提供される「職業に関する専門教育」は学卒後の就職を目標とするものから，中等後教育機関への接続を前提とした継続職業教育の一部を担うものに徐々に移行しつつある．高等教育の大衆化が進み，職場で必要とされる技術が高度化しつつある以上，本格的な専門教育が中等後教育段階に移行するのは，諸外国の例を引くまでもなく，必然の流れである．しかし，それは高校段階での職業教育の不必要性を意味しない．むしろ求められているのは，高校段階の専門教育を継続して学ぶ接続関係の構築である．このように，異質な教育機関を体系的，有機的に接続していく制度的努力は，「アーティキュレーション」とよばれている．

2003年度では，工業高校卒業生の大学等進学率は17.6％であり，専修学校（専門課程）進学率20.1％とあわせると，37.7％が中等後教育機関へ進学をしている[1]．しかし後からみるように，その接続関係は円滑とはいえないのが現状である．

アーティキュレーションには3つの側面がある[2]．ひとつめは「構造的側面」である．学校段階の区分，学区制，入試制度などである．2つめは「内容的側面」である．教育目的・目標の連関性，カリキュラム，指導方法，指導体制などである．3つめは「運営的側面」であり，生徒に関する情報交換およびその利用（指導要録，調査書，成績，追跡調査など），教師間の協働的作業やコミュニケーションの機会（合同研究会，研修など），進路指導を中心としたガイダンスなどである．接続関係の円滑化といった場合，入試制度改革にのみ議論の対象が集中することが多いが，それ以外の側面についても検討する必要がある．

大学・短期大学との接続関係の現状と課題

 1990年代以降，18歳人口の減少や，普通科高校卒業生の大学入学後の学習意欲の低下問題等から，大学・短大では，工業高校生対象の特別選抜制度や推薦入学制度を拡大しつつある．しかしその枠はまだ少なく一般入試の制度は，専門学科卒業者に不利なものとなっている．専門学科のカリキュラムと大学の入試制度の両者が歩みより，その接続関係を円滑なものにする必要があろう．

 具体的には，専門学科において受験科目を学習する機会を提供すること，専門科目や実習科目ならびに生徒の作品などを適切に評価する入試制度を開発すること（面接やポートフォリオの重視），大学において補習科目を充実させること（リメディアル教育），大学において専門学科と重複する科目を履修免除すること（製図等）などがある．

 そのためには，高校教員と大学・短大教員の交流が不可欠である．連絡協議会などを設置する動きもあるが，管理職や進路担当教員の参加にとどまっていることが多い．専門科目を担当する両機関の教員の交流の場が必要である．またこうした場では，高校は「生徒を入れてもらっている」，大学は「生徒を入れてやっている」という意識がある．次世代の若者の教育を分担する者同士という対等なパートナーシップが重要である[3]．

専門学校・公共職業訓練機関（大学校等）・高等専門学校・専攻科との接続関係

 高校職業教育の接続関係といった場合，多くは大学・短期大学との関係が議論になるけれども，工業科の卒業生の進路の20.1％（2003年度）を占める専門学校と，数は少ないが進学先のひとつである公共職業訓練機関（職業能力開発大学校等）との接続関係についても議論する必要がある．諸外国において，工業高校とアーティキュレーションを構築するパートナーは，主に短大等の2年制の短期高等教育機関である．

 アメリカには，テック・プレップと呼ばれるプログラムがある．高校で学

習した専門学科の内容と短大（コミュニティ・カレッジ）での専門内容を，4年間継続して学習できる教育プログラムのことである．「2＋2」ともよばれる．高校での専門学科のうち，特定の科目は，コミュニティ・カレッジに進学した場合，短大の単位として認められる．つまり在学中に，短大の科目を同時に取得できるのである．最大のメリットは，4年間を見通して職業能力形成を目指すことができることにあるが，時間，コストともに削減することができるというメリットもある．韓国，フランスにも同様の制度がある．[4]

　自動車整備や建築関係の資格のなかには，高校で取得した資格よりもさらに高度な資格を専門学校で取得するなどして，その接続関係を円滑にできるものが少なくない．日本の場合は，この中等後教育の2年間の部分の多くを私立教育機関が占めており，公立が多い専門高校や総合学科高校との接続関係を構築するには双方の努力が必要となる．この点で，現存する職業能力開発大学校や高等専門学校との接続関係を構築する方が現実的であろう．

　また同様に，高校に設置する専攻科についても，そのあり方について議論を深める必要がある．本来であれば，最も接続関係が円滑になるであろう専攻科がなかなか拡大していない理由のひとつが，十分な教員配置がなされてないまま運営されていることである．継続して学習することのメリット（上級資格の取得など）を明確にして，施設・設備・スタッフを整備する必要がある．もし専攻科を設置した場合は5年一貫した職業能力形成が可能となり，高等専門学校と同程度の専門教育を実施することが可能となる．

〈注〉
（1）ここには2,391名の公共職業能力開発施設等入学者が含まれていない．その内には職業能力開発短期大学校ならびに総合大学校への進学者がおり，実際の中等後教育機関進学者の割合はさらに多い．
（2）清水一彦「学校制度におけるアーティキュレーションのあり方——子どもの発達権・学習権保障の観点から——」真野宮雄・桑原敏明編『教育権と教育制度』第一法規，1988年

（3）日本における工業高校のアーティキュレーションの事例については，佐藤浩章「N県における工業高校と工業系大学・短期大学校とのアーティキュレーション」『生涯学習研究年報』第8号，2001年を参照．
（4）アメリカについては，佐藤浩章「アメリカにおける1990年代半ばのテック・プレップ・プログラムの全国状況」『技術教育研究』第58号，2001年，同「中等職業教育と中等後職業教育を接続するカリキュラム——米国オレゴン州におけるテック・プレップ・プログラム——」『悠峰職業科学研究紀要』第11巻，2003年，フランスについては，夏目達也「高校職業教育と高等教育との接続関係をめぐる問題——現代フランスを中心に——」佐々木享編『技術教育・職業教育の諸相』大空社，1996年，韓国については，金永鍾「韓国における職業教育の改革」『技術教育研究』第50号，1997年を参照．

8．工業科教員養成

丸山　剛史

　高等学校において，工業の教科を担当する教諭（以下，工業科教員）の養成には，他教科の場合にはみられない制度的な問題が存在する．

　1949年5月31日，教育職員免許法（以下，教免法）が公布された．同法は，戦後教育改革の一環として，法律主義の原則にそって，教員の資質の保持および向上を目的とし，教員の免許基準を定めた．

　そして教免法は，その第5条において，大学における教員養成の基礎資格および必要な単位の修得について定めた．それは，第1に，基礎資格として大学卒業を定め，第2に，教科に関する科目の必要単位数，第3に教職に関する科目の必要単位数を規定した．すなわち，教免法は，教員養成カリキュラムの構成要素として，①大学卒業に内包される一般教養，②教科専門科目，③教職専門科目，をあげた．教員には，①総合的で全体的な把握や諸学の多様な学問方法や見方の広い視野の上に，②担当教科に関する深い専門的・学問的な知識と方法とともに，③教育対象としての人間の本質および人間の成長・発達についての認識と教育についての科学的認識が必要であることが教免法第5条によって規定された．

しかし,「教育職員免許法の一部を改正する法律」(1961年6月8日) は,工業科教員の普通免許基準に関し,附則で以下の特別措置を設けた.「第五条第一項別表第一の規定により高等学校教諭の工業の教科についての普通免許状の授与を受ける場合は,同表の高等学校教諭の免許状の項に掲げる教職に関する科目についての単位の全部または一部の数の修得は,当分の間,同表の規定にかかわらず,それぞれ当該免許状に係る教科に関する科目についての同数の単位の修得をもって,これに替えることができる」.

すなわち,この措置は,工業科教員に限り,「教職に関する科目」の単位を修得せずとも「工業の関係科目」および「職業指導」の単位を修得すれば,普通免許状を授与できるとした.

この措置が設けられたのは,1960年12月27日閣議決定の「国民所得倍増計画」の実施にともなう技術者不足および工業高校新増設に対応するために,工業科教員供給源増大を図ったことによるものといわれる.以来,40年以上,工業科教員の普通免許状授与に関して特別措置が継続されている.

2003年4月1日時点で,145大学179学部が,工業科教員養成の認定を受けている.その内訳は,私立大学工学系84学部 (47%),国立大学工学系53学部 (30%),国立大学教員養成系32学部 (18%),公立大学工学系6学部 (3%),その他 (私立大学美術・造形系2学部,国立大学工芸系1学部,国立大学農学系1学部, 2%) という順になっている[1].

工業科教員養成の特別措置との関係では,1996年度の調査によれば,「教職に関する科目」を全く開講していない大学が128大学中21校存在し,それらはすべて工学系学部で,そのうち18校 (86%) が国立大学であった.また,1995年度の調査によれば,「教職に関する科目」を必修指定していない大学は50校 (39%) あるが,免許状取得者3,844名中,過半数の2,200名 (57%) がこれらの大学で養成されていた.特別措置の効果として,工業科教員の普通免許状が取得しやすいという傾向が示唆されている[2].

このように,工業科教員養成の特別措置は,人間の成長・発達についての

認識や教育科学の専門的知識を学ぶ教職に関する科目の単位の修得を軽視し，教育学の立場からは問題である．しかも，この措置は，教員採用のあり方等とも関わり，工業科教員の確保にはつながっておらず，実質的に機能していないという見解もある[3]．

〈注〉
（1）文部省教職員課教員養成・免許制度研究会編『教員免許ハンドブック 第2巻 課程認定編』第一法規（加除式）
（2）君和田容子「工業科教員の養成・採用の現状と課題」『技術教育研究』第51号，1998年
（3）原正敏「工業科教員の養成問題によせて」『技術教育研究』第35号，1990年

9．公的職業資格・技能検定

……………………………………………………… 依田　有弘

　雇用不安が高まっている現在，しっかりした職業能力を身につけたいという希望が高まっていて，その一環として，いわゆる「資格」を取得しようとする人々が増えている．また，仕事上の必要から「資格」を取得しようとしている人も多くいる．

　いわゆる「資格」についておよそを知るには，『国家試験・資格試験全書』（自由国民社刊）が便利である．およそ「資格」といわれているものが網羅されている．

　ところで，わが国で「資格」といい習わされているものは，その社会的性質から「公的職業資格」と「技能検定」との2種に分けられることを注意すべきである．

　公的職業資格というのは，医師免許，教員免許，自動車運転免許等のように，法令に基づいて構成されていて，ある一定の仕事の領域について，資格を持った人だけがその業務を行えるというような，何らかの仕方で就業の制限をしているものである．

日本国憲法は職業選択の自由を保障している（第22条）．国が有資格者に就業を制限することは，職業選択の自由に対する国家の介入である．この介入は，その業務の遂行が，人々の生命，健康，財産などを損なうおそれや，人権の保障に深く関係があるような場合に限って可能となる．その業務について適切な水準の専門的能力を持った有資格者に就業を制限することにより，それらの危険を避け，あるいは人権を保障するという公共の福祉の実現を図ろうとするものだからである．

　このため，公的職業資格は有資格者に就業を制限することによってある種の危険を避けることができ，公共の福祉が実現できるような業務にのみ，必ず法律に基づいて設定されることになる．資格の認定の水準もその業務を適切になしうるレベルで設定されなくてはならないはずである．また，社会に必要な数の資格を持った人の就業の確保と，それに必要な養成の確保は，そもそもの資格設定の目的からして必要なことになる．さらに資格付与に必要な能力養成のための教育機会を保障することは，就業制限によって制限された職業選択の自由をあらためて保障する措置となるので，それは国の責務となるはずである．

　以上の意味において，公的職業資格制度は資格付与を通じて職業教育の問題を包含する．業務内容の展開に見合った養成教育の内容が確保されているのかという問題と，養成教育機会の公的保障がなされているのかという問題である．

　これに対して技能検定というのは，職業能力開発促進法に基づく技能検定や，簿記検定とか，英検等のように，社会的に何らかの権威のある機関や団体が，一定の業務について，基準を設けて人々の業務遂行能力を検査し，ある基準に達していることを証明するシステムである．

　こちらは就業の制限とは関係がない．技能の水準を検定することが目的なので，社会的に一定のまとまりある知識・技能で，それが計測可能であれば，どの分野にもまたどのような団体であっても設定できる．技能検定を行うこ

とについて法的な規制もないので，時に社会的にさして権威のない団体が行っていて，検定の社会的通用性に疑問のあるものもあるので注意を要する．

　技能検定のシステムは，2つの社会的機能を持つ．ひとつは，労働力の内容の一面を第三者の証明付きで表示する機能である．雇われる方は，就業に際してより有利な条件を期待できるし，雇う方は，労働力を選抜する目安としての活用も可能である．もうひとつは，ある技能を獲得しようとするものに，到達目標を示して励みを与える，教育・訓練上の機能である．教育・訓練効果を考えて，等級が設けられていることが多い．

　これら2つの機能を誘因として，技能検定には人々をその技能獲得に誘う作用を持たせることが可能である．わが国の場合，技能獲得のための職業教育の機会を公的に保障することなく，技能検定の普及を通して，私費による職業能力の獲得を社会的に誘導しようとする政策が採用されている事を視野に入れる必要がある．

　高校職業教育において，公的職業資格と深い関わりを持つ学科がいくつか存在する．漁業科（海技従事者），自動車科（自動車整備士），衛生看護科（准看護師），看護科（5年コース，看護師），調理科（調理師）等は学科の発足当初から関連職業資格の取得が専門教育の重要な目標と位置づけられていた．また電気科では電気主任技術者（第3種）の認定校になることができる．こうした例はごく一部の学科に限られてはいるが，これらの場合，専門教育の内容等が職業資格からの要請によって，大幅に規制されることになる．そのため近年の衛生看護科にみられるように，関連する職業資格の動向が学科のあり方に直接的な影響を与えることになる．

　1985年2月の理科教育及び産業教育審議会答申が改善すべき事項のひとつとして，職業資格取得等への配慮をあげ，1986年5月の文部省設置調査研究グループによる報告「資格取得等についての配慮」がその具体化を提言し，臨時教育審議会第3次答申（1987年4月）はそれをバックアップした．さらに1989年3月改定の高等学校学習指導要領では，職業学科（看護を除

く）に「課題研究」という科目を新設し，原則履修科目とし，その学習内容のひとつとして「職業資格の取得」をあげた．この頃から，高校職業教育において，職業資格取得をめざす活動が目立つようになった．

　この以前から商業科では，全国商業高等学校長協会（全国商業高等学校協会）の行う簿記実務検定等の各種技能検定の合格をめざす活動が広く専門教育のなかで行われてきた．こうした高校長協会等の行う技能検定は工業科や家庭科等でも行われている．これらの技能検定は元々専門教育内容のある一部分の技能の学習を励ますために，教育上適度な段階において高校内で行われるようになったものであり，もっぱら教育的機能の発揮がねらわれていた．そうした位置づけのもとで取り組まれていれば，生徒の学習に活力を与える効果が期待できるが，技能検定はその到達目標が明示されていて，その到達は合格という形で明確にされるので，生徒も教師も容易にその合格自体を自己目的化しやすく，合格をめざす活動が肥大化し，他の学習を押しつぶしていく歪みをつくり出しやすい．現に，商業科などではそうした歪みが多くのところで生じていることが指摘されている．

　高校職業教育に関連のある公的職業資格は，先に述べたごく一部の特定の学科を除くと，その内容の範囲は専門教育内容のある一部に関連するものである．その専門領域における有用な資格で，かつその学習が当該学科の学習としても有益でかつ要求される熟練度が高校生に無理のないようなものであれば，専門教育内容の一部として位置づけうるし，生徒の学習を活性化する上で有効に働かせ得るであろう．

　公的職業資格や社会的通用性のある技能検定等について，その存在，社会に果たしている役割，機能，資格取得や技能検定合格のために必要な教育・訓練のシステム等について，進路指導の一環として高校生に知らせることは，将来の労働生活や職業生活を展望させる上で必要なことである．

あとがき

　おわりに，本書の題名「工業高校の挑戦」の意味合いについて若干触れて，私たちのこれからの課題を整理しておきたい．

　高校工業教育は何に挑戦するのか．私は，主に2つのことに挑戦しようとしているのだと考える．ひとつは教育実践上の挑戦であり，もうひとつは教育学上の挑戦である．

　本書第Ⅱ部は実践編である．「まえがき」では「今日の高校工業教育の諸課題に具体的に立ち向かう視点と方法を探る素材集とした．『実践はこうあるべきだ』『こう進めるべきだ』調ではなく，あくまで高校工業教育の味と香りが漂う具体的な実践記録を中心に，工業高校とその教師であることの魅力を発見してもらえるように努力した」と書いた．

　学校によっても違いがあるが，多くの工業科では，偏差値輪切りの受験体制のなかで，いわゆる学力の低い，さまざまな問題を多く抱えた生徒を受け入れている．「私たちは，どうやったら『よい子』がくるようになるかを考えるのではなく，今きている生徒をどう良くしていくかと考えることを，あらためて出発点としたい」(p.76)との教育実践の構えは，すべての実践記録に共通する出発点である．現に目の前にいる生徒の現実から出発して，生徒の発達を促すさまざまな教育実践を積み上げて，生徒たちがこの学校にきて良かったと心から言って卒業していく，こうした多方面にわたる生徒の教育を受ける権利を保障しようとする教育実践の積み上げ自体が，高校工業教育の挑戦であることは間違いない．

　専門教育科目である工業の諸科目の学習を中核としつつ，実に多方面の取り組みが，ここでは取り上げられている．私たちは，地域に根を張った，高等学校での教育全体をデザインすることが，この挑戦には必要だと考えているからである．

　私たちはここからさらに進み出て，高校工業教育としての水準を達成する

課題に挑戦していきたいと考える．私たちは高校工業教育の目標として，「民主的な社会とその社会の生産技術を創造・発展させる力」「生産技術の全体像（システム）を見通すことができて，それを構成する具体的な現場を担える力」(p.34) を付けることをあげている．職業教育としては，現にある社会のなかで，一人前の働き手として職業的に自立できる力を保障する教育実践が求められる．目標の表現は抽象的ではあるが，この内容をどんな困難を抱えている生徒であっても，すべての生徒たちに保障することが必要だと考える．この抽象的な内容を具体化する教育課程づくり，授業づくり，学校づくりに挑戦していきたい．

　実践編は，そこから抽出すべき教育的価値に満ちている．私たちの工業高校での実践が創り出している貴重な教育的価値こそ，本来の国民的中等教育で実現されるべき教育的価値を体現している．

　一例を挙げると，「生徒に自信を持たせる」ということがある．第Ⅱ部の実践記録のそこここに生徒の自信喪失の現実と，その回復の必要性が指摘されている．教育活動のねらいとして，自信の回復はひとつの鍵となることだと言える．ひとつひとつの課題に挑戦する，そして成し遂げることは，自分の力を発揮すること，育てること，そして確認することである．達成感を得させることの内実のひとつは，自分の力を確認することであろう．自信を育てることは教育活動の重要なねらいのひとつであり，教育的価値概念として深められるべきであろう．

　イングランドのナショナルカリキュラムには，「各学校のカリキュラムのねらい」として次のような文が入っている．「学校のカリキュラムは，すべての生徒たちが，あり得る最大限の発達と，最高度の到達をなすことを助長し激励する方法として，学習を楽しむことや学習に夢中になることを発展させなくてはならない．学校のカリキュラムは生徒のさまざまな能力，興味，経験に基礎を置くべきであり，生徒の自主的にまた協同して学習し活動する力量に対する自信を育てるべきである．」

ナショナルカリキュラムについてはいろいろな批判もあるが，日本の学習指導要領にはみることのできない，カリキュラムにとっての根本的に大切なこのような原理が書かれていることを学ばなくてはならないのではないかと考える．ここでも自信を育てることがカリキュラムの重要なねらいのひとつとして指摘されている．

　多くの重要な教育的価値が工業高校の実践から生み出されている．それらを教育学の概念として彫琢していくことが私たちの課題であり，高校工業教育の教育学に対する挑戦である．

　本書は技術教育研究会常任委員会のワーキングループによる編集である．技術教育研究会は1960年の発足以来，「教育基本法の精神に基づいて，国民的立場からひろく技術教育の理論と実際を研究すること」（会の規約第2条）を目的に掲げて活動してきた民間の教育研究団体である．会員には，小学校・中学校・高等学校・高等専門学校・大学の技術教育関係の教師をはじめ，職業訓練関係の教育機関の指導員，専修学校の教員，教育学研究者など，技術・職業教育に関わる広い層の人々がおり，研究誌的会報（月刊）『技術と教育』，研究誌『技術教育研究』の発行や，全国大会，地域でのサークル活動などを通して，技術教育や職業教育に関わる研究活動をすすめている．

　技術教育研究会に興味を持たれ，詳しく知りたい方，入会したい方は，以下のホームページをご覧頂くか，事務局（Tel　045-434-4767）に問い合わせられたい．

　技術教育研究会ホームページ：http://www.gikyouken.com/index.html

　上に述べたような課題に，研究会で一緒に挑戦しませんか．入会をお待ちしています．

　最後になって恐縮だが，出版事情の厳しいなか，本書の出版をお引き受け

いただいた学文社社長の田中千津子氏，また面倒な編集作業をしていただいた編集部の落合絵理氏に感謝したい．またワーキンググループのなかの丸山剛史氏には原稿の整理，索引の作成などもして頂いた．感謝したい．

2005年3月

編者を代表して　依田有弘

□□□□□ 索 引 □□□□□

あ 行

ILO 252
新しいタイプの高（等学）校 108,285
アーティキュレーション 308
インターンシップ 33,93,96,111
OECD 258
OJT 297
Off JT 296,297

か 行

化学工業 275
下構型学校体系 8
仮説実験授業 40
課題研究 5,84,99,125,267,270,316
学科課程 262
学級通信 128,137,157
学校階梯 8
学校基本調査報告書 213
学校教育法 298
　——第41条 7,9,10,22
学校体系 8
カレッジ（ロシア） 243
完成教育としての職業教育 16,17
官立工業伝習所（韓国） 231
機械化 62
機械工作 271
機械設計 271
企業内教育 17,19,294
企業内教育型 17
企業における訓練（ドイツ） 217
企業博物館 302
技工学校（中国） 237
技術および労働の世界への手ほどき 250
技術観 182
技術・職業教育 28
　——に関する条約 249
　——に関する改正勧告 249
技術史 118

技術的能力 30
技術・労働の教育 29,31
技能 100
技能検定 313,314,316
キャリア・アカデミー（アメリカ）227
キャリア教育 304,306
教育委員会 200
　大阪府教育委員会 285
　東京都教育委員会 31,284
教育課程 262,263
教育課程審議会 188
教育公務員特例法 190
教育実践記録 185,186
教育職員免許法の一部を改正する法律 312
教育人的資源部（韓国） 232,235
教員職員免許法 311
教員の地位に関する勧告（ILO・ユネスコ） 191
教科書検定制度 264
共同 30
苦役化した学習観の転換 29,52,55,57
クラブ活動 138
原則履修科目 4,5,32
建築科 210
建築計画 274
建築構造 274
建築構造設計 274
建築施工 274
建築法規 274
検定教科書 264
原動機 47,49,50,52,272
工科高校 170,286
後期中等教育 164,262
公教育 24
　——としての工業教育 13
　——のスリム化 15
工業化学 275
工業化学科 210
工業科教育法 180

321

工業科教員	180, 311, 312	高等学校教育の改革に関する推進状況	93
工業学校	259	高等学校教員免許状「工業」	180
工業科の教師	92	高等学校設置基準	189, 262
工業技術基礎	32, 269, 270	高等女学校	260, 262
工業基礎	4, 266, 267	高等職業専門学校(ドイツ)	220
工業教育	24, 184	高等専門学校	33, 293
工業教育の教師	25, 28	高等普通教育	7
工業高校	2, 9, 10	公立高等学校の適正配置及び教職員定数の標準等に関する法律(定数法)・同施行令	190
——の卒業生	2, 201		
——の教育課程	5		
——4年制論	24	子どもの権利条約	34
工業高等学校の卒業者等に関する調査	212	コミュニティ・カレッジ(アメリカ)	226-228, 310
工業数理	4, 32, 266, 267	コンピュータ	5
工業数理基礎	47, 49, 271	——・ネットワーク	23
工業中学校(中国)	238	——制御オートメーション	23
工業に関する学科	2, 265	**さ 行**	
機械科	209, 275		
電気科	74, 209, 278	最低履修単位数	4, 5, 17
土木科	210, 281	座学	39, 47
高校(リセ)(フランス)	221	産業遺産	118
高校教育	7, 22	産業技術記念館	119, 302
高校教育実践	22	産業教育振興法・同施行令	189
高校工業教育	2, 7, 12, 13, 15, 22	産業社会と人間	94, 98
——実践	28	3年制高校(フランス)	221
——の教育課程	4	資格	100, 278
高校進学率	158, 164	市場原理主義	11-15
高校生の就職問題に関する検討会議報告書	31	「七五三現象」	95, 166
甲種実業学校	260	実学主義中等教育	260
公正	13, 14	実業学堂(中国)	237
交通科学博物館	302	実業学校	259
公的職業資格	313, 316	——規程	262
高等学校	7	——教員の資格	260
高等学校学習指導要領	263	——(中国)	237
——工業科編(試案)昭和26年(1951)	264	——の学科課程	260
——1960年改定	264	——の教科書	260
——1970年改定	265, 275, 278	——令	259
——1978年改定	4, 266, 278	実業教育	259
——1989年改定	4, 267	——(韓国)	231
——1999年改定	5, 17, 32, 163, 268	——育成法(韓国)	235
高等学校教育課程	264	実業高校(韓国)	231
		実業中学校(韓国)	231

実験・実習	62, 74, 205, 266	改正について	264
実習	99, 265-267	『新制高等学校教科課程の解説』	264
自分づくり	30	新制高等学校教科課程の改正について	264
就業体験	33		
修了試験（ドイツ）	218	新制高等学校の教科課程に関する件	264
受験学力	14		
受験教育体制	10	進路指導	99, 167
主権者意識	30	水道方式	40, 41
小学科	5, 33	スミス・ヒューズ職業教育法	13
上構型学校体系	8	製図	266, 271
商工学校（韓国）	231	世界人権宣言	250
情報技術基礎	5, 267	設計	47, 50, 52
情報に関する科目	268	前期高校改革計画	108
職業	164	前期中等教育（ドイツ）	216
職業学校（ドイツ）	217	戦後教育改革	7, 262, 311
職業課程（フランス）	221, 225	専修学校	33, 229, 298
職業課程免状（BEP）（フランス）	221	——専門課程	19
職業観	36, 38, 182	選択性	264
職業技術学校（ロシア）	243, 245	専門学校	19, 164, 298
職業教育法（アメリカ）	226	専門課程	229
職業訓練	19, 252, 253	専門科目	17, 205
——施設	33	専門教育	4, 7, 22, 202, 208
——法	300	専門教科	29
職業高校	9, 31	専門高校	17, 31
——（中国）	237	専門高校検討委員会報告	284
職業資格（フランス）	222, 223	専門性	5
職業資格制度	291	——の希薄化	32, 278
職業指導	180, 256, 312	専門教育を主とする学科（専門学科）	262
職業師範大学（中国）	239		
職業専門学校（ドイツ）	219	総合学科	98, 268
職業探求領域（韓国）	235	総合性ハイ・スクール（アメリカ）	226-228
職業適性証（CAP）（フランス）	221		
職業能力開発	300	総合的な学習の時間	32, 94, 99, 262, 268
——施設	300, 301		
——促進法	300, 314	測量	274
——大学校	214, 309	ソフトウェア技術	273
職工学校（中国）	238		
職場体験実習	99, 100, 102	た 行	
初等中等普通教育学校（ロシア）	243		
新学力観	32	大学院修学休業制度	191
人権としての技術・職業教育	250	大学修学能力試験（韓国）	235
新自由主義	11-16	大学進学率	164
新制高等学校教科課程中職業教科の		大学入試資格（アビトゥーア）（ドイツ）	220

索 引 323

単位制	264
短期大学校	214
地域	35, 101, 117
——キャリア・専門センター（アメリカ）	226, 227
——職業センター（アメリカ）	226, 227
——の技術史	118, 126, 173
地方教育行政	200
中央教育審議会	15, 304
中学校	8, 22, 260, 262
中学校（コレージュ）	221
中堅技術者	4, 211
中等学校	7, 9, 259, 260
——令	7, 259, 262
中等教育	8, 259
中等教員	260, 262
中等工業教育	259
中等実業教育	259
中等専門学校（ロシア）	243, 246
中等専門学校（中国）	237, 238
長期研修	191
長期就業訓練	285
定時制工業高校	148
定時制高校	74
テクニシャン免除（BT）（フランス）	221
テック・プレップ（アメリカ）	227, 309
デュアルシステム	216
東京版デュアルシステム	285, 287
日本版デュアルシステム	287, 307
デュアルシステム科	285, 287, 288
電気機器	272
電気基礎	272
電気の史料館	302
電子回路	273
電子技術	272
電子計測制御	273
電子情報技術	273
電力技術	272
特別課程（フランス）	221
土木基礎力学	275
土木構造設計	275
土木施工	274
都立高校改革推進計画	284
都立高校に関する都民意識調査	31
都立六郷工科高校	285, 287, 288

な 行

内地留学	191
「21世紀のリセ」	224
2年制職業高校（フランス）	221

は 行

ハードウェア技術	273
バカロレア	222
博物館	302
博物館明治村機械館	302
引きこもり青年	163
一人勝ち社会	14
福祉国家	11
普通・技術課程（フランス）	221, 225
普通・技術バカロレア（BacG, BacT）	221
普通教育	22
——を主とする学科（普通学科）	262
普通バカロレア	223
フリーター	95, 169, 306
府立高校特色づくり・再編整備計画（全体計画）	285
プログラム技術	273
勉強	14
ポリテクカレッジ	214

ま 行

無業者	169
文部省・文部科学省	35
——職業教育課	21

や 行

ユネスコ	249
ユネボック	251

ら 行

理科教育及び産業教育審議会（理産審）	16, 177, 188, 315

履修と修得	271
臨時教育審議会	4, 12, 315
——答申	268
臨時行政調査会	11, 12
労働科（ドイツ）	216
労働観	36, 38, 182
労働組合	14, 292
労働権と教育権との統一的把握	250
6-3-3制	8
ロシア連邦教育法	243
ロボットコンテスト	138

わ 行

若者自立・挑戦プラン	287

編著者紹介

斉藤　武雄（さいとう・たけお）
1943年山梨県山梨市三富生まれ．横浜国立大学工業教員養成所卒．東京学芸大学大学院修了．都立工業高等学校教諭，都立航空工業高等専門学校嘱託講師を経て，現在は大学教職課程兼任講師．
〔著書〕『私たちの進路と社会』（大月書店，1987年，共著），『個性と生きる力を育てる規律指導』（学事出版，1997年，共著）『高校工業教育の復権』（技術教育研究会，1998年，共著）ほか．

田中　喜美（たなか・よしみ）
1950年静岡県舞阪町生まれ．名古屋大学大学院教育学研究科博士課程修了．教育学博士．金沢大学教育学部助教授を経て，現在は東京学芸大学教育学部教授．
〔著書〕『技術教育の形成と展開―米国技術教育実践史論―』（多賀出版，1993年），『技術科の授業を創る―学力への挑戦―』（学文社，1999年，共編著）ほか．

依田　有弘（よだ・ありひろ）
1945年神奈川県横浜市生まれ．東京大学大学院教育学研究科博士課程単位取得満期退学．現在は千葉大学教育学部教授．
〔著書・論文〕寺崎昌男ら編著『東京都教育史　通史編四』（東京都立教育研究所，1997年，分担執筆），「高校工業教育における基礎・基本の考え方」（『技術教育研究』No.58，2001年），「教育基本法「改正」問題と技術・職業教育」（『技術教育研究』No.62，2003年）ほか．

工業高校の挑戦―高校教育再生への道―

2005年4月30日　第一版第一刷発行
2018年8月10日　第一版第三刷発行

編著者	斉藤　武雄
	田中　喜美
	依田　有弘
発行所	株式会社　学文社
発行者	田中　千津子

〒153-0064　東京都目黒区下目黒3-6-1
電話03（3715）1501（代）　振替00130-9-98842
http://www.gakubunsha.com

（落丁・乱丁の場合は本社でお取替します）　・検印省略
（定価は，カバー，売上げカードに表示）　印刷／株式会社亨有堂印刷所
ISBN 4-7620-1436-2

©2005 SAITO Takeo, TANAKA Yoshimi and YODA Arihiro Printed in Japan